经典与解释(49)

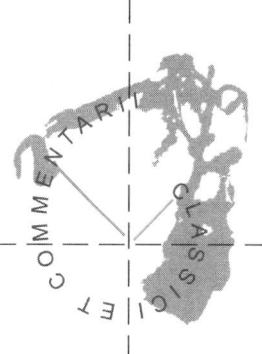

洛克的自然法辩难

■ 古典文明研究工作坊 编
顾问／刘小枫 甘 阳
主编／娄 林

华夏出版社

古典教育基金·"资龙"资助项目

目　录

论题　洛克的自然法辩难（赵雪纲 策划）

2　洛克的《自然法问题》述略 ………… 莫里斯（赵雪纲 译）

11　洛克的《自然法问题》疏证 ………… 霍维茨（赵雪纲 译）

94　《自然法问题》中洛克道德观的
　　内在一致 ……………………………… 齐奈施（赵雪纲 译）

122　论洛克式自然法理论的方案 ……… 朱克特（赵雪纲 译）

145　洛克思想中的自然和幸福 ………… 韦斯特（王涛 译）

古典作品研究

166　莎士比亚英国历史剧中的自由 ………… 巴克（包帅 译）

思想史发微

211　晚清语境中的荀学解释 …………………………… 孙大坤

旧文新刊

233　春秋穀梁傳條指 ·· 江慎中

评　论

282　"虔诚的欺骗"、隐微写作与英格兰的保守启蒙
　　　 ·· 时霄

论题　洛克的自然法辩难

洛克的《自然法问题》述略

莫里斯(Will Morrisey)撰

赵雪纲 译

洛克《自然法问题》开篇重述了使徒保罗的上帝存在证明：

> 神(god)在任何地方都会向我们显现祂自身，也就是说，如同过去依靠频繁的神迹证据，祂现在通过不变的自然进程，迫使人们的眼睛看见祂，因此，我认为，不管是谁，只要他承认有必要对我们的生活做出某种合理的解释，或者承认存在某种配称德性或邪恶的东西，他就绝对相信神的存在。(页95)①

---

① 洛克，《自然法问题》(*John Locke: Questions Concerning the Law of Nature*)，Robert Horwitz、Jenny S. Clay 和 Diskin Clay 编，Ithaca and London: Cornell University Press，1990，页95。[中译编者按]本文原是《自然法问题》的书评，并无标题，本辑论文大多与该书有关，恰可作为引论，故添篇名，列于诸篇之首。《自然法问题》有两个中译本，皆译为《自然法论文集》，刘时工译，上海：上海三联书店，2013；李季璇译，北京：商务印书馆，2015。

洛克又以同样坚定的道德口吻结束了这部作品："行为是否正确与利益无关，相反，利益源于公正（rectitude）。"（同上，页251）《自然法问题》的开端和结尾，与基督教自然法理论严丝合缝地接榫，由于这一事实，当代许多学者都坚持认为，洛克秉承了他的时代盛行的正统观念。已故的霍维茨（Robert H. Horwitz）教授为新版《自然法问题》写了言之有物的引论，他发现，洛克系统处理了自然法问题，而在洛克公开发表的著作中，没有任何地方曾做过这种处理（页1）。1663—1664学年，洛克在牛津基督教会学院担任道德哲学高级学监，《自然法问题》表明了这期间洛克如何认真思考自然法。洛克显然在此期间准备这部手稿，早于他同自己的高年级学生进行的正式学术争论（页29-30）。洛克也并未把手稿置之一边而遗忘。晚至1681—1682年间，洛克又亲手誊写了这部手稿，还曾加以校正。曾有朋友在洛克流亡期间，保存并研究了这部作品，还要求洛克公开出版，却被严词拒绝，最终该作品未能公开问世。甫一归国，洛克就费心把这部手稿藏在许多文稿中间，这种隐藏极为成功，大约250年之后，这部手稿才重见天日，得以发表。

在霍维茨的导论中，洛克的极度沉着和谨慎表现得甚为清楚，堪为值得效法的传记体批评之楷模。尽管霍维茨敦促读者"只专注精力于一项困难任务，即严格按照洛克给我们留下的反思形式去理解洛克对自然法的反思"，但除此之外，霍维茨不仅描述了手稿创作和其后的历史环境，还为洛克行为中所反映的思想习惯绘制了一幅肖像，这样，他就更容易完成这项艰难任务了。哲人洛克积极参与17世纪晚期英国的政治事件，而在这些事件中，新教徒和天主教徒为争夺这个君主国的控制权进行了殊死斗争。洛克"无论在理论还是实践中都从不对生命、自由和财产的绝对必要之善掉以轻心"（页40），在其六年流亡之前不久，他很可能见证了发生在牛津的"那场最后的大规模公开焚书"（霍布斯的异端著作在这场大火中付之一炬），诸如西德尼（Algernon Sidney）这样著名的辉格党人身陷囹圄，甚至为自己的信念捐躯，但洛克得以幸存（页9，29）。

> ［洛克］费尽心思，对时人隐藏了他最重要的、很可能也是最易引起争论的著作的作者身份，直到死前数个星期的时间才公开自己的作者身份——这些著作当初都匿名写作、出版。（页2，注2）

甚至在他的私人藏书目录中，洛克也没有把他的《政府论》或《宽容书简》归于自己名下。

这种小心谨慎也完全适用于洛克撰写手稿的方式。在其《人类理解论》出版之后，洛克的同时代者一如既往地沉浸于基督教自然法教义的各式研究中，他们发现洛克在这些问题上立场含混，令人困惑，尤其是他在"认信圣经为神启之言时"，犹豫不决（页21-22）。有些同时代人发现，这种不情愿的态度深扰人心；另有一些人，即霍维茨所说的"洛克的帮手"，则热切地增加或者敦促洛克去增加绝对虔敬的内容。但洛克又的确从未这样做过。彼时的这些争论，继续延伸到了我们的时代。一如霍维茨在讨论莱登（Wolfgang von Leyden）编译的版本时所言，莱登在20世纪40年代发现了洛克这部手稿，并在1954年以《论自然法》（*Essays on the Law of Nature*）为名出版。这一题名误识了这部作品的类型和流派。这些作品并非论文（essays）；其中某些部分只包含一个问题，其回答也只有一个词语。同样重要的还有，莱登始终认为，洛克的答案具有虔敬的意义，而没有看到这个文本中"在两种或者更多种互相敌对的自然法观点之间存在的普遍张力"（页61），他也没有看到那些迫使认真读者去通盘思考这些难题的"各种矛盾"（页61，注138）。正如这部作品的合编者克雷（Diskin Clay）所言，洛克以一名"基督徒"的声音发言，也以一名"异教徒"的声音发言，还悄然以霍布斯、格劳秀斯和笛卡尔的腔调发言（页80）。基督徒和异教徒的声音都谈论自然法，但必须表达不同的自然法起源观念。"现代"的声音则完全不在相同的意义上谈论自然。

《自然法问题》包括十一个问题和相应的答案。在第一个答案中，洛克确认了"某种行为规则或自然法"的存在，而正是凭着这种行为规则或者自然法，"一切服从（神的）意志的受造物，才会有属于他们自己的正当法律，以统理他们的出生和生活"（页95）。自然法不同于自然权利，因为自然权利不发布命令；自然法是"神圣意志的命令，可凭自然之光而知晓"（页101）。这种自然之光，即人的理性，可以解释但并不创造自然法，"除非我们想要减损那位至高立法者的尊严"（页101），除非我们想要让人成为自我立法者。作为这些论断的证据，洛克论证说，有些"行为原则"获得了人们的普遍承认，而这种普遍性就指向了自然，与异质的甚至互相矛盾的各种习俗法律不同。洛克承认，多数人都不承认这些"获得普遍承认的"自然法则。多数人都受"他们的情感和恶习"的支配；"我们一定不要询诸人类的大多数，而要询诸其中更明智和更敏锐的人"（页111）。不幸的是，明智的和敏锐的思想家们意见并不一致。洛克对此不露声色，处之泰然：这种意见不一只是"强化了（一个结论），即这种法是存在的，因为关于这种法，所有人都争相论辩"（页111）。作为进一步的证据，洛克还引了良心、目的论证（argument from design），以及可被称为来自社会的论证（argument from society）：社会"似乎要以"一种固定的政治制度和遵守契约"为基础"；如果没有一种自然法，这些"基础"将会"坍塌"，随之最高政治权力就会极为放纵（就像霍布斯所言），而公民也会无所服从、无所尊重（页115）。最后，"倘若没有自然法，就不会有任何美德或邪恶"；"人自己（就会）成为判断一己行为的最高法官"（页117）。对自然法的这种习俗性的发现，会导致把人看作他自己的法官、立法者和行刑者。

第二部分的十三个段落，确认了自然法可为自然之光知晓。这些段落不是把自然之光定义为"刻在我们心版"以凭"内心之光"可以解读的东西。简言之，自然之光即良心，被定义为独立的（unaided）自然官能的"正确运用"（页119）。"知识的真正起源"甚至不是自然理性，因为自然理性"无所作为，除非有某种东西预先已经确立，并形成了同意"（页121）。自然的三种致知方式分别是"铭刻""传统"和"感觉"。铭刻论认为，人心中已有自然法"刻写"其上（页123），但这种铭刻论早就被抛弃了，并且"问题四"中还将再次拒斥这一点。以"信仰"为根基的传统，"不是知晓自然法首要的且可靠的方式"，因为存在许多互相矛盾的传统，并且每一种传统最终都必定追溯自身的某种起源，而这种起源的可靠性，不能由传统来判断。我们的所有自然法知识都源于感觉。"上等的金银富矿深藏于地底之中"，只要依靠自然的方式，我们必能成功地"将它们挖掘出来"。尽管如此，"我们还是看到有些人费尽力气而一无所获"，就像"只有少数一些人……才在日常生活之事上受理性的指引"一样（页135）。因此，洛克激励鞭策他的年轻学生运用他们的自然能力去探查考究关于自然法所提的种种主张，因为只有他们有自然能力。

在这样的情况下，像洛克那样宣告"自然法"的存在已经"得到证明"，似乎颇为莽撞冒失（页139）。一个认真的读者很可能会得出结论说，自然法的存在并未得到驳斥。回到良心问题时，洛克主张说，作为"灵魂的推论能力"，理性"指导感觉，并排列那些源于感觉的事物形象，由此形成其他新的形象"（页155，157；强调为笔者所加）。法律预设了一位立法者，一种"更高的权力"，而人"理当服从"这种更高的权力；由于"每一种关于思想的观念，就像每一种关于身体的观念一样，总是来自某种先在的物质（matter)"（页157；强调为笔者所加），因此，似乎自然法的立法者就是物质，即"这个世界的构造（machine）"，洛克赶紧补充说，这种构造"不可能凭偶然机遇而形成"，而只能是由"某位创造所有这些事物的大能和智慧的创造者"组织安排（页161）。人不可能"制造自身"，因为"人在自己身上找不到所有那些完善性质"，"他的思想可以想象的"诸如永生这样的"完善性质"（页161）；也就是说，要是人制造了自己，他本来可以做得更好，他本来也不会"对自己怀有敌意并且厌弃的"（页161-163）。那么，"神（god）"会对人怀有敌意并且厌弃么？洛克并未走得这么远，因为他虔敬地问道："谁能说，泥土不服从陶工的意志，谁能说，壶罐器皿不能被那塑造它们的同一双手毁掉！"（页167）显然，这一论证同样可以适用于造人的陶工。洛克是否更喜欢一种自我再造的（self-recreating）"现代"人，因为这种现代人不会出于对事物真正性质的无知而糟蹋这项工作？

尽管这样，"问题六"，也就是这个居于中心的部分，还是言简意赅地否定了亚里士多德主义的主张，即人类应该用他自己的终极目的（telos）或者"自然倾向"来自我定位（页169）。"问题七"，也就是篇幅最长的部分，否定了可凭"人类的共识"获知自然法的可能（页173）。人民的声音并非神的声音，或者说，如果是的话，那么神的声音也是自我矛盾的。共识不具有任何自然的性质，只是某种同意（页175）。就像洛克满怀热情且以许多例子所表明的，根本就不存在任何普遍的共识。在某些社会中，甚至自我保存也被置之不顾。洛克运用人类学知识的广度甚至在今天也值得注目，在他的时代必定几乎是独一无二的，正因如此，洛克才评论说，人类社会

> 甚至在最基本的原则上都难取得一致意见，而神和灵魂永生则受到怀疑。这些东西尽管不是自然法的实践命题，但却必

须要对自然法的存在负责，因为，倘若没有一位立法者，就不可能存在任何法律，并且，如果没有惩罚，法律也就不会有任何约束力。（页193）

进而言之，即便人们关于诸神（多神论）所达成的一致意见，"也根本无助于道德的真正塑成"，因为多神论者只不过是"无神论者的另一个名字"（页195）。或许我们还需注意，洛克自己在这部作品中不止一次提到"诸神（the gods）"。再进一步，一神论在道德上并非必然合理，我们可以以犹太教为例（这是为洛克的基督徒听众所举的例子）。更进一步说，哲人们关于至善也难取得一致意见（页197）。甚至基督教的一神论者也是这样；洛克想起了他的大量信奉天主教教义的新教徒听众（页197）。这部分内容彻底摧毁了任何一种把自然法建立在其想象的普遍承认基础之上的主张。这或许是这部作品严格以经验主义和逻辑为基础的一节内容，也就是说，是最彻底地符合洛克"自然之光"定义的内容。

在回答"问题八"时，洛克确认说，自然法对人具有约束力。只有在这一节，他才提到了"上帝"而非"神"或"诸神"。"我们受上帝、那至善至大者的约束，因为祂愿意"作我们的创造者和保存者（页205，207，211）。上帝创造并发布了自然法。否定这一点，就会"瞬间颠覆人间的一切政府，（一切）权威、秩序和社会"（页213）。

有人可能尝试思考，自然法是否因此并非源于某种普遍的意见或"良心"，而是源于社会自身的种种需要。就人们需要社会这一点而言，他们确实有义务支持赞同这种社会的"自然"法。这种法，洛克现在承认（与他在"问题一"中的断言矛盾），并不约束兽类。洛克现在之所以能够这样说，是因为在这一节里，他关于自然法已经得出了一种人类社会的定义（human-social definition），而在这个定义中，他又至为明显地确认了自然法的"神圣"起源。人服从这种法的义务,似乎是永久的、普遍的,即使他对这种法律的认识永远不清楚也不完全。但也许并非如此,"一个人可以正当地怀疑,自然法是否约束所有人"(页217),因为,断言自然法的正当约束性,可能是施加某种专制权力:

> 勒令自己的臣民奉守某种对他们藏匿起来的法律,还想要让他们表达对某种他们一无所知的意志的服从?没有什么比这样更残暴的了——即使是西西里人(Sicilian)的残暴。(页219)

洛克谈的是自然,却引导读者思考上帝和上帝的祭司。

洛克急忙又声称,这样的反对意见,"并不是决定性的"(页219)。自然法的"种种约束""对人类来说是永恒的,并与人类同始同终"(页219);"这种法律的义务从不改变,但是,我们在不同的时代和环境里的行为可能会发生改变,而这些行为又决定了我们是否服从自然法"(页221)。洛克采用"对人类来说是永恒的,并与人类同始同终"的说法,意指诸如对神的公开崇拜、安慰受苦的邻人、解救困难的人、施舍饥者这些公开行为;"对这些行为,我们并非永远都负有义务,而只不过是在某些时候以某种方式负有义务"(页223)。某些公开的行为,比如说偷窃、谋杀,"以及其他这类事情"(页221),总是应该禁止的。诸如敬畏神、对父母的义务感、爱邻人等这样内在的倾向,同样也普遍具有约束力。这种自然法"不依赖于某种变动不居的意志——不管是人的还是神的意志,而依赖于永恒的事物秩序"。这就是说,"人一生下来,某些必须履行的确定义务,就是他[精神]结构的一部分"(页229)。关于这些义务的相互冲突的意见,要么因为人们"受到本国(发现的)久远习俗或榜样的吸引,要么产生于激情"(页229)。《自然法问题》开篇引为上帝存在证据的目的论证,逐渐变而成为一种自然法论证,即从人的存在和[精神]结构以及由此产生的种种需要来证明自然法的存在。人的［精神］结构很容易受到影响，因为，很少有人能够理性地从人的天性中推导出他们自己应该担负的义务，当然，洛克能够理性地从人性中推导出各种义务，但是，从他推导出的义务所具有的自由派（latitudinarian）特征当中、从人类社会几近无序的多样性之中，同样罕有人能够推导出他们自己应该担负的义务。

在最后一节，洛克否认"每个人的利益构成了自然法的基础"（页235）。这是一种"极不公正、极不道德的"意见（页237）。当然，洛克又立即指出，个人利益并不与"人的共同权利"对立（页237）。事实是，"自然法是对个人私有财产最大程度的维护"（页239）。洛克只是想要否定，个人"可以随时不受限制地自己判断什么是对他有利的东西"；因此，"关于什么东西对于别人来说是好的，没有人是公正且正义（fair and just）的评价者"（页239）。一个人的标准不能适用于其他人，根据这个说法，洛克就为每一个人留下自己独立进行判断的任务。他得出结论说，对这种自然法的服从，带来了幸福和平、和谐一致、友谊、免受不正当惩罚恐惧的自由、安全、拥有我们自己的财产。私利"不是法律的根基或义务的基础，而是服从［法律和义务］的结果"（页251）。然后，洛克写道，"当下的好处"不能作为是否公正的标准，相反，"利益源于公正"（页251，强调为笔者所加）。公正本身毋宁说是源于"神"或者社会需要，而社会需要则产生于人的自然需要。

《自然法问题》的这个版本，为洛克研究做出了可以传之久远的贡献。除了霍维茨富有价值的导论之外，这个版本还包括了施特劳斯的养女珍妮（Jenny Strauss Clay）对手稿所作的简明扼要且颇有助益的讨论和完整的拉丁文本，文本的英译还附有很有帮助的注释，而这些注释以莱登更早的版本为基础。洛克研究的任何杰出著作，同时也会对政治哲学的研究贡献良多，因此，我们应加倍感谢本书诸位编译者的辛勤劳作。

洛克的《自然法问题》疏证

霍维茨（Robert Horwitz）撰
朱克特（Michael Zuckert）整理
赵雪纲　译

[朱克特按]霍维茨教授于1987年逝世，此前，为了整理出版洛克早年关于自然法著述的新版本，为了准备就这部作品撰写疏证，他已耕耘经年。最近，霍维茨的这一事业已有部分成果问世：珍妮（Jenny Strauss Clay）重新编辑了洛克这部著作的拉丁文版，克莱（Diskin Clay）则提供了一个新的英译本，霍维茨为之撰写导论性说明，这些内容皆由康奈尔大学出版社汇集出版。然而，霍维茨的疏证却未发表，因为他的同事们找不到一个他们认为足够完整的底稿。但这个底稿已经出现，大致就是眼下发表的文本。这并非霍维茨本来打算发表的文本，显然他觉得这个文本在内容上还不完整，行文尚显粗糙，因为在完成初稿之后，霍维茨即不止一次更加严肃认真地加以修订。尽管如此，这个文本似乎仍然最为完整，也最接近我们现有的这个终稿，并且，尽管霍维茨教授或许认为这个文本尚有

种种不足，但其许多卓识洞见，仍令这个文本的发表具有质量保证。

编辑霍维茨教授的这篇疏证，必须对他深怀敬意。既然只是草稿，我们就需要编辑文本以使之通顺晓畅。文本中希望加上脚注的地方，霍维茨教授已经标明，但至少在这个文稿中，他尚未补上这些脚注。我尽力补充这些注释。在多数情况下，我都比较自信，我至少已经发现了他希望插入的引证。不过，若读者发现注释尚且不足，我请求他归咎于做出那些注释的我。在极少数情况下，我把一些材料从霍维茨的文本中移至脚注。我还修订了对洛克的所有引用（只有一处例外），以对应这个新版的英译本。这种修订是必需的，因为霍维茨教授在写作疏证时使用了这个新译本，而出版时这一新译本本身又做出许多修订。不言而喻，我在编辑过程中对这篇疏证增加了一些内容，但所有增加的内容，都尽量不更动霍维茨教授的原意。

我愿借此机会感谢卡尔顿学院院长，因为他在重新打印这篇疏证的手稿方面提供了帮助。

洛克《自然法问题》文本介绍

洛克的《自然法问题》极其复杂难解、令人困惑，甚至以洛克其他著作所设的标准来衡量也是如此。①《自然法问题》中明显的重大矛盾比比皆是，更不要说下文将要讨论的其他种种错综复杂的情

---

① 本疏证深深受惠于我的老师，已故的施特劳斯教授，我跟随业师研习洛克的《政府论》（*Two Treatises of Government*），并对政治哲学有了基本了解。更具体地说，施特劳斯教授曾就洛克《自然法问题》开设过两次研讨课，我认真钻研了课程讲稿和他关于洛克自然法教诲的几篇文章。

况。为何《自然法问题》中到处都是显眼的矛盾？已经有人回答了这个问题，答案是，洛克撰写这一文本经历了相当长的时期，而在这个时期内，他在某些问题上"改变了看法"。① 而且，在撰写这部著作时，洛克深受自然法理论家们的种种影响，而这些理论家们自己在许多问题上也歧见纷出。在这篇疏证中，我试图（初步，而非最终）证明另一条理解思路：洛克的这部著作，前后完全贯通一致，即使从表面来看情况绝非如此。在这一矛盾丛生、看起来困惑难解、甚至有时杂乱不堪的文本内部，洛克却为认真的读者提供了解决本著在在皆是的明显难题所需的一切，至少可以说，正是这些难题才使得本书极难把握。

下文的疏证，与其说是对《自然法问题》的细致分析，不如说是试图为读者提供某种简要概览，切入作为一个整体的论证。就每一个问题，我都为读者的思考提出了一些要点，即使当洛克对问题三、六和九只提供了一个词语的回答——"否（Negatur）"——的时候，我也是如此。② 如果我认为有些问题在洛克的论证过程中的作用尤其重要，那么，我对这些问题的处理就要比另一些问题更为详尽。

---

① 参见莱顿（Wolfgang von Leyden），"Introduction"，载于 John Locke，《论自然法》（*Essays on the Law of Nature*），Oxford，1954，页 313 – 376；Robert Horwitz，《引论》（Introduction），*John Locke：Questions Concerning the Law of Nature*，Robert Horwitz、Jenny S. Clay 和 Diskin Clay 编，Ithaca，N. Y.，1990，页 47。本文参考了莱登的《论自然法》译本。对《自然法问题》的参考指由霍维茨等人确定的洛克的对开本页码。

② 在手稿 B 中，似乎一直由洛克自己，而非由他的誊写员来连续标注这些"问题"的数目次序，一直到问题八都是如此。（有关这些手稿及其历史的细节问题，参见《自然法问题》，前揭，页 28 – 33。）洛克不仅为自己给出了长篇回答的"问题"一、二、四、五、七、八、十和十一标注了数目次序，而且也为自己只给出了一个词语的回答的"问题"三、六和九标注了数目次序。这

洛克《自然法问题》的各章标题表明，这部著作是由四部分构成的，具体如下：问题一提出了是否存在自然法这个问题；问题二到问题七问的是，如果自然法存在，那么它如何能够为人知晓；问题八到问题十讨论了自然法（如果它存在的话）的义务性约束力；而问题十一则问道，是否"每个个体的私人利益构成了自然法的基础"。

问题一

存在一种行为规则或自然法吗？存在。

洛克《自然法问题》的第一个英译本[①]如此翻译洛克这一开篇辩难的标题："存在一种被给予我们的道德规则，或者自然法吗？是。"（页109）这一译法指向了具有这种性质的回答：上帝已经通过自然法"给予"或制定了道德规则，以其作为人的指引；这个回答与译者对洛克《自然法问题》的原初理解一致，即把它理解为在基督教自然法传统框架内撰写的著作。我们还必须注意，许多哲学家则坚持认为，即使上帝不曾"给予"人类自然法，自然法也仍然可以存在，而洛克在其作品的第一个单元的这个标题中，似乎让

或许是要表明，在安排这些问题时，可能具有某种"模式"，即每隔两个带有较长答案的问题，便有一个只以一个词语来回答的问题。从严格的空间角度来看，我们说，问题六处于这整个一系列问题的中心位置，并且其两侧各有一组问题——每组包括五个问题。而在这每一组（五个）问题的内部，问题三和问题九（这两个问题都是只用一个词语来回答的）又分别处于每一组问题的中心位置。我只是顺便观察到了这个现象，而不作任何评注。洛克是否有意以此种或任何其他一种模式来安排他的《自然法问题》，似乎没有任何据以作出判断的外部证据。

① [译按] 即莱登的译本，参见 Locke, *Essays on the Law of Nature*, 前揭。

这一问题悬而未决。无论如何，问题一非常老套地以基督教自然法立场的论述开始：洛克观察到，一个人在这个宇宙的方方面面的运作中，都可以找到造物者的总体规划，而在胡克（Hooker）、卡尔弗韦尔（Culverwel）、桑德森（Sanderson），以及这一伟大传统中的许多其他作家的作品中，我们也可以找到与这种观察相应的说法。

不过，恰巧就在洛克以这种传统方式提出辩难的时候，他却为这个辩难引入了某些让人有点困惑的思考。情况似乎并不是所有人都接受对那位神（the deity）的信仰。毋宁说，这样的信仰据说更是下述两类人所"承认的"：（1）一类人认为"有必要对我们的生活作某种理性说明"，（2）另一类人认为"存在着某种应该称之为德性或邪恶的事物"（《自然法问题》，对开本，页9）。然而，即使完全不"假定"一位神的存在，这些标准，以及那个被视为理所当然的有秩序的宇宙的标准，也可以呈现。

洛克继续指出：如果宇宙中其他一切事物都受法（law）的统治，那就必须要问一问，是否单单人类"完全不受某种管辖……完全没有计划，没有法，没有自己的生活规则……"（对开本，页10）。洛克认为，那些"思考过至美至大之神，或思考过一切时代一切地方的一切人类的普遍同意，或最终思考过他自己或他自己的良心……"的人，不太"容易"相信这一点（对开本，页10）。在问题一的第一段，赞同自然法存在的论证，乍看上去已经建立在假定上帝存在这一基础之上，并有另外的两个基础：普遍同意和良心。后来，洛克还要详细检讨这一所谓的"全体人类的普遍同意"；他发现，根本就不存在这样的同意，最终，洛克彻底抛弃了这种同意，抛弃了以良心为基础的论证。认真阅读《自然法问题》的读者很快就会看到，洛克频繁地使用了这种写作技艺。一开始他有力地提出一种立场，并由此给予它一个权威性的形式（cast），但是，之后他就会逐渐对之提出疑问,甚或断然反驳或否认这种立场。由于这一原因,明智的读者就应把《自然法问题》中的每一个断言都看作假定性的,而非洛克宣告的成熟理论。

洛克下一步分辨了"用来表示(自然法)的种种名称"(对开本,页10)。在洛克提供的三种自然法的通用定义中,他以廊下派的立场结合了第一个和第三个定义,第二个定义则把自然法确认为正确的理性。后来,洛克讨论问题五时把理性视为推论性的理性,有鉴于此,我们就必须关注他的如下观察的重要意义:在"作为正确理性的自然法"这一理解中,理性并不是推论能力,而是"一切美德的源泉所从流出的某些明确的实践原则"(对开本,页11)。洛克把此处所说的第三种自然法定义同廊下派的这则著名格言联系起来:"按照自然而生活";廊下派的要求没有直接提到上帝。"人应在一切事情上表明自己的服从的,(并且)人认为需要对其义务进行理性说明的",正是这样一种法(对开本,页11),也就是说,如果人要理性地生活,他们就不能够违背这种法。

洛克始于向廊下派和基督教自然法理论的认同,然后却为这一讨论注入一种具有完全不同根源的思想。正如莱登教授敏锐的观察所见,洛克赞同霍布斯对自然法和自然权利之间的区分,因为洛克说,"权利(*jus*)在于我们对某物的自由使用这一事实,而法律(*lex*)则是命令或禁止某种行为的东西"。① 霍布斯使用这种区别,是其全面控诉种种自然法传统的一部分内容,洛克则将霍布斯的区分引为权威:

> 那些谈及这一主题的人,过去常常混淆了 *jus* 和 *lex*,权利

---

① 对开本,页11。参见《论自然法》,页111。这一引证见霍布斯,《利维坦》,第14章。[译注]中译本参黎思复、黎廷弼译本,北京:商务印书馆,1985。

和法律，它们应当得到区分；因为**权利**在于做某事或抑制自己不做某事的自由，而**法律**则控制或约束人们做某事或不做某事，故而法律不同于权利，正如义务不同于自由，二者同样是不一致的。

按照霍布斯的说法，自然权利并不强加任何义务；自然权利让人们"自由地做或抑制自己不做某事"。而确实形成义务的自然法，在霍布斯看来实则来源于自然权利。霍布斯因此得出结论说，"每一个人自然地对每一种事物都享有权利"。不过，"当每一个人对每一事物的这种自然权利继续存在时，任何人就都不可能获得任何安全保障……"（《利维坦》，第14章）。为了避开这种状态必然导致的伤害和早死的可能性，人们使用自己的理性创造了这条"戒律"或"理性的一般法则：每一个人只要有获得和平的希望时，就应当力求和平……这条法则的第一部分包含着第一个同时也是基本的自然法——寻求和平、信守和平"（同上）。自然法是派生性的，而自然权利则是首要的，这是霍布斯的论述的一个基本要素。这种学说与传统的基督教自然法学说尖锐对立，因为后者认为，义务而非权利才是首要的。

在问题一中，洛克生硬地引入了霍布斯对自然权利和自然法的区分，但没有为自己的做法提供任何理由。然而，洛克对这一点的坚持表明，这种区分后来将会具有某种重要意义。无论如何，在《自然法问题》中，洛克把并未指明意义的段落插入手稿，这既不是第一次，也不会是最后一次。

在补加这类术语之后，洛克为我们提供了他自己对自然法的初步定义："它是凭借自然之光可以了解的神圣意志的命令，指明了什么符合、什么不符合理性的自然……"（对开本，页11）洛克否认自然法是一种理性的命令；因为理性并不制定和颁布这种自然法，就像它自己发现和审查一种由更高权力规定的法，并将其植入我们心中……（对开本，页12）

洛克之所以赞同这一定义，是因为它似乎具备任何一种法都具备的三个基本特征：（1）它必须"宣告了某种更高的意志"，（2）它必须"规定可以做什么和不能做什么"，（3）它必须"对人们具有约束力"，还必须以"足已为人们所知晓"的方式而公布（对开本，页12）。这一定义看起来确实适合于满足这些标准。

然而，我们必须既要反思他对自然法所下的初步定义，又要反思这些标准。这些标准明确告诉我们的东西、它们隐而未言的东西，或没有被完全说出来的东西，都同样有趣。这一初步的自然法定义，首先是一个纯粹的形式定义。洛克还没有对自然法的存在或性质作任何系统的论证或证明。不过，在总结这个问题时，在谈论其他问题时，洛克的写作就像自己已经系统论证或证明了一样。在百分之百接受洛克的断言——即说这些独特的学说已被确立或证明了——时，读者必须非常谨慎。《自然法问题》中充满了这样的说法，遇到这些说法时，人们必须略作停驻，判断一下洛克是否实际上已经完全论证了他自己的主张。

让我们回到我们的主题，仔细思考洛克所有这十一个问题的读者将会发现，除了问题一中规定的标准，他后来又增加了另一些必需的标准。因此，洛克最初设定的"作为法律的必要条件"的标准，似乎就不完整，因此还多少有些误导。

无论如何，在规定了这三个标准之后，洛克现在勾勒了在传统上用以确证自然法存在的五种论证中的某些部分，由此来总结问题一。鉴于洛克先前在这一问题中强调自然法源于一种"更高的权力"，正是这种权力颁布了自然法并将其植入我们心中，那么，在这些证明自然法存在的证据中，人们本可期望找到许多论述那位神的内容。但情况并非如此，因为洛克只是在其中的第三个证据中，才说到了某位"第一创造者"。

这五种论证中的第一种，似乎主要以亚里士多德《尼各马可伦理学》中的两段为基础。我们可以推断说，这些段落的重要性就在于，自然法是一种普遍有效的法，适用于作为理性动物的人，并因而确定了人的义务。在引用亚里士多德之后，洛克紧接着突然插入了这句喟叹："有些人反对这种自然法：声称这样的法根本就不存在……"（对开本，页15；强调为我所加）在《自然法问题》中的任何一处地方，洛克都不曾指明，这些提出一系列反对意见的匿名思想家们到底是谁，但他们频频出现。洛克使用这种文体手法，让我们在某些方面想起了经院论辩的形式，尤其是阿奎那的写作方式，阿奎那习惯先提出反对意见，而回答就是为回应反对意见而作。如果有谁对这些反对意见的内容特别关注，并格外注意回应这些反对意见的回答之特性和充分性，他就会得到收获。在这个节骨眼上提出的这一独特反对意见，对那些关心自然法是否存在这一问题的人而言，无疑相当重要。这个问题就在于：这一观点主张，尽管人类是理性的，但他们却并不知晓自然法，因此，他们的行为也不可能受自然法的指引。对于人类来说，这种自然法尚未充分公布，也未曾被充分了解。

洛克回应了这一反对意见，他的回应篇幅更长，但更为含混。他在此处或在《自然法问题》的其他地方都没有否认，对自然法的这种无知是广泛存在的。为此，他通过探求一种对这种无知的可能解释而推进这一论证。洛克指出，那些多半是"隐而不显和未被觉察的自然法"，只有那些"更明智的和更敏锐的"的人才能领悟把握（对开本，页17）。即使如此，自然法也极少（更不用说容易了）能被那"更敏锐的"人完全发现。在接下来的那些问题中，洛克强调指出，即使是人中翘楚，要从某种桀骜不驯、冷漠无情、残酷刻薄的"自然"中，探索她卓有成效地掩藏起来的自然法秘密，也必须付出难以置信的艰苦繁难的努力——我们也可以说是英勇的努力（参见问题二，对开本，页33-35）。

现在，只要稍稍对比洛克这里的阐述与基督教自然法理论，我们就能立刻注意到两者之间的重要差别。例如，雄辩的基督教传统的支持者卡尔弗韦尔（Nathaniel Culverwel），就说上帝的永恒法（Eternal Law）提供了"法的源泉，从这一源泉中，你可以看到自然法汩汩流淌出来，并流向世人"。①对卡尔弗韦尔和其他的基督教自然法教师来说，自然法以某种方式被"铭刻"在了人的"胸中"，或者，正如他所言，人对自然法的探索追寻，由"上主的烛光"照亮。确实，基督教自然法的倡导者并不认为自然法的全部表现形式都易于把握，但是，有一位仁慈的上帝关心人类探索自然法的道路。在人类寻求对自然法的理解时，上帝总会帮助他们。这绝对不是洛克在此所阐述的观点；洛克的观点远非如此。不管这是不是洛克的最后立场，它确实都不符合洛克最初诉诸的已有的基督教法律传统。我们一定不要忘记，认为人们并不知晓自然法的"某些人"的反对意见，还没有得到回应。

暂时悬搁这一问题之后，洛克转向证实自然法存在的第二个论证，这就是，自然法"能够从人的良心中推导出来……"（对开本，页17）。证明和支持这一命题的这个论证是，即使没有实定法，人的良心也会"判断他们自己的生活和行为……"（对开本，页18）。洛克在此没有提供任何证据支撑这一论断，而后来，在《自然法问题》中，他就对良心就更不确信了。此外，他在《自然法问题》中

---

① Nathaniel Culverwel，《论自然之光》（*An Elegant and Learned Discourse of the Light of Nature*），Toronto，1971，页34。

关于良心所说的话，没有任何一点完全不同于他在名著《人类理解论》中对良心的看法：

> [良心]并不是别的，只是自己对于自己行为的德性或堕落所抱的一种意见或判断。如果你以为良心就是天赋的原则，那么相反的信念亦可以说是天赋原则，因为有些人虽亦具有同样的良心倾向，可是他们所行的事正是别人所要避免的。①

《人类理解论》对良心所下的这个定义，遭到了暴怒的基督教神职人员的猛烈批判。某位批评者在其《论洛克先生的宗教》一书中，花了大半章篇幅来描述洛克对良心的分析，其主要观点是，除了上帝的神圣知识以外，"没有任何一种知识能够妄称比良心的知识具有更伟大、更绝对的确定性。因此，即使按照洛克先生的看法，也不可能说良心应该成为一种意见"。② 但是，洛克在《自然法问题》和其他著作中对良心的分析，所存在的问题恰恰在于，他并未证明良心就只是一种"意见"，因此求助于良心的证明不会也不能作为自然法存在的证据。在合适的地方，我们还会对这一点作更多说明。

在计划用来证明自然法存在的第三个论证中，洛克又重新提到了问题一的开篇，他在开篇曾求助于这一假设：某种神圣的权力，一种"命令苍穹永恒循环运转"的权力（对开本，页19），可能掌管着这个世界。在证明自然法存在的五个论证中，只有在这一个核心的论证中，洛克才间接谈到了或许可被视为一位神的事工之明证

---

① John Locke,《人类理解论》(*An Essay Concerning Human Understanding*), I. Iii. 8. [译按] 中译参关文运译本，北京：商务印书馆，1959年。
② John Milner,《论洛克先生的宗教》(*An Account of Mr. Locke's Religion*), London, 1700。

的内容。他谈到了"第一创造者（first artificer）"（对开本，页18）。在此，洛克也提到了阿奎那，并从胡克的《教会政体法》的一段中间接引用了阿奎那的话："受造事物中发生的一切，皆是永恒法之事。"① 然而，胡克这里致力于谈论的，是通过种种自然事物（natural agents）而观察到的法，但是，洛克没有做出阿奎那和胡克在永恒法和自然法之间所作的这一极其重要的区分。在阿奎那看来，

> 永恒法就是神圣统治中进行创造时（shaping）所依据的观念。服从神圣统治者的一切，也都服从永恒法；不服从神圣统治者的一切，也就不服从永恒法。这种区分，也适用于人类的活动。我们能够处理的事情，属于人的管辖范围之内，而必然受到事物本性约束的事情，却不是如此；并非凭着人类的统治，我们才有了灵魂和手足。（《神学大全》，1a2ae 93.4）

某些事物显然由永恒法直接决定，而另一些事物则处于自然法的统辖范围之内。托马斯写道：

> 神意给了理性的造物以更加高贵的地位；理性的造物既然支配着自己的行动和其他造物的行动，就变成神意本身的参与者。这样，他们就参与并分有了永恒理性，而通过这种永恒理性，他们产生了一种自然的倾向以从事适当的行动和目的。这种理性造物对永恒法的分有，就是我们所说的"自然法"。（《神学大全》，1a2ae 91.2）

---

① 对开本，页18，洛克引用《神学大全》（Summa Theologiae, 1a2ae 93.4）作为对胡克在《教会政体法》（Laws of Ecclesiastical Polity, Oxford, 1888, I, 3, sec. 1）中说法的解释。

永恒法和自然法在人这样理性智慧的造物身上所发挥的功能不同，但二者的这种关键差异，在洛克的《自然法问题》中被弄得含混不明，因为洛克把本属阿奎那的观点过分简化为："受造事物中发生的一切，皆是永恒法之事。"洛克可能是在暗示，传统的基督教教义不能正确区分自然法和永恒法，并且，正是这一点构成了它的某种重大缺陷。阿奎那曾试图这样区分永恒法和自然法：永恒法不可能被僭越违逆，但人对永恒法的参与却可能会有疏漏之虞或其他缺陷，并因此而形成自然法的僭越。简言之，在阿奎那看来，自然法当然是可以被违背的，而洛克混同永恒法和自然法，则意味着一种不能被违背的[自然]法，而这却非托马斯和胡克所知晓的自然法（参见对开本，页9）。

洛克对希波克拉底（Hippocrates）的引用证实了这一猜测，这一引用与对阿奎那的引用直接相关：按照胡克的解释性翻译，希波克拉底宣称，"'每一事物，无论大小，都履行天命为它们规定的任务'，并且，每一个事物都不会稍稍偏离天命为它们规定的法"（对开本，页18）。

胡克恰恰也同样引用过这句话（《教会政体法》，I, 3, sec. 1），洛克的引用很可能就是来自胡克。然而，胡克是在讨论种种自然事物而非理性主体所遵守的法时引用了这段话。这再次表明了一种可能性，即洛克用这段话暗示一种不能被违背的自然法，也就是说，一种并非道德法的自然法。正如洛克在这一引用之后很快就说的，人"有一种适合其本性的被规定的行为模式"（对开本，页18）。至少从某种意义上来说，人类可以说是服从某种不能被故意违背的自然法，比如像呼吸这样的纯粹反射性身体功能。这类身体功能可被理解为证明自然法运作的一种形式，而这也是洛克此处的"论证"确实能够证明的唯一形式。但是，如果这就是洛克通过自然法想要传达的东西，那么，他的自然法就与传统完全不同。

在第四个论证中，洛克指出，没有自然法，社会生活就会崩溃，也将不再可能。没有自然法的种种约束，统治者就会成为残忍的专制僭主，主要致力于摧毁其臣民。进一步，其臣民之间将不再信守任何契约或承诺（背信弃义乃成常情），

> 因为当其他地方开出更好的条件时，没有任何理由期望一个人仅仅因承诺的缘故而守约，除非履行承诺的义务是出于自然而非人们的意志。（对开本，页20）

为了确定这一论证的力量，我们必须首先回想，洛克承认自然法在人们面前隐藏起来，因此，至多只有寥寥无几的人知晓。其次，我们必须要问一问，由于对自然法的这种普遍无知，多数民族和多数国家是否实际上已被令人难以忍受的僭主统治压成齑粉了。考察多数国家中的多数民族的现况，几乎没有显出这种令人无法忍受的情况，尽管在不同时代的一些国家中情况可能如此，比如革命暴动。但即使如此，这些革命也很少以自然法的名义来证明它们自身的正当性，而革命所造就的新政制，也并不建立在自然法的可靠基础之上。

同样，多数民族似乎也不都是完全不愿或不能信守约定，尽管他们并不了解自然法。那么，人们必然想知道，是否可能有一些有效的基础，与自然法的基础不同，至少可以形成最低程度尚可忍受的社会、适度稳定的政府，并提供坚守契约所需的大体充分的理由。这就产生了这种可能：基于功利算计的同意，完全可以为政治秩序和履行约定提供一种切实可行的根据或基础，这种观念洛克不大可能不熟悉。这些思考可以充分回应洛克在第四个命题中支持自然法存在的夸张说法。

第五个也就是最后一个证明依赖于如下主张：

如果没有自然法，就不会有任何美德或邪恶，就不会有任何对正直的褒扬或对邪恶的惩罚；哪里没有法律，（哪里就不会有）违法犯罪。任何事情都必定会与人的意志相关……（对开本，页20）

然而，人们不得不问：已经以协议或约定为基础而组成社会的人们，难道不能制定旨在约束人们作恶的法律并惩罚犯罪吗？这一论证又往前推进一步，因为洛克说，"情况似乎是，如果不是受利益或快乐驱使的话，人们本来不会做任何事情……"（对开本，页20）。人类根据自己的利益尤其是长期利益，或根据享乐主义的算计而行动，难道不可能在此世获得某种指引、获得某种甚至相当可行的方向吗？洛克至少指出，根据这些东西来行动是可能的。问题十一中思考了以利益（utilitas）为基础的方向，而在后来的著作中，洛克大胆地开始阐释奠基于享乐主义之上的美德和邪恶观的基础。在其《人类理解论》中，洛克在"创造了我们的存在的那位无限智慧者"那里找到了这种享乐主义道德的根源：

……这位创造者已然喜悦地又在各种思想和各种感觉上附加了一种快乐的知觉……因此，大智的上帝很是愿意在一些客体上，在由这些客体所得的各种观念上，在一些思想上，附加一种伴随的快乐……（《人类理解论》，II vii 3）

在《人类理解论》接下来的一段中，洛克又说，"痛苦亦同快乐有同样的效能和功用，都能促使我们从事工作"，并且，他还以他的智慧如是说：

使我们产生快乐的那些客体和观念，亦往往产生痛苦。它们因此而紧密联合，因此我们往往在原来本应有快乐的感觉中，却找到了痛苦。不过我们正可以由此更惊羡我们造物主的智慧和善意。因为上帝意在保存我们的生命,所以祂要使许多有害的物体在接触我们的身体以后,发生了痛苦,使我们知道它们会伤害人,并且教我们避开。(Ⅱ ⅶ 4)

最后,洛克又说:"上帝在围绕我们、打动我们的各种客体中,散布了各种等级的快乐和痛苦……"(Ⅱ ⅶ 5)于是,情况就很清楚:洛克在《自然法问题》以及其后来的著作中,推翻了他支持自然法存在的这一最后论证的前提。洛克以如下论断结束了讨论,"无论美德和邪恶有什么样的德性或恶性,它们全都源于这种自然法……"(对开本,页20–21)。洛克完全没有证实这一论断。

总之,根据洛克所述的种种理由,我们发现,旨在证明自然法的所有这五个论证,都是不充分的、成问题的。然而,从这一点开始一直贯穿《自然法问题》始终,洛克都将勇敢地使我们确信,自然法之存在已经得到证实。我们不必过于强调说,洛克其实没有证实这一点,至少就把自然法视为道德法的传统理解而言,他未尝证实。当然,仍然存在一种可能性,那就是,洛克自己心里对自然法有着相当不同的理解;我们所以强调这种可能性,是因为他迄今为止仍未解释为何他要把霍布斯对自然法和自然权利(jus naturale)的区分插入讨论,而且,在问题一中,他也没有为读者提供任何进一步的资料以思考这个问题。

公正地说,我们可以得出如下结论,在这一开篇问题当中,洛克已经提出了很多棘手而又迷人的问题以供我们思考,尽管他还根本没有明确解决任何问题。在问题一中,洛克提出了我们在通读《自然法问题》时必须集中精力关注的几个主要问题:(1)自然法要以有神论意义上的上帝存在为必要条件吗?(2)自然法是一种人类能够违背的法吗?或者,自然法具有与非意志性实体相关的永恒法的性质吗?(3)自然法能为人类知晓吗?如果是,那它最终能够如何为人类知晓？①

问题二

凭借自然之光，能知晓自然法吗？能。

洛克以一个未经证明的——而且，基本上也不可证明——论断开始了问题二，这一论断就是，"所有人都承认存在某种美德和邪恶的原则"（对开本，页22）。洛克说，"下一步我们必须要追问，人们以这种全体一致同意服从的自然法，是凭借什么方式而被他们知晓的"（对开本，页22），这是问题一中所提的主要问题之一，而通过这里的发问，洛克把上述论断合并到问题二的标题所提的问题之中。正如我们所知，洛克实际上还没有证明自然法的存在，我们后面也将会看到，他随即直接否定了这个过于笼统的论断：人类以"全体一致同意"服从这种法。

在更确定的、更激奋的修辞之后，洛克在问题二的第二段就开始认真处理眼前要做的事情。他发现，获得自然法的"知识有三种方式"：刻写（inscription）、传统（tradition）和感觉（sense percep-

---

① 因此，我认为，问题一的这种探问的结果，绝非如莱登所认为的那么明确，莱登对问题一的总结如下：

> 根据某种神圣存在掌管全世界这一假设——由于我们看到自然和生物世界受神圣法律的管理，因此这是一个可由"目的论证"加以证明的事实——一定有某些固定不变的行为规则专门适用于人的生活。这些规则就是自然法，而这种法……有别于自然权利，……也不应被称为理性的命令：原因有二，其一，这种法是发布命令和禁令的神圣意志的法令，其二，这种法是上帝植在人心中的，因此理性只能发现和解释它。（《论自然法》，前揭，页95）

tion)。在简单思考每一种方式之前,洛克再次明确排除了"超自然的和神圣(启示)"可以作为知识的来源。洛克告诉我们,人类在理解"事物的全部本性"上确实已经"获得了巨大进步",即使当"神灵"没有告知时,即使当人类没有"来自天上的光"即神圣启示时,也是如此(对开本,页23-24),而通过这些说法,洛克其实暗示了更多的东西。人对事物本性的探求也没有被"局限于(此)世的范围之内",因为"这种探究冥思上天本身,并已相当精确地探究了精神和思想,探究了它们的性质、它们的行动和它们所服从的法"(对开本,页24)。洛克的主张之勇敢肆意非常激动人心:人类凭自己的努力已经洞识了上天,并已经探究了统辖上天之种种存在的法;洛克甚至明确拒绝把神圣启示——即上帝赐给人的恩惠——作为知识的一种根源。"所有这类知识",洛克说,"都是通过这三种了解方式中的一种进入思想。除了这些之外,绝没有任何其他的致知原理和基础。"(对开本,页24)

洛克很快就否定了刻写可以作为自然法知识的来源,在问题四中,他还会探讨这一主题,并大发议论。在问题二中,洛克集中关注的是获取知识的三种可能方式之中的核心方式,即传统,但洛克否认传统可以作为有效自然法知识的来源。传统能够提供的只不过是一种派生性意见的来源,并且它最终建立在信仰而非知识的基础之上。此外,洛克还提醒我们,传统多种多样,而且每一种传统都还有待解释。

当抛弃了刻写和传统之后,就只剩下"感觉"作为知识的首要来源了:

> 我要说,我们一切知识的基础……都来源于我们通过自己的感觉所把握的事物。从这些事物开始,我们的理性,或者人所特有的推论能力,必定从物质、运动,以及这个世界的可见

构造及其组织体系的种种论证层层深入，进而思考这些事物的创造者……（对开本，页 32）

正是我们的"理性"，正是我们"进行推论的能力"，可以引导我们发现自然法。正如我们将要看到的，这个论证在问题五中得到了扩充，并将在那里得到详细讨论。

在这一点上，洛克再次求助于问题一中使用的策略，也就是说，让一个身份不明的反对者进入争论，把注意力引向一个对基督教自然法传统的信奉者来说本就非常明显的难题。这位反对者问道，"如果自然法是凭借自然之光"，或凭借据说所有人都拥有的理性"而被知晓"，"那怎么还会有那么多人对此茫然无知？"为什么"多数凡人还都完全不知晓这种法律，并且几乎所有人都还对它各持己见呢？"（对开本，页 33）

正如上文所言，洛克在这里与问题二开头的判断有着直接的矛盾，因为他在开头谈到了"人们以这种全体一致同意所服从的自然法"，毕竟他们不大可能去赞同和服从一种"多数凡人都完全不知晓"的法律。在问题二接近结尾的时候，洛克承认，

> 设若我们断言这种自然法被刻写在我们心中，那么（对自然法的广泛无知）这种反对意见，本身就会有某种内在的说服力。（对开本，页 33）

不过，洛克又回应说，他在此主张的全部内容就是，人类所具有的仅只是一种理性的能力，并且，正是通过理性，人类在原则上才可以发现自然法。

然而，洛克随即又增加了一种具有超验意义的限制条件。即使"我们的理性能力能够引导我们知晓这种法，这也并不必然意味着所有人都一定会正确地使用这些能力"（对开本，页 34）。事实证明，

并非每个人都是出色的"几何学家,并非每个人都能熟练掌握算术知识",尽管"由自然之光来看"(或通过理性),"图形和数字的本质和属性似乎显然明白,并且无疑是可知的"(对开本,页34)。

可是,洛克的回答并不针对反对意见的焦点,而是开始把这一讨论推向了另一方向。在数学领域和道德领域之间,至少有两种极为重要的和引人注目的差异。即便多数人都完全不了解"图形和数字的本质和属性",这也不是一个太令人担心的问题。少数数学家可以阐明演算这些技术,而后再由其他人将他们的发现用于社会的实践需要。但是,正如洛克所强调的,无论是谁,只要想过一种道德的生活,那么,深刻领会并牢牢把握自然法原则就是先决条件。要是一个社会的为数众多的居民都完全不了解道德原则的话,这个社会的情况就着实不妙了,但我们很难说,那些在算术上犯错的人威胁了社会的织体。

在回应那位反对者时,洛克巧妙地从道德法则转向数字法则,这个转变对洛克的自然法和传统自然法之间的关系问题来说,意义重大。传统的基督教自然法理论坚持认为,上帝创造了人,赋予他包括种种自然倾向在内的许多强大力量,并让这些力量联合行动以使他了解并促使他遵守自然法(霍维茨,《引论》,前揭,页13-16)。从洛克对反对者的回答来判断,他已经远远离开了这一传统理论,如果通观问题二的剩余部分,这一点就会相当清楚。在洛克看来,这位创造者,或者自然,还没有使人类轻易能够发现自然法。相反,"人若想要洞察这些事物的隐秘本性",就需要"心灵(mind)专心致志的沉思"(对开本,页34)。

为了使自己的观点更加明白,洛克用了一个引人注目的类比。自然法涉及的范围被比喻成"藏于地底深处的""上等的金银富矿"。谁要探寻这些金银宝藏,就必须使用自己的"手臂和理性",必须发明"引擎"以加快自己的探矿工作。发掘这一宝藏必须要付出"艰巨的劳动",那些"懒散怠惰之人",在探矿时将一无所获,而且,许多(或甚至绝大多数)勤奋智慧的探矿者也不一定必然成功。谁都不能保证一定会有人发现这些深藏不露的金银富矿。只有为数极少的人会聚精会神去寻求自然法,而只有为数更少的人会成功。更不容易看透的是洛克的这个说法:多数人甚至都还不晓得这种探求的必要性,因为从总体上来说,无论生活在何处的人,"与其说是受理性的指引,不如说是受他人榜样或者他们国家的惯例和(他们所生活的)地方的习俗的指引"(对开本,页35)。洛克在《自然法问题》通篇都将这一说法作了详尽发挥,而且,这个说法所以非常重要,还与自然法的发布这一问题有关。如果没有正当地发布,自然法就没有任何义务上的约束力。如果不能指望人们遵守这一法律,那么对实践目的来说,它就不存在。通过这些不言而喻的说法,针对基督教传统所理解的发现自然法的可能性,洛克提出了从根本上来说非常难解的问题。

在接下来的两个问题中,洛克延续并详尽论述了自己结束问题二时关切的内容。现在我们必须转向这些问题。

问题三

我们是否凭借传统而知晓自然法?不是。

在讨论问题二的过程中,洛克似乎已经提出并回答过这个问题。我们不妨回想一下他在那里的观察,"获得知识有三种方式,如果不过分讲究用词的话,我可以称之为:刻写、传统和感觉"(对开本,页23)。洛克在问题四中讨论了"刻写",在问题五中讨论了"感觉",而问题三则显然意在讨论"传统"。不过还有两个让我们觉得奇怪的地方。第一,他在问题三中对传统的处理只限于一个语词。

人们可能感到奇怪,在专门用来解决这一问题的问题三中,洛克为何没有详细阐明这一重要问题。第二,相当奇怪的是,他确实在前面的问题二中用一定篇幅讨论这个问题,只不过这一讨论所处的问题语境更广而已。

除非有人作某种过于简化的假定,或者更恰当地说,做出某种相当高高在上的假定,即洛克只是粗心大意了,而这一问题也是多余的,否则他就必须设法弄明白洛克在这个问题以及另外两个问题中的意图,因为这三个问题都只用一个语词作答:"否(Negatur)"。莱登教授在研究《自然法问题》与基督教传统自然法著作的关系时,作了一些有益的分析:

> 卡尔弗韦尔在其《论自然之光》中处理了传统问题,(并且)他也否认可以凭借传统发现自然法。对传统与自然法关系的讨论背后,是与罗马天主教徒的长期论战,因为罗马天主教徒视传统为上帝未写之言的一部分,并由此而力图确保将传统作为与上帝已写之言相同的权威(参见胡克的《教会政体法》……)。(《论自然法》,前揭,页134,注1)

在《论自然之光》一书第八章,卡尔弗韦尔先是问道,"如何发现自然法?"然后他回答说,"并非经由传统",而是凭借理性(而发现)。通过这一问一答,卡尔弗韦尔考察了"传统"这个问题。至此,卡尔弗韦尔与洛克意见一致。卡尔弗韦尔发现,"上帝已经筹划了这样一种令人钦敬的、优美和谐的法来指引和治理祂的造物"——人,此外,祂还"在灵魂中点燃了一盏理性之灯,通过这理性之灯的光,人才能读懂这种成文法(nomos graphos),能够听从自己的创造者的命令"(《论自然之光》,页60)。按照卡尔弗韦尔的观点,没有任何一个民族或国家被堵住了了解自然法的道路,这种观点最初是针对那些为犹太人代言的人而发,因为,正像卡尔弗韦尔的断言，这些代言人坚决主张，"自然之光本来主要只是照临犹太人自己，只是照临加入和依赖犹太人的外邦人：他们都必须在犹太人的灯前点亮自己的蜡烛"（页60-61）。尽管卡尔弗韦尔坚决否认只有犹太人才能接受这光——"毫无疑问，自然既把此光植于了犹太人心中，也植于了外邦人心中，因此这光就一视同仁而普照万邦"——但他确实还表明：

> 无须否认，来自天国真理的纯粹强光只照耀犹太人，凭借这样的光芒……犹太人甚至已极力廓清了……原罪带来的、罩在那些自然观念之上的浮云飘雾；那些律法，自然已经镌刻在……犹太人的心版之上，尽管蛀虫一样的罪恶已经败坏犹太人的心（就像罪恶对其他所有人的所为），但在犹太人那里，那些散佚的文字又被记起，而许多阙文脱漏，又参照摩西在山上接受的另一个文本（也是上帝自己写的），再次得到弥补和修复；此外，犹太人还拥有许多显现给他们的启示真理，这些真理确实被嫁接到了自然的根茎之中，但却从来不会生根长大……（页61）

卡尔弗韦尔断言，从原则上来说，所有人都可通过使用理性而发现自然法。同时，当摩西在西奈山接受和传达这种法的时候，上帝已经直接颁布了自然法。卡尔弗韦尔著作的下一章题为"理性之光"，这一章清楚地阐释了这一神圣启示的实例的重要性，如果我们对比这一章与洛克在问题二中关于"自然之光"的论述，会颇有收获。卡尔弗韦尔认为，虽然

> 这种法的力量和精神，以及它具有的约束性的能力，部分根植于那些命令本身的尊威和公正……但它们主要还是依靠上帝自身的至高主权和威严大能；（上帝就）这样筹划和掌控了祂

的造物的福乐，并创造了理性的自然以促进受造物的合理完善。（页65）

简言之，尽管上帝可以像在西奈山那样直接启示自然法，而从原则上说，人类凭借理性也可以了解自然法，但人的服从义务却源于上帝——人的创造者——对人行使的正当威能。

在胡克《教会政体法》第一卷，我们也发现了关于传统问题的重要材料。胡克问道，"除了圣经以外"，我们是否还应当"从别处寻求上帝启示的法律？在上帝看来，我们现在是否确有义务像服从和敬畏祂的成文法一样，服从罗马教会所规劝的种种传统，并平等地尊崇两者皆为神圣？我们的回答是，断非如此！"（Ⅰ.13. sec. 2）。胡克又进一步说，

> 当真理经过传闻而辗转流传，它会遭受怎样的损害，它会变得多么残缺不全……没有神圣的圣经，我们就不会有关于祂的律法的任何记载，只有通过传闻和叙述从人类祖先那里接受的来自人的记忆，若是这样，上帝的教会之状况在此之前的很长时间内是何其悲惨不幸？
>
> 凭着圣经，上帝智慧中的真理似乎才得以传予世人……许多深奥宏远的教义，才能成为义务规诫所依赖的主要的原本基础；许多预言，才能成为可使世人确信不可见之事的显明行迹……凡是上帝的神意，都已随时被写成了祂的数卷神圣训令。（Ⅰ.13. secs. 2 – 3）

胡克按照正统新教标准，严厉批评传统可以作为自然法传播的可靠手段，在他的批评中，他甚至比卡尔弗韦尔更强调"神圣的圣经"对自然法的必不可少的启示意义，"那些包含了上帝律法的著作，所有令人崇敬的圣经书卷，所有神圣的圣经卷册"，都"完美无

瑕,其内容已然自足,一旦缺了这些内容,却很可能令使我们丧失性命……"(Ⅰ.13. sec. 3)。

在"自然和圣经"之间、在人凭理性能够发现的东西与上帝通过启示赐予的必不可少的指引之间,似乎不可能做出任何合理的区分,原因正如胡克所言:

> 自然和圣经发挥作用的方式极其完满,其中任何一个离开另一个都不再完整,甚至对永恒的幸福而言,我们无需再去了解二者之外的任何其他事物,因为二者大可为我们的思想提供方方面面的内容;因此,谁要是另外附加种种传统以作为超自然的必然真理的一部分,他们就没有真理,而是陷入谬误。(Ⅰ.14. sec. 5)

胡克和卡尔弗韦尔认为,"自然和圣经"共同引导人类迈向对自己道德义务的必要认知,而在洛克写作《自然法问题》时,他们的观点可以视为代表了新教自然法立场在这些问题上的看法。和卡尔弗韦尔和胡克一样,洛克在问题三中阐明自己的立场时,直截了当地抛弃了"传统",但是,我们必须再次发问,为何洛克选择了在问题二中详尽地处理"传统"这个问题。

在问题二中,洛克强调说,"人们的意见"多种多样而又互相矛盾,而由于这个特征,人们创设了无数完全矛盾的种种传统,这些传统却又指引着多数时代多数地方的大多数人。洛克在此言及的种种"传统",似乎首先就是种种宗教传统,甚至就是宗教本身。例如,他问道,"为什么更应信赖这个人而非另一个人(的主张)?……除非理性能够找到某种方法来区分各种传统"(强调为笔者所加,对开本,页29)。再如,"倘若能从传统中知晓自然法,那么这就成了信仰之事而非知识之事了……"(对开本,页30)。或者又说,即使有人想要追溯一种传统的起源,直至其发端之处,那么,

"这一传统最初的创造者也必会以某种神谕教导，（并）由神灵所启而使之为世人所知……"（对开本，页31）。但是，这样的启示"绝不（是）一种自然法，而是一种实定法"（对开本，页31）。那么，就像卡尔弗韦尔所言，"摩西在山上接受的……上帝自己书写的东西"处于什么地位？尽管洛克可能会回答说，这是神的实定法的实例，但这只会把我们拉回牛津那些慎思明辨的"思想之士"所提的棘手问题，因为，以蒂勒尔（James Tyrell）为代表的这些人拒绝承认，洛克的异端思想之一在于，他可能会使自然法和圣经所启示的"神法"之间发生致命的分裂（参见霍维茨，《引论》，页5）。

正如其一贯做法，洛克那时还不愿认真对待这一指控，而且在《自然法问题》中他也完全没有讨论这个问题。从洛克在问题二和问题三中处理"传统"时采取的方式，我们或可发现原因：和基督教自然法学说对传统的理解和处理一样，他细致地——并且颠覆性地——重新思考了传统问题。胡克和卡尔弗韦尔这样的思想家尤其坚定不移地主张，"传统和启示"必须要放在一起来考虑。洛克将二者强行分离。洛克只以一个语词来回答问题三，这样，他就对胡克和卡尔弗韦尔这样的思想家上述的一半观点表达了简单赞同，却又暗中放弃了他们的另一半观点——按照这另一半观点，他们都坚持认为，"神圣的圣经"对人的道德指引来说必不可少。①

洛克拒绝接受这一公认传统的这个核心特征，不过，他并不显得是要急于让自己的《自然法问题》显示出非传统的面貌。相反，他只以一个"否"字回答"我们是否凭借传统而知晓自然法"。这

---

① 洛克可能向读者传递的信息是，在问题二中说到"过分讲究用词"时，他自己其实有所创新。洛克把"启示"与传统完全分离，并将启示作为第四种"致知模式"——尽管他后来直接抛弃并拒绝处理这种模式，这样，他彻底扭转了讨论"传统"的传统框架。

样,洛克似乎要舒适稳妥地栖身于胡克和卡尔弗韦尔这样正统神学家的神圣不可侵犯的阵营之中。问题三显得极为传统,很容易受到某些人的忽视,甚至被删掉并弃若敝屣。① 反思了洛克用一个词语来回答问题三的做法,我们就会发现他的简洁背后实有机巧在焉。问题六和问题九也以一个词语回答,我们很难不去揣测,经过综合的考量,那里是否也与他对问题二和问题三的回答一样,隐藏了可以被证明为与基督教自然法传统的主要信条恰好相反的观点。

问题四

自然法被刻写在了人们心灵中吗? 不是。

洛克在问题二中证明并在问题三中重申了传统不可能是自然法的来源,之后,他在问题四中探索了另一种获取知识的主要手段。这一问题开篇不久,有一段话预示了洛克《人类理解论》中最著名的表述之一,即是否"人的心灵生来就比石板还要清白,能够接受任何印象……"(对开本,页38。参见《人类理解论》,II. i. 2)。在谈到某个持另外看法、并付出辛勤劳动以确立自己立场的人时,洛克在手稿A(MS. A.)中写道:"最敏锐的笛卡尔式的辛勤劳作。"(对开本,页38)在手稿B(MS. B.)中,他删掉了笛卡尔的名字,却写道:"许多人都辛勤劳作(laborarunt multi)。"这些变化的材料极有意思,部分原因在于,通过一开始就褒扬笛卡尔,洛克向自己的读者暗示,他自己对那位伟大的思想家甚为熟稔,这是洛克表示他熟悉笛卡尔的最早暗示之一。关于笛卡尔这位伟大的思想家,洛

---

① 参见莱登版《论自然法》。莱登完全没有处理这些极其简单的"问题",而《自然法问题》的多数解释者都追随了他的做法。

克还写道:"我必须永远感谢那位理应受到爱戴的绅士,因他对我惠助良多,使我首度从学院谈论哲学的难解方式中解放出来。"同时,按照洛克的说法,也是笛卡尔第一次"让他有了进行哲学研究的乐趣……",① 然而,尽管有自己的敬慕和感恩,洛克还是在《自然法问题》(在手稿 A 之后)中完全删除了任何提及笛卡尔名字的地方。这应被理解为洛克当时特有的小心审慎的另一个例证吗?② 对这种猜测,我们可以在如下事实中找到某种支撑:笛卡尔的著作在 17 世纪时已经饱受争议,他的哲学理论在法国甚至被禁。③

在问题四开头,洛克再次断言,他已经"在上文证明了自然法的存在……"(对开本,页 37)。但是,我必须再次重申,洛克到目前为止其实仍未做过任何这一类的事情。问题四中的实质性讨论集中于这一问题:

> 心灵中是否天生就有某些实践命题——就好像这些命题被铭刻在思想中一样,如此,它们同心灵自身的官能(即意志和理智)就一样自然和完整,还有,这些命题是否无需任何研究或推理就能为我们所知,它们是否是不变的,并总是明白的。(对开本,页 37)

在《自然法问题》中的任何地方,洛克都没有像后来在《人类理解论》中那样,讨论他在"思辨"命题和"实践"命题之间的区分;然而,他在自己的各种著作中却频频说明思辨命题,他的说明

---

① 洛克,《九卷本洛克著作集》(*The Works of John Locke in Nine Volumes*),London,1824,卷三,页 48。
② 参见霍维茨,《引论》,前揭,页 2-3,页 6-8,页 36-39,以及这些地方的参考文献。
③ 可参 Elizabeth S. Haldane,《笛卡尔的生活与时代》(*Descartes: His Life and Times*),London,1905,页 368。

方式是提及"一件事物不能同时存在而又不存在"这种人们熟知的"逻辑"命题(如《人类理解论》,I. ii. 23)。洛克给我们举了下述例子来说明实践原则:

> 公道(*justice*)和践约似乎是多数人所共同同意的。人们都以为这条原则也适用于贼窝……而即便甘心灭绝人道的那些人,在他们相互之间亦要保持信义(faith)和公道规则。我亦承认,虽亡命之徒亦不能不遵守这些规则;不过他们并不以为这些规则是天赋的自然法。他们虽然在他们的团体内为方便之故来实行这些规则,不过一个人如果一面同其盗党公平行事,一面在随后遇到一个忠实人的时候,却又抢劫杀戮,则我们万不能想象他把公道视为实践原则。(《人类理解论》,I. iii. 2)

问题却接踵而至,这样的实践命题或原则是否自人一出生便被印于他们的心灵之中?洛克提出了五个论证以证明并非如此。首先,他否认有任何人"已经证明,人的心灵生来就比石板还要清白……"(对开本,页38)。其次,洛克随后又发现,不同地方的人们所持有的观点,最是稀奇古怪并矛盾重重:"有些人承认一种独特的自然法,而另一些人则全不承认,而所有的人都承认自然法是隐匿不明的。"(对开本,页38)

这里突然插入了一个针对其中第二点的假设性反对意见,打断了论证的进程。这一反对意见接着说道,就算人心不再是这样被刻写的,那么,意见的明显多样性难道不可能源于"首人①的堕落?"②

---

① [译注] 首人(the first man),在基督教中是指亚当,他是上帝所造的第一个人,故名。

② 对开本,页38;参见前文问题三对卡弗尔韦尔思想中的"堕落"之意义的讨论。

洛克从三个方面回应了这一反驳意见，其回应极有启迪意义。他以太过偏狭为由抛弃了如下观念："首人的堕落"可能合理地解释自然法如何从人心之中被根除。洛克评论说，毕竟，"大多数人从未考虑过首人或其堕落，因此他们完全不了解这一论证"（对开本，页39）。洛克又继续像律师那样"顾左右而言他"，即使有神论者确实提供了这种解释，它们也远远超出了《自然法问题》的论述范围之外。洛克坚定不移地主张，"这种说法几乎与哲人们无关"（对开本，页39）。在继续"选择性地"论证时，洛克又说，即使有人打算要接受这种解释，也完全无效。

"反对者"观点的突然插入引起的这些附带讨论，本身就引人兴味，颇有价值，但是，洛克或许有意用这些附带讨论来帮助开启一条思路，来阐释下文更重要的问题。对这些附带讨论所作的谨慎节制的评论，把我们引向了一种更加清楚的基督教自然法学说，而这正是洛克在问题四其余部分关注的主要问题。

在回应了这位"反对者"之后，洛克把话题转到了五个论证中的第三个，这个论证直截了当地反对这一看法："（人的）心灵生而具有并……被刻上一些实践命题。"他用了不少于四个对开页的篇幅讨论第三个或者说核心问题：

> 如果这种自然法被刻写在了人的心灵之中，那么，那些年幼的、未受教育的人们，以及那些未开化的民族……确实又并不比任何（其他人）更了解这种法，这种情况又是怎样发生的呢？

毕竟，这些人，连同第四个论证中提到的"愚人和疯人"，都最不可能"从别处接受那可以败坏、泯灭或摧毁自然命令的派生性意见。因为他们除了自己之外没有任何老师，除了自然（本性）之外也没有任何指引"（对开本，页40－41）。不过，当我们读了对原始的或质朴而未受教育的民族的叙述之后，洛克说，我们时常会发现，

"他们对任何（意义上的）人道是多么陌生！其他任何地方都没有……如此令人震惊的凶残之事"。许多这样的民族仍然宰杀活人和动物，"为他们的神灵"献祭（对开本，页41）。

洛克在这里和其他地方关于"未受教育民族"的信仰和习俗的描述，有些人可能会就其中一些细节与之争辩，但这些细节对这一论证的要旨其实没有任何影响。问题四主要关系到洛克对传统基督教自然法的描述，根据他在此处的说法，这种传统自然法观念会认为，实践的行为原则或者说道德原则，对那些年幼者、未受教育者、未开化者、天真质朴的民族、愚人和疯人来说是最为清楚的，因为这些原则已经"刻写"在了他们心里，并且最不易为教育或其他形式的意见或传统所蒙蔽、所混淆。根据洛克对"刻写"的讨论，并根据先于这一部分论证的附带讨论的含义，我想试着说明，洛克在此刻意展示了一种对传统自然法理论的漫画式描绘。我之所以说刻意，是因为我们几乎完全不能质疑洛克对这一传统的丰富细节、其种类和复杂性之把握。他远比我们绝大多数人都更加清楚，无论阿奎那还是胡克，还是其他无数解释天主教或新教形式的基督教自然法的人，都不会认为人心生来就被"刻上"道德法典的详细规诫。自然法规诫的详细法典并非在人一生下来时就被"移植进去"，按照阿奎那的说法，情况更应该是，上帝按祂自己的肖像塑造了人，并且，作为理性造物的人

> 参与并分有了永恒理性，而通过这种永恒理性，他们产生了一种自然的倾向以从事适当的行动和目的。这种理性造物对永恒法的分有，就是我们所说的"自然法"。（《神学大全》，1a2ae 91.2）

是人的本性，人的自然倾向，指引他朝向德性。有人主张说，人生而具有某些特定的自然倾向，还有人指出，自然法的箴规以某

种方式被"镌刻"或"刻写"在人的心中,以作为人所特有的明确命令,这两种看法实际上有着根本差异。如果按照字面意思而不是从比喻意义上来思考的话,后一种观念必定是荒谬可笑的,就像洛克讥讽挖苦的证明。但是,洛克在此的真正目的绝非仅仅是贬低传统自然法理论,他的才思远为深奥。其实,他的根本目的似乎是要指向他在问题四中勇敢提出的那个极为重大的问题,即能否"从人的自然倾向中来了解自然法"——这或许是基督教自然法最根本的信条。

问题五

理性能够通过感觉经验获得自然法知识吗?能。

问题五可在某种程度上让读者有所放松,因为在这个问题上,洛克最终提出了我们可以略略了解自然法的方法,而在其他"问题"中谈到这个内容时,洛克则讨论了自然法不可能按照哪些方法来了解。在思考洛克关于如何了解自然法的观点之前,我们不妨概述一下他的论证。洛克一开始就认为,凭借"自然之光",自然法是可知的,他之前也使用了"自然之光"这个语词,但还没有充分恰当地确定其意义。洛克现在转而讨论,自然之光如何能够引向对自然法的理解。正是在这种语境中,他详细讨论了自然之光的两个结构性要素:感觉和理性。

问题五以重述洛克所熟悉但仍未经证明的论断开篇:"我们在前文已经证明,自然法是凭借自然之光而被了解的。"(对开本,页47)实际上,这一论断不可能有充分根据,因为洛克仍然尚未确定自然法是什么,更不用说自然之光是什么了。到目前为止,他做的一切,还仅仅是列举凭借自然之光来了解自然法所必须满足的一些条件。现在,洛克接着就断言理解和发现自然之光的重要性,因为只有受到自然之光的指引，我们才能够避开洛克所谓的恶习的诱惑和谬误的陷阱，并因此而获得"既是诸神所召引（我们）的，同时也是我们的本性所趋向的……"至大幸福（对开本，页47）。洛克在此谈到神（deities）时使用复数，这颇引人注意，尤其考虑到他后来对多神论长篇大论的攻击。遵从"自然之光"，而根本无须参考来自圣经的任何指引，人类就可以获得充分的完善和幸福，这依旧是他尚未说出却发人深省的看法。洛克还强化了这一看法的普遍意义，他认为，"除了理性和感觉之外，没有任何东西能够被叫作自然之光"（对开本，页48），他甚至进一步说：

> 对所有可能的感觉经验来说，没有什么会那么晦涩模糊、那么隐秘不显、那么荒僻疏远，本身具有无限能力的心灵，在这些能力的帮助下，都可以通过思考和推理而把握它们。（对开本，页48）

这些独立而不假外力的（unaided）人类能力足以理解"事物的整体本性"，我们之前就已经读到相似的内容（对开本，页24，强调为我所加）。这种独立的人类心灵能够超越自然之物的界域，并凭借自身的种种能力而"得以凝思苍穹本身，并已相当精确地探究了精神……"（对开本，页24）。

最为重要的是，洛克在此阐明了自己对理性的理解，因为读者可能会想到，洛克在问题一中讨论"借以"表达自然法的"各种名称"时（对开本，页10），谈到有些人把自然法命名为"正确理性"，那里的正确理性，被理解为"从中产生了诸德之源的明确的实践原则"体系，而非"进行系统论说和演绎推论所凭借的一种理性能力……"（对开本，页11）。但是，在问题五中，洛克恰恰是在后一种意义上定义理性。理性接受感觉提供的"具体可感之物的种种观念"，"整理和排列源于感觉的对事物的印象，并从感觉中形成其他新的印象"（对开本，页48）。熟悉洛克《人类理解论》的读者，在此可以辨出其认识论的基本原理。洛克表明，如果没有感觉和理性正确的相互作用，人类根本就不可能了解任何事物。如果人只能被迫依赖不受理性帮助的感觉，他们甚至不可能达到猪或猿的程度。在与许多四足动物竞争时，他们就会非常无助，因为野兽的感觉要远比人类发达。人类也不可能只依靠理性，因为如果他们的感觉不为他们的理性配备可供思维的材料，他们就会是傻瓜或疯人，也就是说，他们会从自己想象的虚构中形成种种假想的、无用的、甚至危险的观念。或如洛克所言，他们就会像一位建筑师，没有任何必需的建筑材料却试图建造大厦。

洛克还毫不含糊地表明，正是感觉和理性的相互作用，才把人类擢升于猿类和众多四足动物之上。感觉"为推理能力"提供了"全部的一手材料"，而推理能力则使"理性高升并上达苍穹"（对开本，页50）。情况似乎是，人类所领悟的一切原则，不管是"理论原则"还是"实践原则"，都源于感觉和理性的相互作用。洛克的《人类理解论》对这一区别有更全面、更详尽的阐释，他在书中把矛盾律假定为理论原则的例证，而把自然法假定为实践原则的例证。最重要的是洛克在这一点上得出的结论："在道德和实践规诫中，理性以完全相同的方式继续发挥作用……"（对开本，页52）

确定了这些认识论基础之后，洛克重申，至此，"无论了解什么样的法"——当然包括自然法——"都必须要有"两个常见的标准（对开本，页52）。第一个标准是，对任何一个"受法约束的人来说，他必须首先知道存在一位立法者……他理所当然地应该服从这位立法者"（对开本，页52）。把自然法理解为法的知识，则需要证明上帝的存在。第二个标准规定，这位立法者"命令我们，我们在生活中的行为要与他的意志一致"（对开本，页52）。然后，洛克根据先前所作的区分，继续阐明感觉和理性对这两个标准各自起到怎样的作用。

洛克发现，感觉和理性的活动，为我们提供了关于"运动中的物质（matter in motion）"的资料，这些资料汇聚了诸如"热、冷、颜色和其他一些明显可感的性质"这类现象，"而所有这些性质都能够以某种方式被归因于运动"（对开本，页53）。接下来，他继续强调感觉的活动，这种强调可能会超乎人们的想象，因为洛克在最初描述感觉的有限作用时还不怎么突出感觉活动。他断言说，以感觉为基础，我们就可能会说，这个可见世界"以精妙的技艺和秩序构造而成"，就像诸如"时序井然、年月更替、四季轮换"这些现象某种程度上的体现（对开本，页53）。有人很可能会根据洛克自己的标准而认为，是理性（reason）及其推论能力，导致了"季节（season）"的观念，导致了季节有序更替的推论，并得出一年有春秋四季的结论。另一方面，根据洛克在《自然法问题》中对感觉功能的描述，我们很难理解，单单感觉如何能够确定这个可见世界是"以精妙的技艺和秩序构造而成"（对开本，页53）。或许洛克故意夸大了感觉的能力？或许他是在暗示，构成了这第一个部分的那个总体证明，其基础中本就有瑕疵？

当转向对理性本身的讨论时，洛克的下一步证明提出了相同的质疑。"一旦心灵已经认真严密地权衡了从感觉接收来的这个世界之机械构造，并沉思了可感事物的表象、秩序、排列和运动，它就从这一点开始进而去考察这些事物的起源了……"（对开本，页53-54）。在此，洛克就把在前面归于感觉的思考"表象"这一功能归之于理性，不过，在这一讨论中，感觉和理性如何确定诸如四季之类可感事物的"秩序"或排列，洛克并未做出明确区分。此中解释的种种困难，又因他关于理性的活动提出的夸张看法而加剧，因为这些看法非常难以理解，也不可能毫无疑问地接受。尤其是，在仔细沉思了"这个世界的构造（machine）"之后，洛克宣告说，理性还要继续

考察这些事物的起源，考察其原因，考察谁是这项如此非

凡的工程的创造者。因为，这个世界的构造确实不可能出于偶然，因为不可能会随机天成这样一个处处如此精致、如此完美，并以如此精湛技艺锻造的结构。从这一（观察）来看，结论当然是，必定存在一位大能的智慧创造者，是祂创造并擘画了这整个世界，以及万事万物……（对开本，页54）

我们难免会有疑问，哲人洛克是否在严肃认真地论断说，这个世界"必定"是在此处所说意义上被"创造的"。他确实没有提到另一种立场，一种基于此处所提供的材料来看完全合理的立场，即这个可见宇宙是永恒的，但这恰恰是包括洛克引为权威的亚里士多德在内的名哲们都接受的假定。因为，作为一位哲人，洛克本应发现必须论证并支持自己的假定，因此人们可能想知道，洛克在此是否全然没有从哲学角度发言。

我们必须注意，洛克的论证太依赖于"感觉到的事物"的"完善"（perfection），这其实大大削弱了他的论证，因为紧随其后，他费尽心力详细描述的是，作为受造物一部分的人类，自身具有非常明显的不完善特征。"人在他自身中确实找不到他的思想能够想象的那种尽善尽美。"① 人很容易能够想象那种最想要的完善是永生，然而，唉，他却终有一死。人不但不"完全了解所有事物"，也不完全了解"某种统辖自然事物的更大威权"（对开本，页55）。鉴于这些不完善的特征，洛克发现，我们几乎不可能设想，是人类创造了自己，

---

① 对开本，页54。在同一句话中，洛克也是自相矛盾的，而且矛盾得太过明显，那么，洛克定然是刻意关注自因（causa sui）：

> 我们并不认为我们源于自身，这不仅是因为无论什么都不可能是自身的原因——因为如果我们愿意承认神，那么这个公理就不会阻止我们相信，存在着某种并不源于其他事物的事物。（对开本，页54）。

> 因为不可能想象任何如此敌视和厌恶自身的事物，它尽管承认自己的存在，但同时却不愿意将其保存……若没有生命，则其他一切珍贵的、有用的、美好的、神圣的事物，都不可能得到保存，纵使追寻也是徒然。（对开本，页55）

因此，我们不能认为人类创造了自己，"那么，结论必然就是，存在一位创造者，而这位创造者绝非我们自己，祂更有大能，更有智慧，祂能够随兴之所至使我们存在，保存我们，亦能毁灭我们"（对开本，页55–56）。我们从这一点难道不会必然得出结论，洛克要么认为那位创造者怀有敌视人类的意图，要么就认为那位创造者不幸地缺少威权吗？无论哪一种情况，这位创造者都不曾造出洛克的表面论证所保证的完善世界。①

无论洛克的证明可能多么不足，他都没有在问题五中更充分地阐明论证中的这个疑难。相反，在结论页中，洛克转而进一步勾勒了一些推测性的结论，据说从理性出发，就可以得出这些关于人类对神的种种义务的结论。这一论证可概括如下：既然认为理性已经承认有一位"智慧的""大能的"创造者，因此，结论据此就应该是，这位创造者在祂创造的任何部分中都设有目的。因此，既然人

---

① 此处的关键在于洛克对神的属性的描述，一如目前为止洛克在这个问题（问题五）中传达的看法。按照洛克的看法，理性表明人是由某种更高的威权所创造。然而，在问题五中，甚至在我们讨论的整部著作中，没有任何地方曾把这种更高的威权描述为全知全能。相反，说到这位神的时候，洛克一直在使用"更智慧的"或"更强大的"这类词语。关于这位神的属性，无论洛克谨慎朴实的描述还可能怀有什么其他意图，他似乎都是在借以强调他自己与圣经中的描述的差异。这也与下述事实吻合：在问题五中，洛克并未把这位神说成是从无中创造了天地万有，尽管在下一个问题的相当不同的语境中，他又确实这样做了。最后需要强调的是，洛克在《自然法问题》中一直坚持认为，只有感觉，再加上理性——而非启示——才能让人们理解这位神，理解祂的事工，并理解据说是祂要求人应该履行的义务。

"领悟到他自己拥有一种敏锐的心灵……一个灵动的身体",那么他就应该推导出,自己不应懒惰而无所事事(对开本,页59)。"从这一点可以完全清楚地看到,神愿意让他做点什么。"(对开本,页59)这点"什么"似乎由那位创造者所"预定",这点"什么",只不过就是沉思默想神"在这些事工中的大能和智慧,然后奉上最配如此伟大和如此仁慈的那位创造者的赞颂、尊敬和荣耀,以报答(祂)"(对开本,页60)。按照洛克前文对受造之物不完善的观察,人们可能就想知道这种尊敬该是什么了。

这样,洛克的论证就与传统的基督教自然法教诲发生了某种表面关联,但是,在其他一些方面,这种论证似乎充其量只不过是一种苍白的映射,甚至多多少少是对这个传统的拙劣模仿。在问题五进行总结的两个对开页中,洛克强化了这种形式,因为在这两页中,他突然把这种传统自然法理论的重要特征同另一种明显不同的立场相提并论。正如我们在前文所知,基督教自然法理论中最重要的一个信条与种种自然倾向有关,不论天主教学者还是新教学者的解释,都是如此。阿奎那在一个著名段落中曾有力地阐释过这一信条,也直接与自然法有关。我们必须花相当篇幅引证这一段落,这不仅是因为它在总结我们对问题五的讨论中很重要,也因为它有助于我们理解问题五与问题六之间无法解开的复杂关联。正如阿奎那对我们所言:

> 由于善具有目的的意义,而恶具有相反的意义,因此,人自然所倾向的,理性自然便认为是善,是该积极追求的;与之相反者是恶,是该避免的。

> 与这种"目的"观念相关的思想是:

> 根据我们的各种自然倾向的次序,相应便有自然法之命令的次序。这里共有三步。首先,人有与一切实体(substance)共有的向善倾向,即每一实体皆求保存合于其天性的存在。按

照这种倾向，凡能用以保存人的生命并能阻止其相反者，皆属于自然法。

第二，人有指向比较特殊事物的倾向，这是基于人与其他动物所共有的天性。在这方面，自然教给一切动物的东西，皆属于自然法，如男女之结合、子女之养育等等。

第三，人内有根据理性本性的向善的倾向，只有人才能够，例如，认识关于上帝的真理，认识在社会之中生活的真理；就此而言，凡与这一倾向有关的，都属于自然法，例如，避免冒昧，避免冒犯一起相处的人……（《神学大全》，1a2ae 94.2）

因此，根据阿奎那的说法，一方面，在自然倾向、自我保存、社会性，与认识关于上帝的真理之间有着不可分割的联系，另一方面，这些与自然法之间同样也有割不断的联系。在每一个层面上，这些倾向都指向了（人们也可以说是"都显示了"）正与自然法相应的维度。例如，"认识关于上帝的真理和在社会之中生活"的倾向，就要求"凡与这一倾向有关的，皆属于自然法"。

洛克对自然法的讨论，以种种清楚可辨的方式回应了阿奎那的说法。他以自己独特的方式，将我们对那位创造者所负的义务处理为我们所知的样子，而后，他又相当简洁地谈了另外两套主要义务。凡是认真阅读其《政府论》的读者都知道，洛克确实并未直接明言，公民社会的组建证明了阿奎那意义上组建社会的"自然倾向"。毋宁说，他说的是，人在这个世界上的存在颇为烦扰，而在其生存的某个时刻，人"不得不与他人共同组建一个联合体，以保存（他的）生命，这不仅是出于生活的必需，而且是（因为他领悟到），人受了某种自然习性的驱使要进入社会……"（对开本，页61）。就在随后的对开页里，洛克直截了当地否认能从任何自然倾向中来了解自然法，他甚至更确切地指出，人明白，必须要与他人一起组建联合体，也就是说必须通过契约，才能保存自己的生命。在用"习性（propensity）"替代"自然倾向（natural inclination）"时，洛克似乎抛弃了"自然倾向"这一术语，因为它特别会让人想起源自亚里士多德而流经胡克的源远流长的哲学传统，这个传统认为，人类能够认识到人类在政治秩序中的总体发展情形，能够认识到这种发展中独特而重要的诸多层面。

"习性"一词比"自然倾向"这个术语含义更窄，也更加中性，因为后者充满源自一个久远传统的人的社会性的丰富内涵。洛克可以选择无视这一传统，并仍然使读者相信他的观点：人类独居于自然状态时，遭受种种"不便"所带来的危险而深陷困境，但他们也可以作为例子证明了习性的存在，因为他们以联合起来共同防御的对策而保存他们的生命。这种明确表达，与洛克后来在其《政府论》中对这些主题的相继展开确实完全一致。同时，人们也不能过于强调这一表达与基督教自然法理论表达之间的全然差异，因为，以我们从来不应忘记的阿奎那或胡克为例，他们在表述基督教自然法理论时都坚持认为，人类社会的最终和总体目的是提供"一种适于人的尊严的生活；因而，为了弥补我们孤独生活时内在于我们自己的那些缺陷和不完善，我们受自然天性的引导去追求与他人交流并结成伙伴"（胡克，《教会政体法》，I, 10, sec. 1）。

至于自我保存的情形，洛克在这一问题中告诉我们：

> 确实，我完全不需要在此强调（人）必须保存自己到什么程度，因为他更是受内在本能驱使而把保存自己当作他义务的一部分，而且，至今还不曾发现有谁不关心他自己，或能够否弃自己。在这件事情上，所有人或许都过于留意、过于关心自己了。（对开本，页61）

一种"内在本能"（inner instinct）已经取代了基督教传统的

"自然倾向",但是,洛克关于自我保存本能的表述中最引人注目之处,是他此处故意夸大了这种本能的能力范围。与"至今还不曾发现有谁不关心他自己,或能够否弃自己"这一说法形成令人触目惊心的对比,在后续的"问题"中,我们将会发现无数确实已经"否弃自己"的男男女女的例证,而这些人通常都是在种种理论影响下通过自杀而"否弃"自己,但洛克随即称这些理论为"疯狂愚蠢的"。下文分析问题十的时候会讨论这一故意而为的对比。在此我们只需要发现,洛克之所以夸大那种所谓的不可遏制的自我保存本能,可能是有意用来让读者强烈意识到这种"本能"之于"理性"的优先地位,因为,正如基督教自然法传统所主张,是"理性"确立了人敬畏创造者的首要义务。

自我保存在问题五中获得的这一首要地位(高于基督教自然法理论的其他原理),随着这部作品的进展而为洛克所重申。在问题五中,洛克声称,"无论在哪里,自然都使所有人足以通过神的事工来考察神",但在问题七中,他却告诉我们,"巴西的一些民族和色尔东尼湾(Bay of Soldania)的居民根本就不崇拜任何神灵"(对开本,页58,76)。敬拜上帝,或许是能够指向自然法内容的一种自然倾向,[但就问题七中的描述而言,这种敬拜]绝非普遍的或绝非普遍有效的。更令人惊奇的是,洛克进而又说,高度文明的"希腊人和罗马人以及全部的异教世界"都只不过是

> 无神论者的另一种说法。因为说存在许多神或想象存在许多神,与说不存在任何神或想象不存在任何神,同样都是不可能的。而谁若增加神灵的数量,谁便破坏了神圣性。(对开本,页77)。

然而,另一方面,洛克在同一个问题中还告诉我们,"如果有一种自然法,它在所有人中可能显得最为神圣,并且全人类看起来都凭某种自然本能及其自身的性质而不得不服从它,那必定是自我保

存的自然法"（对开本，页74）。

问题五的表面要旨就是要确证作为立法者（legislator or lawmaker）的神之存在，而这位立法者的本性恰恰要求人类"沉思默想祂的大能和智慧……然后向祂奉上……赞颂、尊敬和荣耀，以报答（祂）"（对开本，页60）。然而，洛克表述中强调的下述说法却极不和谐：我们最直接和最紧迫的义务似乎是对我们自己的义务，而非对这位神的义务。正如我们一再看到的，在基督教自然法传统中，自我保存被看作是自然的，但也是三种自然倾向中最不高贵的一种。洛克假装重申传统理论，但他这么做，似乎是要修正或甚至抛弃这种更古老的理解的一个重要部分。

洛克很可能已经预见到，有的读者会发现，他自己证明自然法的方法并不那么充分。因而，他尽力地把注意力集中于上帝存在的另外两种证明，却好像只是顺便提及。有些人"已着手从良心的见证来证明有一种神圣的大能，并证明这种大能掌管这个世界"（对开本，页57）。另有一些人则"从似乎内在于我们的神的观念"作论证（对开本，页57）。不过，洛克旋即果断摈弃了这两种论证，其理由是，"这两种论证方法都不是从我们与生俱来的能力中，即从感觉和思考可感事物的理性中，推导出其全部说服力"（对开本，页57）。

洛克说，感觉和理性的共同工作，"一如前文所言"，能够使我们"获得关于某种至高大能的知识"，但是，"也可以用理性来提出质疑，这种神的观念是否自然地就存在于一切人当中"（对开本，页57）。在这一点上，洛克的结论对我们来说完全可以理解，但有些人倾向于接受他先前关于这位神的温和宽慰的说法，他们对此可能会深感震惊。例如，在问题一开篇的话中，洛克曾经指出，"神处处向我们展示祂自己"，而且所有人"都会得出结论，神是存在的"（对开本，页9）。但到了更靠后的问题五中，再次辩难这一点时，洛克却发现，直言许多民族或国家不曾发现神的存在是有益的或必需的，如果"稍稍相信那些旅行家"或探险家的话，因为根据他们的叙述，"世界上有一些种族根本就不承认任何神圣的力量"（对开本，页57－58）。尽管有些民族不承认任何神性，但是，

> 任何地方都没有如此野蛮、如此远离一切人性的种族，它竟然会体会不到使用感觉的乐趣，（而且）它竟然不会以自己特有的推理和论证能力而优于兽类；（即便）这个种族也许还没有经训练而充分完善这些与生俱来的能力。（对开本，页58）

甚至最野蛮的民族，也享受感官上的快乐。他们在使用各种感觉时既发现了快乐，也发现了自己的"人性"。对这些人来说，似乎善就是快乐。至此，洛克告诉我们，那些没有能力使用其理性的民族，就不会发现这位神，我们对这一看法只是略觉诧异，但是，有些人已经高度发展了自己的天赋推理和论证能力，但却仍然是无神论者，该如何看待他们呢？洛克这里并未举例谁是这样的人，但是，《自然法问题》在后来却举出例证明。我们或许可以从洛克的《人类理解论》中回忆起类似的例子，洛克在该书中告诉我们，"派到中国的传教士们，甚至耶稣会士本人，他们虽然一面极力赞美中国人，同时亦异口同声地告我们说：中国的统治阶级——士大夫们——都固守中国旧教，都是纯粹的无神论者"。①

在结束问题五时，洛克指出，他"也许"还会更深入、更全面地重新讨论人"对神、对自己的邻人，以及对他自己的义务"，他还说，"或许会在另一个地方依次讨论上述每一种义务"（对开本，页61）。然而，在《自然法问题》中，洛克在任何地方都从未践履这一含糊的承诺，尽管如前所述，他确实在问题八中顺便提及与这位

---

① Locke，《人类理解论》，前揭，I. iv. 8；《对伍斯特主教的博学回复》(*Learned Reply to Bishop of Worcester*)，前揭，页486。

神的关系的另外某些方面,而且在问题十一中,他根据具体情况也对人的义务或权利作过某些有趣的观察。

总而言之,对于自己的第五个问题,即理性是否能够"通过感觉经验获得自然法知识",洛克给了我们一个最令人困惑的答案。他已经对这个问题作了肯定回答,但又几乎没给我们什么东西去证实他的答案。洛克至多只是忽隐忽现、闪烁不定地透露了他眼中"了解自然法知识所必需的"两个前提:(1)人"理当服从的"一位"立法者"的存在;(2)这一"至高大能"愿意让我们去做某些事情的建议。

问题六

从人类的自然倾向能够获知自然法吗?不能。

在整个问题五当中,洛克都预先向读者指向了问题六提出的决定性问题,即自然倾向的问题。他在问题五中对这个问题的处理,似乎是一种引导和准备,可以借此进入他令人震惊的彻底决绝之举,即抛弃基督教自然法的一个至关重要的信条:人乐于"分享永恒理性",并因此具有"一种从事(他所)特有的行为和目的的自然倾向……这种理性动物之参与永恒法,就叫作自然法"(阿奎那,《神学大全》,Ⅰ-Ⅱ,Q90 A2)。

按照正统的观点,人类凭借永恒法而与其他一切事物一起被创造,人类正是通过上帝永恒法的事工而"倾向于"或被引向某些特定方向。这些倾向就是要进入人类(尤其是灵魂和心灵)的最完满和最高贵的状态。由于人类是按照上帝的肖像而受造,因此人类就具有完善德性的潜能,而这种善可以借着综合全面的教育陶冶而成,这种教育包括践履对上帝所负的义务、养成良好的习惯,以及诸如此类的事情。不过,仍然有一些人可能偏离正道,可能会置自然法的禁令于不顾。这些例外的人暂且置之勿论,我们需要说的是,由于受自然法的塑造和引导,人类自然就会被引向他们特有的行为和目的,可以说,这些目的完全内在于人类的存在之中。这些自然倾向的明证把好学深思之士的注意力引向根本的人性。这并不意味着,这个传统认为,无论何时何地所有人都拥有完整的自然法知识,这个传统也并非断然主张,自然法是以某种方式,以一条一条的法典形式,逐字印刻于个人的灵魂或心灵。这个传统的坚定主张在于——正如卡尔弗韦尔所言,这种自然法的种种原则是人性的内在的和基本构成部分,因而,人这一物种对这些原则就有一种本能的意识。这种意识表现于了解关于上帝的真理、在社会之中生活,以及自我保存等自然倾向之中。

在问题六中,洛克否定了这种人类[精神]结构具有的内在指向,尽管他在自己的否定背后确实并未提供推理论证。洛克对问题六只以一个词语作答,无论他基于何种理由而没有展开论述,这一回答的效果都在于,他不仅抛弃了这一独特的主题,还导致我们极为怀疑,他是否像前面理解的那样接受基督教的自然法。洛克对问题五和问题六的处理,令传统的古典和基督教对人类与其他动物之间的区分显得更加含混不明。按照传统的观点,其他动物被理解为只受本能的引导,它们也可能具有某种"解决问题"的能力,但是也只能通过感觉作为这种解决的引导。传统观点把了解关于上帝的真理以及在社会之中生活这些自然倾向都归之于人类,但洛克明确怀疑这些看法,而这种怀疑,加上他对自我保存本能的宣扬和强调,导致人们认为,洛克本质上把人类视为一种解决问题的动物,人类在本质上是在有效适应环境的能力上不同于其他动物的动物。无论如何,洛克断然否决基督教自然法传统的一个最为根本的信条,这样,他不仅开启了理解自然法的另一条道路,而且开启了一条理解人性的全新道路。

问题七

自然法能够从人类的共识（consensus）中了解吗？不能。

关于如何能够了解自然法的问题共有六个，问题七是最后一个。对问题七的阐述和洛克的回答占了整整二十个对开页，这是所有问题中篇幅最长的问题。然而，问题七的基本结构却相当简单。暂且勿论洛克的开篇部分，这一问题的结构或可图示如下：

Ⅰ．积极共识	Ⅱ．自然共识
（positive consensus）	（natural consensus）
（由协议产生）	
A．默示同意	A．举止或行为的一致
例如，使节的自由活动	B．意见的一致
B．明示同意	C．原则的一致
例如，邻国之间边界的确定	1．思辨原则
	2．实践原则

总论题为"人类的共识（consensus of mankind）"，其内容则多种多样，即如略图所示；洛克的讨论始于对共识，或对人的意见本身的反思。他开篇即以论辩姿态严厉谴责了这一古代格言："人民之声即上帝之声。"洛克的开篇论战性之强，可谓前所未有，并为整个问题七定下了基调。

基督教自然法传统曾广泛讨论了这则格言。例如，卡尔弗韦尔的《论自然之光》用了整整一章来讨论这个主题。在他看来，人类受通过自然倾向而发挥作用的自然法引导，但是，经由"国家与国家之间的和睦友好和共同的同意"，卡尔弗韦尔又看到了自然法的其他证明，因为国家与国家之间"尽管可能没有任何……商业贸易，也没有协议契约，但它们确实都默然和自发地、不谋而合地忠实遵守着最主要的、最基本的自然法"（《论自然之光》，页72）。在为自己的立场寻找佐证时，卡尔弗韦尔广泛引证格劳秀斯、亚里士多德、塞涅卡、西塞罗等等，包括赫拉克利特——赫拉克利特可能"界定了格言'人民之声即上帝之声（Vox Populi，Vox Dei）'……的内容"（同上，页74）。卡尔弗韦尔并非毫无保留地信奉这则格言，但洛克在这一点上却与他完全不同。洛克认为，"人民之声（Vox Populi）"不是从人类的共识中去寻找上帝之声或自然法的表达，而是表达了最低等的盲目派性，这是一种在其"共谋"中肆无忌惮地反对秩序和礼仪的要求。在以激昂的欲望攫取它想要的任何东西时，群氓都会"践踏法律并颠覆王权"（对开本，页62）。

洛克的修辞具有无法抵挡的力量，这可能会使某些读者不太能够注意到，他在谴责大众劫掠"众神的神殿"时根据了一个更加奇怪的原理（对开本，页62）。摧毁异教徒的神殿、偶像崇拜者和多神论者的神社，能被谴责为违犯了自然法吗？洛克的答案极有可能是肯定的，因为在问题十中，他发现了一个应受谴责的事实：在某些民族中，"根本就没有供奉众神的神殿和祭坛"（对开本，页92）。但是，所有这些如何能够符合他在问题七接近末尾时对多神论和无神论的明确谴责呢？洛克由此给我们带来了另一个赤裸裸的矛盾。如果多神论是无神论的一种表现，如果无神论与自然法不能相容，即如问题五的主张，那么，洛克就不可能批评或谴责那些劫掠"众神的神殿"的人而不自相矛盾。洛克并没有解决这一矛盾。他由此而开启了至少两种颇有分歧的解释思路。正是在问题五中的准神学讨论之后，洛克批评了那些劫掠"众神的神殿"的人，他的批评引起了对前面准神学讨论的进一步怀疑，尤其是其结论部分，因为洛克在结论部分似乎暗示了，对那位其"存在"或多或少已被证实的独一神应该担负自然法的义务。我们很快就会看到，问题七展开论述了这些疑问。

在紧随其后的下文中，洛克提出一个相关但又略微不同的问题，因为他继续主张说："倘若这（劫掠等等）确实就是上帝之声，那就显然违背了祂创造这个世界并从无中使之存在时所凭据的最初法令（Fiat）。"（对开本，页62）从无中创造要以全能为先决条件，而在问题五中介绍那位神时，洛克显然并不认为祂具有这种特性。从这一点开始，洛克有点更倾向于把全能和全知归于那位神了，但他未能在更早的时候就这样做，这就不免要使人怀疑，在这些关乎基督教自然法要求的极为根本的问题上，洛克到底持有什么立场。

这些准备工作结束之后，洛克转向了"积极共识"问题，首先谈到的就是我们的略图I中的A，即"默示同意"（tacit consent）的问题。"当人的某种共同需要或利益需要人们的注意时，比如使节的自由活动之类"，这就会产生默示同意的情形（对开本，页63）。洛克否认这种同意可以证实自然法的存在，甚至意味着自然法的存在，"因为根据自然法，所有人都应互为朋友，并因共同需要而联系在一起"（对开本，页63；强调为我所加）。洛克还说，自然法"既不期望也不允许人们相互为仇恨所燃烧，或分裂成敌对状态"（对开本，页64）。

这种明确表述的确出乎意料、非常激进。首先，我们必须要问，洛克如何知道这是自然法的一个信条；他之前不曾提到过这个信条，更不要说证明了。在这一点上，我们能够冒险所说的东西大概就是，这种观点在若干极为重要的方面都不同于基督教自然法传统。胡克和其他人对传统自然法的理解，强调了构建社会的自然倾向，很不幸，构建的这些排他性社会，在各种场合和不同情况下，却会陷入相互的仇恨之中。基督教自然法理论讨论战争，讨论正义战争和非正义战争之间的重大区别，由此而考虑人类生活中的这一问题。洛克没作任何分析便回避了这些问题，因此，他可能默然摈弃了关于这个问题的传统观念。确实，如果洛克在这些问题上对自然法的解释是正确的，那就必然意味着，传统学说在若干重要的方面都是错误的。这就可能会为我们现今已经熟悉的"反对者"打开大门，让他参加这一论证，并提出另一种甚至更加令人吃惊的看法。洛克说，"所有人都应互为朋友，并因共同需要而联系在一起"，关于这种说法，这位反对者还会进一步说：

> 除非……就像某些人认为的那样……在自然状态中战争是普遍的，并且在自然状态中，人与人之间存在着永久的、相互的和自相残杀的敌意。（对开本，页63）

洛克在此明确谈到了那位"理当受到谴责"的霍布斯之名，因为霍布斯在那部为人不齿的《利维坦》中发现，"在文明国家之外，总是人人相互为战"（《利维坦》，第十三章）。值得注意的是，洛克并未停下来去批评这种霍布斯式的表达，而是给读者留下了一项任务，即在"所有人都应互为朋友"这种自然法学说，与所有人生而互为仇敌这种霍布斯式的学说之间，读者应该判断孰优孰劣。"无论你选定其中哪一种观点，"洛克说，"这都是你自己做出的选择——随你挑吧。"（对开本，页63）

问题七这一部分讨论的关键问题，见之于洛克的如下说法：积极共识的许多实例，例如"使节的自由活动"，至少在西方国家之间几乎已被确认为普遍，而这些实例，就可以被描述为国际法（*jus gentium*）。洛克论证说，这些惯例最终并非源于自然法，而更是源于"共同利益"或功利，洛克在问题十一中对这一主题还要做系统阐发。

处理完"积极共识"问题之后，洛克又集中精力处理了若干种可能的"自然共识"。他首先处理了"人们的行为和日常生活经验之中"能够观察到的这类共识（对开本，页65）。洛克在对问题七慷慨激昂的开场白中，曾谴责了许多人的这种行为，在此，他重申了这种谴责，并再次总结说，在行为中几乎找不到共识的证据。就此而言，洛克发现，"大多数人所走的"路，都把他们引向了各种各样邪恶和不道德行为（对开本，页66）。人们的行为或活动几乎肯定不能被看作自然法的指南。

然后，洛克转向了具有三种形式的第二种自然共识，即意见或信仰。洛克先前已经质疑或拒斥了基督教自然法理论，而在这里，他则从简要重述基督教自然法理论的重要原理开始：总结起来，基督教自然法理论的观点就是，"神和自然"已经把道德原则"铭刻"在了人们的"灵魂"之中，并且，"人们的罪恶虽然常常否弃这种内在的法，而他们的良心则向这种法忏悔"（对开本，页67-68）。为了继续全力批驳这种传统立场，洛克进一步分析说，无论何种不耻之事，没有一种"不曾在某个地方得到宗教的认可赞许，或不被看作美德而受到赞颂。这就是说，我们很容易就可以知道人们对这类事所持的想法，因为他们认为，凭着这类活动，他们在崇拜自己的神灵并为之献祭，或认为他们自己正在成为'英雄'"（对开本，页68-69；强调为笔者所加）。在讨论宗教信仰的这些根本差异时，洛克观察到，"我们应该相信，宗教为人们所知，与其说是通过自然之光，不如说是通过神的启示"（对开本，页69；强调为笔者所加）。在问题五中，洛克曾经表达过证明一位神的存在的意义，而通过最后的这个观察，洛克则进一步质疑了这种证明的意义，他还借此削弱破坏了人们据说对神所负的那些自然法义务的重要意义。

洛克绝非否定宗教信仰巨大的、无处不在的支配性力量，他也不会否认宗教信仰与公共道德之间的关系，但他确实提出了疑问：这些现象是否能被理解为自然法的呈现和证据。另外，这些现象的根源又可能是什么？他的答案是：主流意见。但是，意见随不同时代和地域而千变万化，正如洛克在下一页栩栩如生的证明。事实上，这几页内容提供了一个目录，其中显示了各种令人惊异的奇奇怪怪的信仰，而且还描述了建立在各种奇异的、非理性的和古怪意见基础上的野蛮残忍的习俗。对人的蠢行所作的这种难以理解的详细描述，在文体风格上大不同于《自然法问题》文本其余部分的精练浓缩。这几页内容的风格从某种程度上说更加随意、更具有描述性，而这种文风，掩盖了洛克在这部分内容中零散而发的极其重要的评论。比如说，他这里表达的意见与他自己先前的看法有着直接的矛盾，因为先前他曾坚持认为，良心的运作确证了自然法的存在。在《自然法问题》开篇不久，洛克曾经断言说，"人们的良心"证明了

> 自然法的存在；……也就是说，"任何有罪的人都不能免于良心的谴责"，这一事实证明了自然法的存在。因为，每一个人对他自己所宣告的判决，就是自然法存在的证据。因为，如果自然法并不存在，……那么，那些承认唯有此法的诫命指导或约束自己履行职责的人，他们的良心又如何对他们自己的生活和行为下判决呢？（对开本，页17-18）

后来，洛克将以"强盗的贪婪双手"和他们偷窃罪和其他罪行为例，说明他们不受"任何良心束缚的制约"（对开本，页91）。在问题七这里，他说明了这种良心不受制约的原因。良心不是自己在起作用；毋宁说，正如洛克所言，良心就是主流意见的产物，或者就是他后来《人类理解论》中所谓"风尚的法律（law of fashion）"的产物。于是，在"主流意见"的引导下，人们就施行了"比最凶残的野兽"还要野蛮的暴行（对开本，页74）。但是，这些人不会受到"良心之鞭"的抽打折磨。何以如此？"因为他们认为自己无论施行怎样的行为，都不仅是允许的，甚至还是某种值得赞扬的事情"，因为这些行为符合主流意见（对开本，页70）。这恰恰就是洛克在《人理论理论》中对良心的理解：

> 我确信，许多人心上虽然没有写上任何标记，可是他们却亦逐渐能同意一些道德原则，相信那些道德的束缚力；亦正如他们逐渐能知道别的事物是一样的。其他人亦可由其教育、交游和本国的风俗，逐渐得到这种信念。而且这种信念，**不论如何得到，总亦可以刺激起人们的良心**；因为所谓良心并不是别的，只是自己对于自己行为的德性或堕落所抱的一种意见或判断。如果你以为良心就是天赋的原则，那么相反的信念亦可以说是天赋的原则，因为有些人虽亦具有同样的良心倾向，可是他们所行的事正是别人所要避免的。（《人类理解论》，I. iii. 8）

重申一下：洛克在《自然法问题》中较早的时候就说过，自然法可从良心的存在得到确证，但他现在发现，良心只不过是主流意见的反映。既然洛克发现，在每一种重要事情上，人们的意见几乎都有根本性的分歧，那么，"良心之声"对不同的人就必定所言殊异。故而，良心的工作不能用来确证自然法的存在。

而且，这一重要的思考指向一个更为重要的问题，因为我们必须发问，对于最根本问题的所谓意见不一，是否是普遍的。简言之，没有任何东西能让人们意见一致吗？洛克已经预见到了我们的问题。他回答说：

> 倘若有自然法，并且这种自然法看起来可能就是所有人之间最神圣的东西，而所有人似乎都凭某种自然本能及其自身利益而不得不去遵守它，那么这种自然法必定就是**自我保存**，某些人正是为了**自我保存**之故才将之确立为首要的和最基本的自然法。（对开本，页74-75；强调为我所加）

洛克此处所言，是人类有机体借之——或许是通过反射活动——行动从而避免自己遭到伤害或毁灭的某种本能反应吗？比如说，遭受溺水危险的人，会不自觉地奋力游出水面。在这里，这个有机体因缺氧这种直接的意识反应而受到了无意识的压力推动。出于同样原因，胃部的肌肉和腺体在消化过程中也是全无意识地工作。自然过程（natural processes）在这两种情况下都在发挥作用；人们或许可以在某种意义上把自然过程描述成"自然规律（laws of nature）"运作的明证。自然规律是全无意识地——并且是无情冷酷地——运转工作，除非受到特殊外力的对抗或克服。洛克在此写道，"所有人似乎都凭某种自然本能及其自身利益而不得不遵守的自然法"，而我认为，洛克这样提到的自然法，是就上述意义而言。倘若如此，那么心智健全的和自由的人就几乎不可能违背这样的规律（laws）。如果以某种方式违背了这种规律，后果就常常立竿见影，也是灾难性的。如果游泳的人不再努力去寻求氧气，那他唯有溺死。我们所有人都知道，洛克同样也知道，自我保存的自然本能这个"首要的和最基本的自然法"，实际上几乎总是在引导着人类（对开本，页75）。不过，洛克和我们也知道，还有一些人，比如说，不幸的人、倒霉的奴隶，或其他一些在严酷境遇中可能放弃为自我保存而斗争并情愿坐以待毙的人，确实，他们的生活状况可能如此不堪忍受，以致他们情愿一死（参见洛克，《政府论下篇》，第23段）。

洛克已经指明了自然最基本规律的一些例外情形，那么对于这些例外情形，洛克自己如何解释呢？通过思考他在《自然法问题》中列举的人们情愿寻求一死的若干例子，我们或许能够找到答案。他首先举的例子是，与自己的国王或其他统治者同赴其死的悲惨臣民，但他未能解释这些臣民的行为是否出于自愿。更能说明问题的是第二个殉夫之例："在印度人中，孤弱胆怯的女性却敢于蔑视死亡，投身烈焰并以己身之死而急切与她们已亡的丈夫同眠。"（对开本，页75）洛克对殉夫行为栩栩如生的描述，出自当时的一部游记，他的描述表明，那位寡妇的行为是出于自愿，而且，她"喜笑颜开，在烈焰中羽化登仙"（对开本，页76）。洛克又说，继续列举这样的例子太过"冗长乏味"。要是他还想继续列举进一步的例子，他本来会举出更为露骨的例证。要不是目触遥远的印度，描述"喜笑颜开在烈焰中羽化登仙"的人，洛克本来可以把读者的注意力引向近事记忆中无数基督教殉难者，这些殉难者既有男人也有女人，既有新教徒也有天主教徒，他们已然放弃了自我保存，偏爱把火刑柱上的苦难死亡作为忠于自己宗教见解的至高见证。于是，个人坚定持有的意见之力量，有时甚至能够克服自我保存的本能。

在结束对殉夫的讨论时，洛克评论说：

> 鉴于人们甚至在最基本的原则上也持有不同意见，而且**神和灵魂不朽也受到人们的怀疑**，因此，人们对何为正确何为德性所持的看法如此大相径庭，也就完全不足为奇了。尽管神和灵魂不朽并非实践命题或自然法则（laws of nature），但它们仍然必须要对自然法的存在负责，因为没有一位立法者，便不可能有任何法律，而如果没有惩罚，法律也将没有任何约束力。（对开本，页76；强调为我所加）

在这种奇怪的语境中，洛克毫不含糊地表达了确证自然法存在的另一个关键要求，换言之，就是灵魂不朽。人们很可能会感到疑惑，为何他会如此漫不经心地引入，几乎就是顺便提及这个必不可少的条件，并且，为何他没有在《自然法问题》一开始时就表达基督教自然法传统的这个基本要素，毕竟在开篇时洛克似乎在系统规定自然法的基本要素。就像他习惯的说法，洛克为何把传统基督教理论和他自己主张的这些基本要素，"零散"地呈现于《自然法问题》通篇之中？无论原因何在，我们都必须注意到，其实，洛克在《自然法问题》书中任何一个地方都不想证明灵魂不朽。因而，他没有论证并几乎完全忽视了其中一个要素,而按他自己的断言,这个要素"对自然法的存在而言"却必不可少。

现在,我们可以把这部作品作为一个整体来审视其论证进程。洛克似乎以同意传统的、基督教自然法传统的许多基本前提开始。然而,他进而又对有关这种传统理论的许多根本信条提出了一系列保留意见。没有神这位必不可少的"立法者",传统意义上的自然法就不可能存在,但是,洛克对神存在与否所作的证明是否充分,是个令人十分困惑的问题,即便不考虑这个问题,关于充分公布自然法所必需的各种关键问题,洛克无疑也没有解决。随后,他断然否决的基本理论是,自然法可通过"自然倾向"而得到确证,由此,自然法也可以通过自然倾向来了解,[洛克的做法]既是对自然法的公布,也是对自然法之自然性(naturalness)的进一步打击。现在,洛克都提出了"强烈怀疑"灵魂不朽的可能性,由此,他又含蓄怀疑永恒赏罚的可能性,而永恒惩罚是自然法得到保证的最终仅有的恰当手段。① 洛克在此既再现了那种正统立场,同时又使自己与之保持距离,而在洛克生活的那个年代,伟大的自然法著作家坎伯兰主教(Bishop Cumberland),一直都在有力地阐释这种正统立场。坎伯兰看到,在此世之中,"那些真正善良、虔敬和德性纯正之人,常常受许多天灾人祸之苦",而"那些邪恶、不义和凶暴之人",却得享"幸事"。这位主教由此而轻易得出结论说:

> 如果完全不实施应得的赏罚……自然法(the Laws of Nature)就没有什么意义了,因为赏罚在此世常常不能施行,所以

---

① 参见施特劳斯在《自然权利与历史》相关内容中所搜集列举的参考文献,《自然权利与历史》(*Natural Rights and History*),Chicago,1954,页204,注释49。

就必将于来世弥补。①

职是之故,"对于灵魂不朽这一宗教和德性的宏伟目标,我们所具有的最大信心",会使人们"于此生终结时",在来世"或享永福或受永苦"。这样一来,对不死的灵魂施加永恒的悲苦,就被看成终极惩罚,并因而被看成了实施自然法的一种绝对必要的制裁。

在《自然法问题》中,讨论动物"灵魂"的那一页,是洛克另外唯一谈到灵魂问题的地方。因此,他就不仅没有证实,实际上几乎完全忽视了他必须注意的东西——如果像许多人认为的那样,他的自然法观念属于基督教传统的话。我们也不宜把这种付诸阙如视为他早期或年轻时代作品的一时"疏忽"而不予考虑,因为在后来的作品中,洛克从未改正这种至关重要的疏忽。后来,出版《人类理解论》时,沃塞斯特主教曾敦促洛克注意一个类似的问题,而洛克这时则回应说,

> 真理之神传达的真理如此不可动摇、不可变易,以至于尽管自然之光对于来生发出某种暗淡的微光,给了某些未定的希望,然而,若非耶稣基督独自通过福音让人看到了生命和永生,人的理性绝不可能明晰、确定地达致关于来生的(真理)……圣经向我们做出保证的……这一启示信条,只有通过启示才能确立,才能确定下来。②

然而,这番坦白却使洛克陷进了进退维谷之境。自然法知识完

---

① James Tyrell,《自然法短论》(*A Brief Disquisition of the Law of Nature, According to the Principles and Method Laid Down in the Rev. Dr. Cumberland's ··· Latin Treatise on the Subject*), London, 1692, 页132。

② Locke,《对伍斯特主教的第二次回复》(*Second Reply to the Bishop of Worcester*), 收于《九卷本洛克著作集》,前揭,卷三,页489。

全是理性的，也不依赖于启示。但是，灵魂不朽虽是对自然法知识来说是必不可少的知识，却不能以理性、只能通过启示才能获得。因此，结论必然就是，洛克已经谈到的任何理性的自然法知识，就绝不可能存在了。

到问题七结尾的时候，洛克谈到灵魂不朽的知识，这甚至把自然法知识这个问题搞得更加复杂难解了。在问题七中，他发现，尽管"神和灵魂不朽……不是实践命题或自然法则（laws of nature）"，"然而"，它们"仍然必须要对自然法的存在负责"（对开本，页76）。结论必然就会是，如果它们不是"实践命题"，那它们必定就是洛克所说的"理论原则"。不过，在这个总结段落中，洛克告诉我们说，"理论原则与我们讨论的问题无关，也与道德问题全无干系"（对开本，页80-81）。要想理解洛克的犹豫不定，唯一的方法就是假设一种双重的自然法，对其中一种自然法来说，灵魂不朽若是不可知的，会导致致命的后果，而对另一种自然法来说，灵魂不朽却毫不相干。

在问题七中，洛克进一步阐明，自己为何要冷酷地认为任何人都不可能真正了解自然法。异教的多神论者是"另一种无神论者"（对开本，页77）。洛克还谴责犹太人违背了自然法，原因在于，"在犹太人看来，所有其他民族都是外邦人和不虔敬者"（对开本，页77）。这种谴责是一种不言而喻的指控，那就是，犹太人是下述公认但却未经证明的自然法教义的违背者：第一，"所有人都应互为朋友，并由某种共同需要而联系在一起"；第二，由此派生出的反对人们"分裂成敌对状态"的禁令。《自然法问题》的读者必定会提出疑问说，洛克是否意在使自己的自然法学说符合圣经对上帝之约的讲述，因为在《创世纪》第十七章第六节，上帝喻告以色列人说："我必使你的后裔极其繁多；国度从你而立，君王从你而出……我要将你现在寄居的地，就是迦南全地，赐给你和你的后裔永远为业。"

后来，上帝又说，"你子孙必得着仇敌的城门"，当以色列人在上帝的指引和援助下，打败许多反对他们占领迦南地的国王和民族时，这一许诺就兑现了。

洛克也批评有些基督徒"过于紧密地把自己约束在某个社会之中，他们甚至认为应对自己的同胞守信，又相信可以对外国人欺诈和背叛"（对开本，页78）。在这一点上，洛克对哲人的对待比犹太人或基督徒好不到哪里去。按照洛克的说法，人们必定会得出结论说，世上所有的国家、教派和民族都让谬误的意见引入歧途，因为这些意见实际上已经蒙蔽了他们的眼睛，令他们看不到洛克公开表明自己所理解的自然法的真正要求。洛克是在暗示，自然法不可能在意见的世界中发现，尤其不可能在宗教意见的世界中发现。此外，他已经向我们揭示，"并非内在的，而是来自某一外在来源的习俗和意见"拥有如此巨大的力量，在某些非常情况下，这种力量甚至可以让人们不太服从本不应违背的最根本自然法，即自我保存。

总之，洛克在问题七中提出的一个极其重要的意见问题。不管强制性地还是无意地，如果导致人们放弃自己的生命，并且实际上导致人们被其所属社会的有害习俗"谋杀"，那么，错误意见应当为此负责。因此，在问题七中，洛克已经举了印度的殉夫习俗为例，而在问题十一中，我们将会发现与之类似的例证。他称导致这种习俗的意见为"非常愚蠢"。因而，必须面对的一个重大问题就是克服错误的和危险的意见。在后面的各个"问题"中、在他后来出版的主要著作中，洛克都要详细处理这个问题。

问题八

自然法对人们有约束力吗？是的。

洛克《自然法问题》的第二个主要部分处理的是了解自然法的方式问题，而问题七是这个部分的结束。问题八开始了一个新的部分，这部分由三个问题构成；它关注自然法的约束特征。在问题八开篇的对开页中，我们目前已经熟悉的那位"反对者"，提出问题六和问题七中未曾明言的主题，并使之清晰呈现，因为，他在这里断然否定了基督教自然法的可能性。在表达了这一异端立场之后，这位反对者陷入了沉默，但洛克突然转变了方向，表面上看，他似乎要在传统自然法的框架内讨论义务的内涵。

这一问题的开篇一页需要特别关注，因为，我们在后面将会看到，那些余下的"问题"，每一个都始于那位"反对者"的表述，而这位反对者的论证，在推动这一讨论沿着出乎意料的道路行进时，发挥了重要作用。读者不妨想一想，在问题一中，洛克顺便记下了霍布斯在法律（lex）和权利（jus）之间所作的区分。然而，洛克在那里并未指明这种区分在自己的整体论证中可能会发挥什么作用——如果还有作用的话，但是，他在问题八的这个地方又重新提起这种区分，并作了进一步的阐释：

> 已经发现有人认为全部的自然法都源于每个人的自我保存，而且这些人不再为自然法寻求自爱和本能——每个人借之以珍爱自身、借之以尽可能地寻求自身的安全和保存——之外任何更深的基础。（对开本，页82；**强调**为笔者所加）

洛克在此勾勒的立场，更近于自然权利（jus naturale）的立场，而非更近于自然法（lex naturale）。洛克继续说道：

> 如果这种自我关心和自我保存应是全部自然法的根源和始基，那么看起来，德性与其说是人的义务，不如说是他的利益了，并且，倘若对（一个人）没用的话，那么任何事物对他都

不再是正当的。(对开本,页82)

从这一观点出发必然得出的结论就是,"遵守这种自然法,与其说是我们出于本性约束而来的义务和负担,不如说是我们受自身好处(的感觉)的引导而来的私人权利和利益"(对开本,页82)。

自利和"自爱"本能的作用,自然会导向以利益或"私人权利"为名的行为。任何不从自身利益出发的行为,都必定自然变得有害。这种结果还让人想起洛克在问题一中的另一个基本区分,即能够违背的法与不能够违背的法,前者可以十诫和基督教自然法的其他要求为例。洛克在问题八中的讨论则为我们举出了后一种法的例子,因为,我们所有人据说都是凭着一种引导我们追求"自身安全和保存"的"本能"来保存我们自己。我们已经知道,在强化其"自我保存"时,"每个人都认为自己足够勤勉、足够热切"。如洛克在问题五中所说,由于那位神如此不仁不义,创造了有死的人类,以致终有一天死亡必会突然临到我们每个人头上,但是,有一种最强大的本能,驱动着所有心智健全且不受愚蠢理论和其他致命意见误导的人,尽可能地躲避命定的时刻。现在,对此世事务的观察确实提供了许多例证,那就是,许多人的心智已被洛克所谓"非常愚蠢"的意见扰乱,并且,在这些意见的影响下,他们还一心寻求早死。在这种意义上,"我们就不可能忽视和违背这种法而却完全不可能(对我们自己)造成伤害"(对开本,页82)。用当今的俗话来说,当我们践踏(transgress)自己的这种最基本的权利时,我们就是在"自我毁灭",或至少是在自我摧残。在此,践踏是指作为一个人又非要主动灭亡,这与基督教自然法传统中所说的践踏的意义别同霄壤。洛克在问题七中为我们列举了这种现象的一些例子,并将在问题十一中举出更直白的例证。

洛克没有直接回应另一种不同类型的自然权利。他以陈述的形式回应说，自然法对义务的要求（obligatoriness）是传统的，同样，自然权利立场则是非传统的。义务被定义成"法律的约束"（*juris*）（对开本，页83）。比如说，长官可以命令我们做这件事，也可以命令我们不做那件事。在更高的层次上，我们的宗教信仰可以命令我们荣耀和敬畏上帝，或者，如果有人违背一项宗教诫命，宗教信仰也可以命令我们甘受惩罚。我们有义务服从自己的正当的上司，不管这个上司是上帝、国王，还是法律。然而，这一表达还有一个特别有趣的维度，那就是洛克对良心的强调。在问题八的这部分中，洛克比在这部手稿的任何其他部分都更频繁地谈到与传统自然法观念有关的良心。我们可以断言，这与他在那些挑战传统的论证部分中对良心的有力拒斥是相符的。

洛克反复重申了基督教自然法理论家对义务的常见解释，但他又稍微超越了问题五中所作的论证。作为最高立法者的上帝被描述为"至善至大的"，被称之为"全知的"。在问题八的语境里，上帝被说成要求人类遵守祂的诫命，或者换用另一种说法，上帝要求人类服从那些祂向其惠赐了正当权力的人。

自然法的义务性问题，原来恰恰有赖于前文尚未解决的问题。问题八中有一个证明，长篇大论、复杂难解且没有结论，在这个证明中，洛克表示：

> 自然法的创造者上帝，愿意让自然法成为我们行为和生活的法则，祂还充分公布了这一法律，以让任何人都能够知晓，如果他愿意付出时间和精力，并愿意以其心智来理解这种法。（对开本，页88）

洛克因而又重述了"公布"这个问题，但这一次这个问题仍然未经证明，也仍然不能令人满意。在这一点上，我们可以相当确定地总结说，关于公布问题的这些没有结论的论述，实际上提出了难以克服的疑问，即自然法是否和传统的理解一样，已经得到了极为充分的公布。在问题二中，洛克曾经指出，理解自然法的探索，或许可比作矿工在探寻深埋地底的贵重金属矿脉时的精深挖掘。他总结道，尽管智慧甚高、颇具善意的人们会竭尽全力寻找这样的宝藏，但是，"自然"已经极力隐藏，以确保［寻找］极难获得成功。正因如此，我们才看到无数智慧甚高、严肃认真和颇具奉献精神的人在探索正确理解自然法时都失败了，就像洛克在《自然法问题》通篇都已然表明的那样。问题八指出这种失败如何伤害自然法的义务性，由此而使我们明白并相信了这一结论。

问题九

自然法对兽类具有约束力吗？没有。

洛克以否定回答这一问题，这样，他光明正大地使自己与教会法保持一致，因为教会法"认为，自然法只限用于人类"。"动物不受这种法的约束，这是塞尔登（Selden）和卡尔弗韦尔在其《论自然之光》中……的教导"（《论自然法》，前揭，页188，注释2）。格劳秀斯在其《论战争与和平法》（On the Law of War and Peace）（卷一，1，2）中曾阐明过这一观点，此外还有观点尤具启发的苏亚雷兹（Suarez）。苏亚雷兹论证说，兽类，那些有感觉的受造物，"在自然法的主要分支（principal branches）里从总体上来说是有缺陷的"，比如说在承认和钦崇一位神这个分支问题上。苏亚雷兹问道，在这些动物中，哪里"有一丝一毫神圣崇拜的迹象？……"它们采取了什么行动"以宣告上帝的荣耀；以宣告展示祂的技艺的苍穹呢？"①

蜜蜂居于蜂房，它们做的每一件事情都由本能支配和型构。它们不可能了解上帝，分别善恶。蜜蜂没有选择的意志，不知道能够采取行动或是抑制行动。因此，传统基督教意义上的自然法并不约束它们。卡尔弗韦尔在其《论自然之光》第六章详细论述了这一主题，这一章的论证是对苏亚雷兹论证的补充。卡尔弗韦尔问我们说，是否曾有一群动物显示了意志自由。他嘲弄地质问道：

> 你或许听说过一只贞洁的海龟，而你从不曾听说过一只淫乱的麻雀吗？或许你读过某个关于害羞大象的故事，但与此同时，你又要对整群整群淫荡的山羊说什么？

请告诉我，"这些受造物受自由意志的引导吗？它们是照法的镜子来为自己穿衣打扮吗？"卡尔弗韦尔又总结说："法根植于理智之中……它预设了一种高贵的生而自由的受造物，因为，哪里没有自由，哪里便没有法……"（《论自然之光》，页42）有人仍然可能会回应说，在基督教自然法的框架内，这些受造物完全可以说遵守永恒法，即使它们不是、也确实不能被视为以人的方式服从自然法。悖论的是，洛克或许会主张说，在这一点上，兽类显然优越于人类。首先，尽管按照洛克的说法，自然法在传统的、基督教的意义上对兽类没有约束力，但他没有否认的是，

> 同种和同等的受造物既毫无差别地生来就享有自然的一切同样的有利条件，能够运用相同的身心能力，就应该各各平等，不存在从属或受制关系。（《政府论》下篇，第四段）

---

① 参 Francisco Suarez，《论法律和立法者上帝》（*On Laws and God the Lawgiver*），Oxford，1944，II. xvii. 3—7。

这一命题意味着动物享有某些权利。就事实而论，它们在奋力以求保存自身时就行使了权利。无论它们在这件事情上获得成功的程度如何，它们都比人多享了第二种优势；它们至少在寻求自我保存时，不因拥有致命和非常愚蠢的意见而受妨害和误导。关于这种危险的意见，洛克已经一再悄悄地给予暗示，最危险的意见或许就是对自然法的种种误解，因为这些误解会严重羁绊人类对自我保存的追求。

问题十

自然法的义务是永久的和普遍的吗？是。

问题十的计划相对简单：它以一位"反对者"的意见开篇，这位反对者大胆断言，根本就没有自然法。洛克以一系列旨在确证自然法的永久和普遍义务的论证对此作了回应。这些论证源于传统的自然法观念。那位"反对者"作了反驳，然后洛克以驳斥他的观点结束了这个问题。

在这位"反对者"看来，自然法支持者之间取得一致意见的唯一基础，要在有关自然法内容和义务上存在的那些完全歧异、"多样繁复的意见"之中发现。这些歧见在"行为"（conduct）中找到其最终的表达方式（对开本，页91）。对人类的观察表明，行为上的这些根本差异绝非仅仅限于个人，实际上甚至包括了"一切在其间看不到任何法律意识，也没有任何行为公正可言的民族"（对开本，页91）。甚至在遵守"某些自然法规戒"的地方，也存在各种各样最可恶的违背自然法的犯罪实例，问题七中曾举例生动说明了这类罪行：

> 偷窃在某些民族中是许可的，也是受到赞扬的，而强盗的

贪婪双手，不受任何良心束缚的制约，以实行暴力和犯罪。在其他一些民族中，淫荡根本就不算耻辱；在某个地方，根本就没有供奉众神的神殿或祭坛，而在另一些地方，神灵则以人血来祭。既然情形如此，一个人理所当然就能质疑，自然法是否对作为整体的人类这一种族具有约束力，（因为他们实际上）反复无常、易变难定，习惯于由显然相反的国家建立的具有天壤之别的各种制度。（对开本，页91-92）

这些论点和那位"反对者"对自然法提出的看法一样，它们的重要性是有理由的。他们所说的大部分内容，在当代西方思想关于文化相对主义的表述之中已广为人知，但是，还远远不止这些。这位"反对者"批评了连多神论都不存在（absence）的情形；在某些民族中，人们根本就找不到"供奉众神的神殿或祭坛"。这是否表明，和洛克在问题五中暂时证实其存在的那位独一神的崇拜一样，多神论也完全符合自然法的要求？还值得注意的是，他再次提出"公布"这一基本问题，因为情况确实是，从传统自然法的角度来看，"认为自然的命令如此隐而不显，以致所有民族都难以发现，这几乎令人难以置信"（对开本，页92）。

读者难以确定，洛克回应这些反对意见时的基础可能是什么，因为，事实经常证明，他并不直接回应那些反对意见。相反，洛克首先断言自然法是永久的，然后再说它是普遍的。他将此暂时悬搁，但是，反对者所提的要点确实值得，也确实要求严肃认真的回答，洛克却完全没有作答。结果那位"反对者"提出的意见仍然悬而未决，可以说，洛克既未采纳也未驳斥这些意见。大量此类"悬而未决的"反对意见，在《自然法问题》的论述进程中逐渐堆积，我们仍有可能在后来进一步对之做出阐明发挥，并进行集中思考，这样一来，这些意见便仍有可能构成另一种条理一贯的自然法解释，一种完全不同于基督教自然法传统的解释。

在问题十的其余部分，洛克没有直接面对那位"反对者"，而是把讨论转向了一些最为传统的经院主义学说。这种并非特别具有启发性的讨论，很容易引导多数读者完全忽视问题十开篇的基本学说。我们不能确定地说，这是洛克采取的一种策略性的写作技巧；无论如何，这种做法从文体风格上来说极为难解。

在问题十中持更为传统观念的部分里，洛克援引了尽管复杂但却为人熟知的经院主义学说。例如，"有些事情要绝对禁止，正像经院哲学家爱说的那样，我们必须永远（*ad semper*）（避免）这些事情"（对开本，页95）。洛克继续阐述了一种常见的区分，一是我们"有义务绝对"遵守自然法的信仰和活动领域，一是我们在其中有条件地遵守自然法的领域。按照性情（dispositions）或意向（attitudes）的类型，洛克讨论了习惯（*habitus*）的传统含义，讨论了要求我们对于神、对于孝敬父母、对于法律所必须持有的性情。他详细叙述了传统规定的某些积极义务：例如，对神表达崇拜、帮助邻人、安慰忧苦者、给饥者以食物（对开本，页95）。在总结这一讨论时，洛克断言说，他现在已经确证了自然法的要求是"永恒的"。我们必须再次想到，他并不曾确证这一观点，而是未经评价就传达了传统教诲中的某些理论粹要。

许多民族的信仰和习俗都会引致对自然法荒唐的违背，而那位"反对者"就这些民族而提出的种种关键问题，洛克在前文的任何部分根本没有处理。终《自然法问题》通篇，他都把我们的注意力引向了这类现象，尽管这一点确属事实，但他还是一再坚持，自然法是普遍的、永久的。倘若情况确实如此，必然有人提出疑问，为何至少所有国家、一切时代的绝大多数人，都一直不了解也不遵守自然法的这些规定。洛克承认，他自己对这件事情也感到困惑，因为他承认：

在我看来，只要是人，就必然可以根据人性而知道，他必须要爱上帝，敬畏上帝，并履行与理性的本性相宜的其他义务，也就是服从自然法，这就好像说，倘若有一个三角形，则根据三角形的本性，就必然可知它的三个内角之和等于两个直角。（对开本，页100–101）

在一段含蓄隐微的杰出文字里，他继续说道："可能太多人""都不了解这两种如此明白、如此确定，以致其（明晰性）无与伦比的真理。"（对开本，页101）我们还可以进一步说，不仅仅是"太多人"，而是人类中压倒性的多数，都不了解这些明白和确定的数学真理。就像洛克常常指出的，这种无知也不是源于人们的"懒惰"甚或缺乏敏锐。实际情况是，几乎没有谁有时间、有意愿、有机会献身于数学研究，即使他们在各种各样的生活追求中可能非常积极，而且除此之外还有很高的理解力。无论在哪里，不管出于自愿，还是出于某种责任感，人类多半总是完全忙于养家糊口，或效力他人这些必为之事。适宜于数学探究的东西，显然更可能适宜于人们献身于系统的自然法研究。正如我们从洛克的证明中所知，对自然法的全面研究，甚至比数学研究还要有更好的理解力和更勤勉的努力，更不必说还需要必不可少的闲暇——我们会回忆起洛克生动的比较：努力发现自然法的人的辛劳和辛勤掘至地底以探寻深埋宝藏的矿工的辛劳。洛克在问题十中实际上已经承认，自然法的基本原则还没有被充分公布。这既有助于说明人们为何普遍还对这些原则不了解，也有助于说明，为何所有民族都还在不断地以各种奇怪的方式违背这些原则。这并不意味着自然法的原则根本就不存在。然而，就像洛克通贯《自然法问题》全篇不断表明的，如果传统的自然法确实不是天赋内在的，并且人们不是出于自然倾向而倾心于自然法，那么，探寻自然法的根源就会格外艰难。对自然法原则的探索，要求极具能力的真理探索者做出最为不同寻常的努力。洛克唯恐这些结论会使人们怀疑自然法原则的存在，或在绝望中放弃求索，于是，他在这一点上再次向他们保证，这种法确实存在，而且能够找到：

> 情况必然就是，赋有理性本性的所有人——也就是说，无论在哪里，所有人——都受这种法的约束，如果自然法应对至少某些人具有约束力，则必然以同样的权利明确地约束所有人。……人们了解自然法所采取的模式是一样的，人们的本性也一样，实际上，这种法并不取决于流动可变的意志，而依赖于事物的永恒秩序。（对开本，页99-100）

洛克以同样的口气进一步主张："这种自然权利（*jus*）永远不会废止，因为人不能更改这种法（*legem*）。"（对开本，页101）为何如此？因为，"在我看来"，洛克说，"事物的某些状态似乎不可改变，而某些不可能以别的方式存在的义务，似乎产生于必然性"（对开本，页100）。在结束全书的"问题"中，洛克进而更加充分地解释了他自己对下述事物的理解："永远不会废止"的"自然权利"；源于这种自然权利、"在所有人之间皆属平等"且源于"事物永恒秩序"的"义务"的基础。一旦理解了这一点就会明白，洛克事实上确实主张，自然法是永久的（perpetual）、"永恒的"（eternal）、普遍的，但我们也可以看出，他谈论的自然法与传统所理解的自然法具有根本不同的特性。

问题十一

每个人的私人利益构成了自然法的基础吗？不是。

洛克的最后一个问题再度始于一位传统自然法的"反对者",即古代的怀疑论者卡尼德斯。① 这样,问题十一就不同于其他问题,因为,洛克在此明确指出这些"反对者"中之一的名字,而他们的论点在推动这场争论迈向其结论的过程中,扮演了极其重要的角色。在问题十一中,洛克花了相当长的篇幅反驳卡尼德斯,反驳受卡尼德斯误导的某些追随者,他们得出的结论简直不堪一击。这一问题看起来非常简单,但不应蒙蔽读者的眼睛,使他们看不到论证的复杂,因为正是在这里,面向细心的读者,洛克慎重地几乎全部揭示了他根据自己对自然法的理解愿意主动说出的内容。

除了其他内容外,卡尼德斯还主张,或者"根本就没有自然法(jus)",或者,"假如这样的法存在的话",服从它"将是愚蠢透顶的","因为谁要是考虑什么有益于别人,谁就必定会伤害自己"(对开本,页105)。洛克没有在这一点上流连不前以与卡尼德斯争辩。恰恰相反,他赞扬了卡尼德斯的"敏锐智识"及其论证的"滔滔雄辩",这"滔滔雄辩"驳得"一切都体无完肤,事实上让一切摇撼震裂"(对开本,页105)。

洛克并未挑战卡尼德斯的论证,之后,他的发言代表并站在"心智更健全那一部分人"的立场,这些人具有"某种人性意识和某种社会关怀",因此,洛克谴责并批判卡尼德斯的信徒缺乏"德性和理智的禀赋,而只有借德性和理智之助,他们才能为自己铺平通向荣誉和财富的道路"(对开本,页106)。这些愤懑不满者、寄生

---

① [译注]卡尼德斯(Carneades,前214—前129年),雅典的极端怀疑论者,柏拉图学园的领袖之一,曾于公元前156年受雅典派遣出使罗马,并在罗马发表关于自然正义的演讲,以图给那些征服其祖国的没有学问的人们带来论辩的趣味。卡尼德斯不仅怀疑感觉不能达到真理,而且理性也不能达到真理。但卡尼德斯认为,我们可以确定真理的概率性,以引导正确的生活和行为。卡尼德斯极力反对廊下派的学说,也质疑占星术理论。

虫或破坏分子,急切地利用卡尼德斯对自然法的攻击,以图实现自己种种自私的目的。他们抛弃了一切建立在品质(merit)基础上的社会等级制度观念。他们抛弃了政治规则,攻击一切现存政府都是不公正的,因为他们在这些政府的领导之下不曾获得平等的财富和荣誉。因此,他们"叫嚣应砸碎(一切)权威之轭,并应维护自然的自由"(对开本,页106)。这些人公开宣称自己是卡尼德斯的信徒,由于被自己的彻底平等主义党派偏见所激燃,又缺乏卡尼德斯的"敏锐智识",因此,他们就看不到,当他们群情激昂时,他们不知不觉就把自己的立场建立在自然法或自然权利的基础之上,那就是,人人生而自由,他们享有"自然的自由",而最重要的是,他们是平等的。因此,他们强调说,法律应"由每个人的利益"来决定。洛克停下来驳斥了这些人的谬误结论,但他们的论证,至少由洛克自己所展示的论证,却巧妙地用于服务他自己的目的。洛克在《自然法问题》中迄今从不曾把许多基本问题关联起来,而借助这种论证,洛克至此才把这些问题关联在一起,并集中考虑。他相当巧妙地通过若干步骤做到了这一点,我们必须细心追溯描绘这些步骤。

首先,看起来,卡尼德斯的信徒只不过是自私的、追求自我眼前好处的目光短浅的盲从者,而关于他们所持的自然法观点,洛克描绘了它的一些附带后果。他们没有认识到,在拥有"自然自由"的无政府状态中,尽管每个人都希望享有自己的"充分权利",但"一切社会"都会被摧毁,因而,这种无政府状态就会有无法抵抗的巨大危险。他们穷困、愚昧无知、非常狂热,因此,他们认为,一旦砸碎"政府之轭",每个人的利益就会得到保障。他们没有看到,在这样的条件下,"人与人之间的交往",只可能是"欺诈、暴力、仇恨、劫掠、杀戮以及其他这类东西……",而绝非其他(对开本,页115)。或者,就像我们从洛克的一个"理当受到谴责的"同时代人——洛克几乎从未提到他的名字——那里所知，这种境况中的生命将会"孤独、贫困、卑污、残忍而短寿"。①

洛克继续说，谁若生活在这样理解的"自然法笼罩"的这种境况之中，"如他们所言，就是处于战争状态"（对开本，页115）。既如"他们"所言，也如洛克自己在问题七中所明示，恰恰是在"自然状态中，战争才是常事，而人与人之间也才有一种永久的、相互的致命仇恨"（对开本，页63）。然后，洛克论证了为何事实必然如此。

正如霍布斯此前所明言，亦如洛克后来以自己特有的谨慎所言，"战争状态"就代表了自然状态（《利维坦》，第十三章；参见《政府论下篇》，第123–127段）。这是一种每个人在其中都会自由确定自我利益的状态，"因为任何人都不可能公正合理地评判什么对另一个人来说是好的"，职是之故，洛克说，"现在，（我们的）问题就推进至此：每一个私人判断为对自己和自己的事务即时（as the occasion arises）有用的东西，是否符合自然法……"（对开本，页108）。我认为，洛克使用"即时"一词是为了刻画这种类型的努力：每个生活于这种境况中的人，都按自己的理解而努力满足自身需求，并因此而努力确保那些他视之为眼前的利益、好处和便利的东西，而这些东西，他在那个时刻视之为自我保存所必需之物，或为满足其他这类他认为是本能、欲望、嗜好所必需的东西。在这种情况下，"每一个人"都必定会把握"并维护对自己有用之物的最大可能的满足。并且，只要情形如此，那么为别人所余之物必然就少之又少了……"（对开本，页114）。如果事情诚如洛克所言，结果必然是：

---

① ［译按］这段话是霍布斯对于自然状态的一个著名判断。参见霍布斯，《利维坦》，第十三章。

> 人类只有一项遗产（patrimony），并且这项遗产总是相同的，此外，这项遗产并不随人口数量的增加而增长。自然在提供稳定充裕的物品以为人们享用上一直都很慷慨。并且，自然的产品按固定的方式和预定的数量而被精心给定，它们既非偶然生成，亦非与人类的需求或贪婪成比例地增加。（对开本，页112）

然而，洛克认为自然一直以来对人到底有多么"慷慨"？不顾人口的增长和数量而仅提供一种"稳定的充裕"，是一种怎样的慷慨？正是自然表现出的"慷慨"，才导致这种情形：当自然状态中的动物数量超过了某一特定的界线，并且自然提供的"稳定的充裕"超过了食物供应的极限时，动物必定会因饥饿而死。大约三十年后，洛克在自己的《政府论》论述财产权的著名章节中，才更充分地说明了他所理解的自然供给之"充裕"，不过，他在《自然法问题》中的初步看法，与他对自己观点更充分的阐释正相吻合（《政府论》下篇，第五章）。于是，这个问题便如下所示：有些人坚持认为，人类生活在一种采取行动以确保自己"即时"利益的境况之中，这些人还认为，在这种条件之下，对个人利益的追求构成了"自然法的基础"，他们不仅对自然法问题，而且对人类世俗生活的维持问题，提出了自相矛盾的解决方法，而这一点非常致命。正如"他们"和洛克都已经指出的，很明显，在这样的条件下，个人不可能避免致命的对抗，甚至不可能避免"战争状态"之中的对抗。

于是，由此产生的问题就在于，当个人仅照"自爱和本能"行动时，是否有方法可以避免发生的冲突，因为

> 在自爱和本能驱使下，每个人只珍爱自己，只尽力寻求自身的安全和保存；还因为，每个人都认为自己足够勤勉以渴求他的自我保存……（对开本，页82）

建立在获取即时自利原则基础上的个人行为，导致他们互相冲突，因此，生活就可以描述为前文所说的"暴力、仇恨、劫掠、杀戮等等"。

"每个人都认为自己足够勤勉以渴求他的自我保存"，但个人获取自我保存的努力却可能造成他的毁灭。那么，在洛克据之提出论证的这个框架之内，有无解决问题的办法？似乎有。从这一角度来看，人类就不是如胡克所言，"天生要寻求与他人结成团契和伙伴关系"（即人类具有"一种自然倾向，所有人都借之以欲求社会生活和伙伴关系"）。尽管如此，单独生存时固有的不可抗拒的危险，人类在追求自己的短期利益时可能遭受的苦难，都迫使每个人"都要把自己的生活与他人的生活组构联合起来，使之获得保存"（对开本，页61）。通过这种联合，人们寻求保存并保护自己的生命、自由和财产，问题十一中比较详细地说明了这一点，洛克在这里评论说：

> 人们的普遍权利（jus）与每一个人的私人利益互相对立，这绝非我们的主张，因为自然法是对个人私有财产权的最强有力的保护。倘若自然法得不到遵守，那么，**谁都不可能为了自己的利益而占有他的财产或劳动**。这样，无论是谁，只要他妥善考虑和权衡人类以及人们的习俗，那么情形似乎必然是，没有什么能像遵守自然法那样有益于个人的普遍利益，没有什么能像遵守自然法那样对人们财产安全的保护如此有效。（对开本，页107–108；强调为笔者所加）

此处对自然法的理解，首先强调个人利益和财产保护。如果每个人"同他人共同构建他的生活，并保存这种共同生活"，这种保护便可达成。一旦形成这种联合，旨在保护个人和财产的明确法律就可以制定，并任命官长以惩罚违犯这些法律的人。那时——也只有到那个时候，个人和财产才会免于劫掠者的侵夺。尽管洛克在《自然法问题》中确实没有特别谈到社会契约，或讨论组建这一联合所可能凭借的同意机制，但是，我们难以设想，前述文句还可以适用于什么其他的社会安排。无论如何，正是在这种"联合"之内，成熟的洛克才看到"个人私有财产"能够得到保护，一如我们从他的《政府论》中所知。集体聚集起来的力量使得保护"人们的财产安全"有了可能。如果没有安全的财产，人类将会消亡，而在无政府的"自然状态"中，根本不可能有任何财产的安全。因此，人类必须创立社会。在"自然状态"中，也完全不可能有什么正义。因为，就像洛克所问：

> 在没有财产所有权或私人所有权的地方，（能有）什么正义？如果一个地方不仅允许每个人拥有他自己的东西，而且每个人的财产就是他拥有的对自己有用的东西，这种地方（能有）什么财产权可言？（对开本，页116）

一定要阻止个人攫取他们"即时"想从他人那里得到的东西，一定要阻止个人根据眼前的短期利益单独采取行动。如果他们知道这么做会产生你死我活的斗争，如果他们知道自己应当"同他人共同构建他的生活，并保存这种共同生活"，那么，他们便会知其所止。这种联合使和平的环境成为可能，而和平的环境会保护每个人现有的财产，并同时鼓励和促进财产的增长，因为，正是在这种情况下，人们才可能有效追求后文所说的"正当的自利"，即在同胞公民的"和平联合"中才有的个人的长期利益。

在《自然法问题》中，洛克并没有随时对这种"联合"的构建细节或其他细节发表意见，但是，熟悉《政府论》的读者，可以正确评价他前者到底为后者的工作奠定了怎样的基础。鉴于《自然法问题》确实为《政府论》提供了基础，因此，洛克这部伟大经典就以某种与传统基督教的自然法原理极不相同的自然法或自然权利观为基础。

在问题十一前文，洛克有力地抨击了卡尼德斯信徒从其"个人主义"中得出的危险结论——但是，他没有否定他们的基本前提。从这一点出发，我们可以开始更清晰地分辨，洛克用来取代传统基督教的自然法传统的东西具有的主要特征。这种新的自然法（或自然权利）学说的基础，是对个人和财产的保护。这一基础或根本原则，至少在两个主要方面不同于传统自然法立场的基础或根本原则。后者首先关注人的三重自然倾向的实现：了解关于上帝的真理并得与祂冥契；可在社会中培育成长的人类德性的全面发展；自我保存。我们已经知道，只要人履行自己的三重义务，这些自然倾向的彻底实现就有可能。自然法在生活的每一层次和各个领域中，都为人们施加了种种义务或责任。

按照洛克《自然法问题》中逐渐显露的另一种视角，每一个人都被视为拥有——仅仅因为他是一个人——某些不可剥夺的自然权利，每个人因而都被说成生而自由平等。这样一来，这个人的问题或者政治问题，就是确保每个人的（他的或她的）生命权、自由权和财产权（right to estate），也即"所有权（property）"——洛克使用这个词语时，通常包含了较广的含义。正如我们在问题十一中迄今所知，洛克已经说过，自然法构成了"对个人私有财产权的最强有力的保护。倘若自然法得不到遵守，那么，谁都不可能为了自己的利益而占有自己的财产或劳动"（对开本，页107）。同时，按照洛克这种不同的自然法或自然权利学说，每个人的"私人利益"也不应被理解为与普遍权利对立。

这意味着"每个人的利益就是自然法的基础"或根本原则吗？绝非如此，因为洛克在这个"问题"的标题中直接否定了这一点。于是，我们必须继续设法去揭示这一难以捉摸的根本原则。

洛克论述说：

这种理论的捍卫者从人们的自然欲望和自然倾向中，而非从这种法的义务中，寻求道德原则和生活规则，好像从道德方面来说，最好的东西就是大多数人奋力追求之物。（对开本，页116）

这一说法有助于我们揭示上述的根本原则。最初系统阐释这种现代自然法或自然权利学说基础的人，以他们的观察为基础，进而坚持认为，"从道德方面来说最好的"东西，断然不是大多数人在实践中奋力追求的东西。就这一点来说，他们与马基雅维利的看法一致，因为他在《君主论》(*The Prince*) 中已经指出，几乎所有人都积极追求"金钱和荣耀"。这是不是也有点像霍布斯的观点？因为霍布斯声称，人类在追求他们的收益、安全和名誉时，天生就会相互为敌。情况似乎就是，根据这种人性观，现代自然权利的坚实基础、原则或根据要在人们的自然欲望、原始本能和"驱动力"之中寻找。如果人类在满足这些欲望的过程中不想互相毁灭，就必须保护所有权，而这种保护要以公民社会为前提——这些是我们已经知道的。

"自我保存"为自然法提供了根据或基础，这种观点本身就具有一些问题，洛克提出的解决建议却更加出人意料：某种程度上，公共幸福和个人幸福的关联不可分割。正是由于这种关系，洛克在问题十中非常突出地强调财产权尤其是私人财产权，才并非偶然，因为在他看来，公共幸福或公共福利必需的先决条件是相当程度的物质充裕，其实也就是"繁荣"。

有了这些观察材料，我们就离精确辨识自然法的基础或根据更近了一步，它可以表述如下：幸福在于一个人对自己的生命、自由和财产享有的自然权利。人的自我保存的"本能"构成了这些权利的基础。在此，人们就有了据以导出自然法的根据或基础。因为，从这个角度来理解的自然法，从自我保存的权利中导出，并由必定指导人类保存自身的审慎原则构成。在霍布斯的《利维坦》中，我们可以发现自然法源于自然权利的经典表述：第一条自然法命令是"寻求并持守和平"。

在问题十一的其余部分，洛克给我们展示了一场极有吸引力的小争论，这场争论发生于传统的基督教自然法支持者与那些现身于《自然法问题》通篇的新贵反对者之间。正如我们所知，这些反对者已经反复对这一伟大传统提出挑战，因为他们公然支持一种完全不同的自然法观念。对这一可敬传统的坚定支持者来说，这些反对者的看法是应受诅咒的，而且他们也谴责了这种看法，其理由是，这会取消"一切正义、友爱、慷慨……"和"生命"本身（对开本，页115）。

绝非如此！反对者们回应说。你们之所以持有这种论调，是因为你们开始于一种显然脱离现实的人性观和人类行为观。你们必须把目光从苍穹下降，以人类实际之所是来理解他们——人类只不过是依自利而行动的生物。你们应当

> 从人们的自然欲望和自然倾向中，而非从这种法的义务中，去寻求道德原则和生活规则，好像从道德方面来说，最好的东西是大多数人奋力追求之物。（对开本，页116）

何其卑下至极，传统的维护者们怨叹说；你们所支持的东西，其结果必是"向万恶开窗"（对开本，页112）。

胡说！反对者们回击说，你们完全不能理解我们的意图。我们所追求的，是把自然法最终置于坚实的基础之上，大体上来说，就是置于所有权的基础之上，从而为自然法确立理性的根据。我们试图鼓励的，并非你们所胡说的"邪恶"，而是对"个人私有财产权"的保护，因为只有在"人们财产的安全保障"中，才会找到"个人的普遍利益"。

唉！丧亡的灵魂啊！传统的维护者们悲叹道；我们为你们感到哀痛。在试图把道德置于你们视为现实的基础之上时，你们已经无望地令道德标准狭隘卑下。我们的自然法观念为德性建立了根据，而德性远比仅仅维持和平和保护所有权高贵。除了为了保护你们所深爱的"所有权"而消弭冲突以外，你们一无所获。而我们则坚持认为，

> 种种美德之间并不互相冲突，它们也不驱使人们（陷进冲突之中），它们相濡以沫，互持并进。我方的正义并不毁坏他者的公平，君主的宽宏大量也不妨碍臣民的慷慨好施；父亲的圣洁并不败坏其子，而老加图（Cato）的刻苦严峻，亦不会稍减西塞罗的简朴庄重。人生的种种义务并不互相冲突，也不会让人全副武装、斗得你死我活。（对开本，页114 – 115）

（你们这样说）当然对，但全是鸡毛蒜皮，微不足道，反对者回应说。通常来说，人们确实不是因公正行为和慷慨好施，或因个人过一种纯洁的苦行生活而发生冲突，但是，你们的例证和解释却颇不得要领。你们在自己的论证中作为例证刚刚列举的德性，恰恰是一些个人的属性，而人们会想，每个地方的人们几乎都承认这些属性有助于和平与和谐的人际关系。怎么会这样呢？因为，最重要的是，我们讨论的那些善或德性，就其本性而言不受限制。公正、慷慨并通过个人苦行而对他人提出有限要求的人组成的团体，确实伤害不了我的个人利益——甚至还极有可能改善和促进我的个人利益。此处所谈的那些特定"义务"却互相冲突，因为它们在原则上是没有限制的。

说得轻巧！维护者们厉声反击说，然而，你们没有任何正当资格为任何真正的德性辩护。是我们为

这许多的德性,以及那些最伟大的德性(仅当牺牲自我而惠助他人时才有这些德性),奠定了基础。正是凭着这种行为,英雄们才一度被举扬至与星宿同列,并跻身诸神之列。他们并不是凭着到处去攫取金山银山,而是由于辛劳、由于危难、由于慷慨,换得了(自己在)天上(的地位)。他们并未换得他们的一己酬报,而是换得了公共利益和整个人类的福祉。(对开本,页109)

维护者们所列举的"英雄",有赫拉克勒斯(Hercules);科提乌斯("他为了祖国的缘故而跃进裂渊……以阻止罗马被她自身的内在威胁所埋葬,在还活着的时候进入了大地");宁愿自己选择贫穷以让罗马繁荣昌盛的法布里基乌斯(Fabricius);以及牺牲自己的生命以守护罗马政制的西塞罗(对开本,页110)。①

好极了!挑战者们坚持说道,这些例子恰恰证明了我们而非你们所说的情况。你们已经列示这些异教的古代"英雄"作为德性的榜样,你们还召唤别人去步武他们的后尘。但是,这是因为,未经审视的种种传统之力,具有危险误导性的种种意见,已经彻底迷惑并遮蔽了你们的眼睛。要是你们深思这些榜样的意义,要是你们批判性地解剖分析这些榜样,你们就会发现,他们应受很多的谴责,而非赞颂。赫拉克勒斯是诸神之王、淫乱不堪的宙斯生下的野种,而希腊的宙斯堪与罗马万神殿中至善至大的神(*Deum O. M.*)朱庇特相当,从这样一个赫拉克勒斯的有名的任务那里,人们应该得出什么结论?!赫拉克勒斯亲手杀了自己的孩子,完全可以说是"对自

---

① [译注]科提乌斯(Marcus Curtius),古罗马英雄。科提乌斯领受天启,得知除非把某样有价值的东西投进地震造成的裂渊,否则这裂渊就不会弥合。由于爱国心的激励,他自己跳了进去。法布里基乌斯(Fabricius?——约前250年),罗马执政官,以清廉著称,他宁可治理富有的老百姓,而不愿意自己富有。

然本身宣战,而非对恶魔宣战"(对开本,页110)。姑且不论赫拉克勒斯及其无法无天的父亲,我们应当通盘考虑,若将奥林匹亚众神视为一个整体,他们只作为凡人的道德指引模范,其行为到底具有多少教育意义。赫拉克勒斯本应死于重罪之人的十字架上,并应得永远的耻辱,而非永恒的不朽。

挑战者们指出,更具有教育意义的,是你们竟把这样的罗马"英雄"说成科提乌斯、法布里基乌斯和西塞罗。他们受到颂扬是因为他们为国家牺牲了自身的利益甚至生命。但是,这是什么样的一个国家!难道罗马不是成了帝国主义、不义和非人的残酷典型吗?有人很可能会想到,在问题七中,洛克恰恰谈到了罗马人,

> 他们已经被树成全世界的德性楷模,(但是),如果不是从他们借之以蹂躏和糟蹋全世界的抢夺和劫掠中,他们又是如何为自己取得声誉、胜利、荣耀和对他们自己声名的不朽纪念的?罗马人以如许之多的赞辞如此歌颂的那种伟大"德性",还能是别的什么?除了暴力和罪恶之外,我要问,它还能是别的什么?!……"偷盗私财的窃贼,"老加图说,"在囹圄中度过余生;而窃国的公贼,却享金玉贵胄之位。"(对开本,页71-72)

为让自己的富裕,罗马用鲜血浸透了大地。凭着肆意征略,罗马奴役了所有那些无所逃其铁蹄践踏的民族。罗马俘获掳掠外邦的人民和国家,以天下奉一己私利,而它扩充加增的许多东西,不是破坏湮灭,就是衰敝废弃了。帝制罗马的历史,挑战者们本来完全可以采用洛克的描述风格,因为在《教育片论》(*Some Thoughts Concerning Education*)中,洛克曾以其特有的风格说:

> 赠予征服者(其中多数无非是人类的大刽子手而已)的荣誉和名望,就更加误导正在成长中的年轻人,他们因此而视屠

杀为人类最高贵的职业和最英勇可贵的德性。经过这些步骤，非人性的残酷习气便根植于我们心中。人性所憎恶的事物，习俗却视之为通往荣誉的途径，以此让我们顺从它、认同它。这样，经时尚和舆论的渲染，它还成为一种快乐，实则它自身既不是一种快乐，也不可能成为某种快乐。（第116节）

更具体地说，按照反对者们的看法，罗马这个国家似乎既没有建立在正当的自然法原则基础之上，也不受正当的自然法原则之统治。这样，罗马的政治家和公民就成了谬误意见的受害者，他们的行为因此就受了无望的、危险的误导。这里所举的罗马"英雄"之中，反对者明确把科提乌斯称为"非常愚蠢"。然而，尽管愚蠢，科提乌斯仍然相信，只要自己投身地震震开的裂渊之中，他就能够征服自然。这种显系"徒然"的行动，由于以幻想的和毫无根据的宗教意见为基础，因而与印度那些殉夫寡妇的行动一样不可理喻。至于勇敢的法布里基乌斯，尽管他欣喜地为了"卑劣和污秽的堕落"而牺牲了一己利益，但却甚为愚蠢。这就让我们想到了伟大的西塞罗。在处于权力和成功的巅峰时，西塞罗不顾一切抛弃了对私人生活的酬报，徒然地努力提升已经腐败不堪的罗马的公共生活。在这种毫无意义的努力中，西塞罗丧失了一切，在这一过程中，他自己也受玷污腐化，因为他亲自参与了法外处决喀提林同谋者，因而既违背了国家的法制典章，也违背了自然法。

在问题十一列举的四位罗马"英雄"的例子中，只有喀提林受了赞扬。为什么？难道不是因为只有喀提林才"最好地遵循了自然的规诫，爱自己的（利益）胜过爱世界之都，只要自己有所收获，不惜策使敌人推倒罗马自身的城垣"（对开本，页111）？喀提林显然根据一位反对者先前提出的观点而行动，因为这位反对者主张，"自爱和每个人借之以珍爱自身的那种本能"，才是人类行动的正确原则，而某些现代自然权利的教师，把这一原则概括如下：

> 如果存在一种自然法，且这种自然法在所有人看来似乎都最为神圣，而全人类都因某种自然本能和人类自身的利益而不得不服从这种自然法，那么，这必定就是自我保存的自然法，出于这个原因，有些人承认这是首要的和根本的自然法。（对开本，页74-75）

随着对喀提林的赞扬，反对者们结束了问题十一的这场小争论，而我们必须对这场争论的某些方面稍作评注，以便结束我们自己的注释。与对西塞罗和其他罗马"英雄"的完全批评相比，对喀提林的无条件赞扬，令人非常好奇。这种赞扬完全言过其实。如果情形如此——而我相信的确如此——那么，在紧接我们上面最后引用的有关自利和自我保存的那句话之后的句子中，我们可以找到对洛克这种夸张修辞的某种解释。在这句话中，洛克发现

> 这是来自日常生活行为的习俗和意见（意见并非天赋内在的，而是另有某种外在的根源）的力量，这种力量甚至让人们与其自身对抗，让人们暴烈地自戕，让他们像别人急欲逃避死亡那样殷切渴望死亡。（对开本，页75；洛克从手稿B中删掉了括号中用来强调的话）

总之，不正确的误导意见令人们看不到自己的真正利益，令他们效仿问题十一中的罗马"英雄"自我毁灭。直到且除非破除误导的习俗和意见树起的障碍，人类才会且才能发现自己的真正利益，不过，这一点不可能那么容易做到。已经牢固确立的久负盛名的意见，也就是说，传统的基督教自然法理论，可被比作一个坚固的堡垒，仅凭公正冷静的理性，不可能攻陷这个堡垒。若要攻破这样一

个固若金汤的堡垒，敌视这种意见的人必须还要利用修辞，因为修辞具有颇为强大同时又极为隐蔽的穿透性冲击力。

随着这些观察，我们必须结束对那个可敬传统的激进反对者与其维护者之间分歧的分析了。他们之间的论争，或许最终也无法解决，因为这种论争以对人性、对神、对真知之源的殊异理解为前提。问题十一中几乎展现为一个整体的"反对者们"，选择了一种迥然相异又不连贯的立场，而我自己一直想从手稿通篇来辨识这一种不同立场的原理。无论就其特征还是就其起源来说，这一"奇怪"或新颖的自然权利理论，实在极易被确认为——并被谴责为——在本质上是"霍布斯主义的"，我已经努力抑制自己不要坚持认为洛克是这种理论的支持者、拥护者。这种主张完全与洛克的意图背道而驰，并且确实不具有洛克的特征。

我们在结论中能够恰当言说的只能是，当洛克完成自己的《自然法问题》手稿时，他写道："这就是约翰·洛克的思考，1664。"关于这些《自然法问题》，洛克的确切想法究竟是什么，必须要由每个人和每个读者自己来确定。如果我们想要履行一位挚友的责任，则我们就必须于此止其所当止了。

《自然法问题》中洛克道德观的内在一致

齐奈施（Samuel Zinaich, Jr.）撰
赵雪纲　译

洛克在《自然法问题》中表达的道德观是否如其表面一般前后一贯？①拙文将对此作出肯定回答，也就是说，我要为洛克书中表达的道德观的内在一致辩护。

洛克关于自然法的最初思考记录于十篇不同的散论（essays）当中，这些散论被称为《论自然法》②或者《自然法问题》。洛克这部著作直到1954年才由莱登（W. Von. Leyden）首次出版。为了达到本文的论述目的，我采用霍维茨（Robert Horwitz）和克雷夫妇（Clay and Clay）所编名为《自然法问题》的版本。虽然没有学者对

---

① 洛克,《自然法问题》（*Questions Concerning the Law of Nature*），Robert Horwitz、Jenny Strauss Clay 和 Diskin Clay 编，Diskin Clay 英译，Ithaca：Cornell University Press, 1990。

② 洛克,《论自然法》（*Essays on the Law of Nature*），W. von Leyden 编译，Oxford：Clarendon Press, 1958。

其中的任何一个版本进行深入研究，审查其文本正误，但却有一个值得注意的例外。斯图亚特（M. A. Stewart）已经讨论过霍维茨等人的编译版本的种种局限。① 许多学者都认为，洛克在这部作品中支持自然法的道德观。② 另有一些人则不这样认为。持后一观点的两位典型人物是晚近的霍维茨和朱克特（Michael Zuckert）。③

霍维茨对《自然法问题》作过详尽的疏证，我就要从思考他所表达的观点开始我的研究。霍维茨指出，洛克在这部著作中数度表达了自相矛盾的观点；但是，正如霍维茨的解释，洛克在故意自相矛盾。其原因在于，洛克运用的写作方式反映了他的企图，即他并

---

① M. A. Stewart，《批评性评论》（Critical Notice），载于 The Locke Newsletter 23（1992）：页145 - 165。

② 持这种看法的部分学者包括：W. Von Leyden，《洛克与自然法》（John Locke and the Natural Law），载于 Philosophy 31, no. 116（1956），页23 - 35；《洛克〈论自然法〉引言》（Introduction to John Locke: Essays on the Law of Nature），前揭。John W. Lenz，《论洛克的〈论自然法〉》（Discussion: Locke's Essays on the Law of Nature），载于 Philosophy and Phenomenological Research 27, no. 1（1956），页105 - 113。John Yolton，《洛克论自然法》（Locke on the Law of Nature），载于 The Philosophical Review 67, no. 4（1958），页477 - 498。James Hancey，《洛克与自然法》（John Locke and the Law of Nature），载于 Political Theory 4, no. 4（1976），页439 - 454。John Colman，《洛克的道德哲学》（John Locke's Moral Philosophy），Edinburgh: Edinburgh University Press, 1983。另参拙作《洛克的道德革命：从自然法到道德相对主义》（Locke's Moral Revolution: From Natural Law to Moral Relativism），载于 The Locke Newsletter 31（2000），页79 - 114。

③ Robert Horwitz，《洛克的〈自然法问题〉疏证》（John Locke's Questions Concerning the Law of Nature: A Commentary），Michael Zuckert 编，Interpretation 19, no. 3（Spring 1992），页251 - 306（［译按］参本辑主题论文）。Michael P. Zuckert，《自然权利与新共和主义》（Natural Rights and the New Republicanism），Princeton, NJ: Princeton University Press, 1994（［译按］中译本参王崟兴译本，吉林：吉林出版集团，2008）。

不想阐述一种前后一致的自然法观念，而想阐述某种其他的东西。我认为霍维茨搞错了，因为他未能理解这些所谓的矛盾的具体语境。

然后，我会反思朱克特的观点。朱克特的主张与霍维茨基本相同；不过和霍维茨不同，朱克特的论证尤为详尽，也更具说服力。①比如，霍维茨只向我们举了一个例子以说明这部著作中的矛盾，但朱克特却举了若干例子。但在任何一种情形中，我都认为朱克特同样也犯了错误。我既不赞成霍维茨的评论，也反对朱克特的看法，而我自己的所有评论，都以审慎细读朱克特认为前述矛盾所在的文本为基础。

一

霍维茨写道："《自然法问题》中明显的重大矛盾比比皆是。"（《洛克的〈自然法问题〉疏证》，前揭，页252）尤其是，霍维茨还主张，洛克在"问题一"中赞成自然法的存在，但洛克后来在每一个论证中又都否定了这个前提。霍维茨解释说，洛克是有意为之，而这正是洛克的写作方式：

> 一开始他有力地提出一种立场，并由此给予它一个权威性的形式，但是，之后他就会逐渐对之提出疑问，甚或断然反驳或否认这种立场。由于这一原因，明智的读者就应把《自然法问题》中的每一个断言都看作是假定性的，而非洛克宣告的成熟理论。（页253）

---

① 这不应视为对霍维茨哲学能力的批评。据我所知，霍维茨在未完成自己的评论之前已去世。他的友人在其身后为了纪念他而出版了这部著作。见霍维茨版关于《自然法问题》论文的编者注，《洛克的〈自然法问题〉疏证》，前揭，页251。

然而，霍维茨评论依据的文本，只有一个例子反映了这种情况，就是根据这个例子，他认为洛克否定了论证自然法存在的若干前提之一，即否定了洛克的第二个论据。我将简要描述"问题一"中看到的第二个论据，然后再评判霍维茨的异议。

洛克主张说，自然法之所以存在，是因为只有坚持这一点才最能解释人的良心的存在。洛克认为，当做出某种道德的行为时，每个人都向他自己宣告了一种判断。例如，洛克引证朱文纳尔（Juvenal）《讽喻录》（Satires, XIII 2-3）解释说："任何有罪的人都不能逃脱他自己的审判。"① 换言之，在洛克看来，无论是谁，即使他可以逃掉法律共同体或道德共同体的谴责，也不能逃脱自己良心的审判。

这个所谓的矛盾出现在"问题七"（对开本，页62-81）和"问题十"（对开本，页91-104）中。霍维茨简要解释说：

> 比如说，他这里表达的意见与他自己先前的看法有着直接矛盾，因为先前他曾坚持认为，良心的运作确证了自然法的存在。在《自然法问题》开篇不久，洛克曾经断言说，"人们的良心"证明了自然法的存在……也就是说，"任何有罪的人都不能免于良心的谴责"，这一事实证明了自然法的存在。（《洛克的〈自然法问题〉疏证》，前揭，页283）

为了确定这是否是一个矛盾，我想比较"问题七"和"问题十"中的那些段落——据说这些段落与洛克在"问题一"的良心观相互矛盾。

霍维茨主张说，洛克在"问题七"中所持观点与他早前观点矛

---

① 对开本，页17；引用洛克的《自然法问题》时，我注的是对开页码数，即原稿页码，莱登版和霍维茨版都标了对开页码。［译注］朱文纳尔，生活于公元一、二世纪之间的古罗马讽喻诗人。

盾，他早前认为，即便不存在任何世俗权威或宗教权威，人们也会进行自我审判。霍维茨认为（同上，页283），比如说，在"问题七"中，洛克否定了这一看法，因为，正如洛克在下述引文中所言，良心在洛克那里不是主流意见的反映：

> 因为，当受主流意见引导的人们依据其种族习俗而采取这种或那种行为时，尽管其他人可能认为，也有理由认为，这些行为是邪恶的、不虔敬的，他们也不会认为自己违犯了自然法，反而认为是在遵守；并且，他们丝毫也不会感受到良心上的谴责和痛苦，不会有内在的精神折磨——这种折磨常会惩罚、拷问有罪的人，因为他们相信，不管他们自己的行为是什么，都不仅合法而且值得赞美。（对开本，页17）

但是，这就是洛克的意思吗？我认为，这种解释并不正确。为了说明为什么我认为它是错误的，我得首先详细阐述这一段所处的语境。在这里，洛克一直反对把共识作为了解自然法的手段。他区分了两种共识，积极共识（positive consensus）和自然共识（natural consensus）。积极共识是一种产生于默示契约（compact）或明示契约的一致同意（agreement）（对开本，页63）。洛克认为，"这两种一致同意当中的任何一种，都完全不能证明一种法的存在，因为它们都完全依赖于一个契约，而非源于任何一种自然原则"（同上）。自然共识是"一种一致同意，这种一致同意，人们完全不受任何契约的介入而凭自然本能便可达成"（对开本，页65）。洛克推论说，如果这一规则正确的话，那么凭借某种自然本能——这种本能或在于行为或行动的一致性之中，或在于意见的共识之中，或在于原则的共识之中，就会产生自然法知识了。洛克全部否定了这三种自然本能。

上引段落出现在这一论证的第二部分，根据存在于意见共识中的自然本能进行讨论。尤其是，洛克正在讨论的是，为何人们没有关于正确行为的任何意见共识。他首先论证说，只要有人去查阅世界历史，就能看到不存在这样的共识。实际上，就像洛克所言：

> 任何人都不会怀疑是（德性）构成了自然法本身，但要是我们逐一考察种种德性和邪恶，很明显的情况是：人们对任何一种德性都会形成不同意见，而这些意见又由公共权威和习俗来支撑。（对开本，页 69）

其次，他还主张，"设若人类的共识被认为是道德规则，那意味着，自然法要么根本就不存在，要么因地而异"（对开本，页 69，70）。然而，洛克又说，这是"任何人都不会承认"（对开本，页 70）的事情，因为，每一种文化都认为，也即每一种持某种自然法观念的文化都认为，自己按照自然法而行动。每一种文化中的人，都由于两个理由而相信这是正确的，而理解这两个理由，是理解霍维茨的解释为什么错误的关键。第一，他们都相信自己的行为是正确的，因为"他们受主流意见引导而按照其种族习俗采取了这种或那种行为，尽管其他人可能并且也有理由认为，这些行为既邪恶又不虔敬"（同上）。也就是说，虽然他们认为自己遵循自然法而行事，但他们是受自身所处文化的主流意见的错误观点的引导。第二，他们相信自己的行为是正确的，是因为"他们丝毫不会感受到良心上的谴责和痛苦，也不会感受到常会惩罚和拷问有罪之人的内在精神折磨"（同上）。这就是说，每一个人都相信他的自然法观是正确的，因为每一个人都能够为他的自然法观提供证据。这个人做到这一点，是通过诉诸自己的心理经验，当实施自己的文化所赞同的行为时，他完全没有犯罪感。

在阐明我自己对这段话的不同解释之后，我看不到此处有任何内容与早前的观点矛盾，因为洛克此前认为，在没有任何一种世俗权威或宗教权威时，人们就会进行自我审判。例如，这种主张说，甚至当没有任何主流的宗教意见或世俗意见适在其位时，人们也会自我审判。这一主张并不意味着人们按照某些自然法来自我审判，而只是意味着人们会自我审判。"问题七"中的这一段话表达的是，个体常常认为他们的所作所为得到了自己良心的确认，他们诉诸这一事实来为其自然法观辩护。实际上，正如洛克所阐明的，甚至当他们的自然法观错误时，他们也这么做。于是，这一主张就没有否定洛克早前的主张，反而是一种确证，因为良心在做它自己应该做的事情，即赞扬或谴责。

另一段话出现在"问题十"中，其文字颇难理解：

> 人对于自然法、对于自己的义务的基础，具有多样繁复的意见，或许只有对于这一点，一切有死之人才持有相同的意见；即使他们缄默不语，他们方向各异的行为也会足以表明这条真理。不仅到处都可以发现一些人，不仅可以发现一些个人，而且甚至可以发现有些民族的所有人，都没有任何法制观念，也没有任何行为公正可言；还有其他一些民族，而且这样的民族还不在少数，他们根本就没有任何关于错误的良心观念，罔顾一些最起码的自然法律令；对这些人来说，犯下那些在思想正当和依自然生活之人看来是完全不可忍受的罪行，不仅符合习俗，甚至还值得称许。因而，偷窃在某些民族中是许可的，也是受到赞扬的，而强盗的贪婪双手，**不受任何良心束缚的制约**，以实行暴力和犯罪。在其他一些民族中，淫荡根本就不算耻辱；在某个地方，根本就没有供奉众神的神殿或祭坛，而在另一些地方，神灵则以人血献祭。（对开本，页91；强调为我所加）

霍维茨在此表明，由于洛克指出，有些人没有任何关于错误的良心观念而做坏事，并且不受任何良心束缚的限制，因此洛克自相矛盾。在霍维茨看来，这段话就表明，良心只不过是主流意见的反映（《洛克的〈自然法问题〉疏证》，前揭，页283）。

上文引用的这段话，有一点点证据可以表明与洛克早前的观点矛盾吗？我认为完全没有，理由有二。第一，不管洛克在这段话中的意思究竟是什么，他都明确表示，从这些因素来说，"似乎必须得出结论说，要么根本就不存在任何自然法，要么有些人不受这种法的约束，因此，自然法义务就不是普遍的"（对开本，页93）。这段话表明，上述引文根本不是洛克自己的看法，而只是他正在思考的一种反对意见。不幸的是，洛克从未彻底地集中处理这些反对意见，他只是以短兵相接的方式直率地断言说，不管谁说什么，都没有任何人超越于自然法之上；每个人都负有根据自己与他人的关系而来的其他一些义务：

> 针对这些并非结论性的反对意见，我们断言说，自然法义务是永恒的和普遍的。我们已经确立了这种法律的义务；现在我们必须继续讨论这种义务的内容了。（对开本，页93）

第二，我们不妨假定，这段有争论的话是洛克的观点。洛克到底说了任何与自己早前观点相矛盾的东西吗？没有。因为洛克从未明确表达说，如果缺乏任何一种世俗权威或宗教教义，人们就不会自我审判。实际上，他在这一段话中所说的恰恰与他"问题七"中所言如出一辙：根据主流意见，他们的良心赞许那些常常正好是其他人极为厌憎的罪行。因此，不管某人的良心赞同什么还是谴责什么，他的良心都仍然在做它应该做的事情。

洛克所谓自相矛盾的地方，显然还有其他一些文本。朱克特在他那部卓越著作中，指出了大量实例（《自然权利与新共和主义》，前揭，页118-215）。我现在要转而思考朱克特的观点。

二

为了证明《自然法问题》中为何没有一种前后一致的自然法观,朱克特顺着两条不同的思路进行论证。首先,他试图证明,洛克关于证明自然法存在的前三种论证,与洛克对一条命令如何成为一种法所下的定义矛盾。(在《自然法问题》的"问题一"中,洛克对这两个主题都做了讨论。)其次,朱克特认为,在洛克证明自然法存在的每一个论证中,他都否定了一个前提。矛盾就出现在"问题一"之后讨论其他那些问题的文本当中。

为了说明朱克特的第一条论证思路,我将首先讨论洛克对法的看法。之后我要重构洛克对自然法存在所作的论证,而后我要再探讨朱克特认为互相矛盾的这两种讨论的机理何在。

为使我们相信自然法实际上是一种法,洛克列举了(但没有论证)他认为命令成为法的条件(对开本,页11、12)。命令要成为法,该命令就要满足四个条件:(1)它是更高意志的宣告(后来,在对开本页86,洛克称第一个条件为法有效或生效的原因);(2)该命令规定了应做什么和不能做什么;(3)该命令对人们有约束力,也就是说,存在规定我们应为和勿为的法的条款(还是在对开本页86,洛克称这第三个条件描述具有最终的约束力);(4)该命令得到充分公布。洛克清楚地说,自然法满足使命令成为法律的这四个条件:

> 从这些因素很容易就能看到,法之为法的所有必要条件都能在这种(自然法)中找到,因为第一,它是更高意志的宣告,而在这种宣告中,法的形式定义似乎存在其中。第二,(它具有)法的特性:规定了应做什么和不能做什么。第三,它对人

们具有约束力,因为它本身包含了义务的所有必要条件;(并且),尽管实际上它未以实定法的形式公布,但却足以为人们所知……因为人们单凭理性之光就可以了解它。(对开本,页12)

在这一讨论之后,洛克立即写道:"一旦以这种方式确定了这些因素,那么随后的论证就能使人相信这种法的存在。"(对开本,页13)洛克列举了支持自然法存在的五种不同论证。在本文第一部分我已经再现了第二种论证。现在我将再现第一种和第三种论证。

在第一种论证中,洛克之所以主张自然法存在,是因为"存在某种任何地方都公认的法"(对开本,页13)。洛克按两种不同路径从亚里士多德那里得出了这一前提。首先,洛克从亚里士多德关于人的活动的著名论证中导出这一前提。例如,亚里士多德认为,人的活动,要么是生活,也就是"营养和成长意义上的生命",或者"感性知觉意义上的生命",要么是"(灵魂中)具有理性(的那一部分)的实践生命"(《尼各马可伦理学》,1098a34 – 1098a4)。然而,正如亚里士多德的看法,人的活动既不是营养和成长意义上的生命,也不是感性知觉意义上的生命(同上)。因此,亚里士多德得出结论说,人的活动是"灵魂合乎理性的(由于它本身具有理性)或以理性为条件的(由于其遵循理性)实现活动"(1098a7 – 8)。洛克从亚里士多德的论证中直接推出了一个附加结论,"因此,人的行为就必须符合理性的命令"(对开本,页13)。洛克的意思显然是,如果人的行为必须合乎理性,那么,某种适用一切的法就必然存在。

其次,洛克又推进了源于亚里士多德的另一个论证。其要点如下。既然亚里士多德把法分为民法和自然法,既然亚里士多德主张"自然法就是在任何地方都具有同等约束力的法"(同上),因此,我们"就可以正确地推断,存在某种自然法,因为存在某种在任何地方都公认的法"(同上)。

后来,洛克思考了对第一种论证的两个反对意见。第一个反对意见认为,在任何地方都找不到自然法:

> 在这一点上,某些人反对自然法,宣称这样的法根本就不存在,因为在任何地方都找不到它,因为绝大多数人类的生活,好像根本没有任何指导生命的原则,也没有任何所有人都承认的法。(对开本,页15)

洛克认为,这种反对意见站不住脚,因为有可能存在一种关于行为的法,在任何地方都获得公认,只是不为许多人所承认而已。比如,这种法的具体规则可能会由于懒惰、恶习或心智缺陷而遭忽视。

第二个反对意见认为,甚至那些心智更加健全的人,关于自然法的命令到底是什么,也没有一致看法。洛克对此回应说:

> 即使这些心智更加健全的人本身对于自然法是什么、自然法的确定的和已知的命令是什么这些问题,意见并不完全一致,这也不一定完全意味着自然法根本不存在。(对开本,页17)

此外,洛克还主张,那些心智更加健全的人确实相信这些同样的自然法,只不过他们在如何解释这些自然法上意见不同(同上)。

申述了洛克的法律观及其对自然法存在的第一种论证之后,我现在转向朱克特的第一个反对意见。其要点可以简述如下:

> 第一种论证求助于对亚里士多德观点的综合,这一综合的内容是,"人的活动是合乎理性的实践活动",正是从这一观点出发,亚里士多德或洛克推论说,"人的行为必须符合理性的命令"(对开本,页13)。但是,洛克在前一页已经明确抛弃了作

为"理性的命令"的自然法观念,因此,洛克归于亚里士多德的"自然法",似乎不大可能与洛克表面接受的法相同。①

朱克特似乎是正确的,因为关于自己的自然法观念,洛克写道:

> 在我看来,某些人说它是理性的命令,这似乎不够精确;因为理性并未像它发现和审查一部由更高权力颁布并已被植入我们心中的法一样,去制定和颁布这种自然法。(对开本,页12)

回应朱克特反对意见的一条进路,就是指出对开本页12和13中在使用"理性的命令"(dictate of reason)一语时的含混意义。例如,正如《自然法问题》的编者在第101页注释9(另参朱克特,《自然权利与新共和主义》,前揭,页190)所言,洛克说的是格劳秀斯的自然法观念:

> 正确的理性指明(indicates)的是,一种行为由于符合或不符合我们的理性本性,从而在道德上是卑鄙的还是必要的,因此,正确的理性还指明了,这种行为是自然的创造者上帝所禁止的还是所命令的,而自然法,就是这种正确理性的命令。

然而,我们还不完全清楚,洛克在对开本页13中是否说的是同一种自然法,因为在这一页里,洛克对"由理性所命令"(dictate of reason)短语的使用,似乎与亚里士多德的"合乎理性"(according to reason)意思相同。如果这种说法正确,那么洛克在对开页13中就一定是在说,在理性已经发现符合人的活动的内容之后,人必须[运用理性]指导自己的行为,因为理性以其权威向欲望规定了什么

---

① 《自然权利与新共和主义》,前揭,页193。[译注]中译参页260,译文有改动。

是正确的行为。后一种解释符合洛克的自然法观，因为这种自然法作为一种法，与理性本性或人的活动和谐一致。

朱克特还批评了洛克的第二种论证——本文第一部分已重述过这一论证。他指出，这一论证中暗含的法，达不到洛克自然法定义的标准。之所以如此，是因为它达不到这个要求，即这种法可以凭借自然之光而被了解，因为"自然之光"这一表达似乎就是指理性，而理性则被理解为思维能力，理性就是凭借这种思维能力来表达、推演论证（《自然权利与新共和主义》，前揭，页194）。

然而，这一论证与洛克的自然法定义，丝毫没有矛盾。原因在于，洛克并非是用人的良心的存在作为了解自然法的手段。相反，洛克认为，由于所有人都有某种良心，因此就可以凭这一事实给出许多不同的解释。对良心的使用，并不意味着所有人都以同样的方式审判自己的行为。它只是意味着，他们审判自己。洛克推论说，自然法的存在不仅是这些解释中的一种，而且是最好的一种。这样描述洛克的论证，我们就能够说，第二个论证中的自然法与洛克自然法定义所描述的自然法，就完全相同。

洛克的第三个论证是目的论论证：自然法之所以存在，是因为对人来说存在一种正确的活动（proper function），也就是说，存在一种通向人的幸福或繁荣的活动。为了证明自己的论证，洛克提出了下述观点。洛克论证说，（除了人之外），一切事物都遵循一种符合其自身本性的固定法则（fixed law）。在为动物设计的法则（laws）中，"每一种［动物］都不会稍稍偏离为它设定的法则"（对开本，页18）。洛克这里考虑的是一切种类都禀有的本质（essence），这种本质决定了一类事物之所是，并决定这一类事物应该如何活动。如果用因果关系术语来描述这个本质，那就是种种因果律的一个子集（比如，因果律包括了万有引力定律），而这些因果律适用于非常具体的事物。除了别的要求，这种本质还要求这一种类的每一个体都保存自身的生命，与本种类的其他个体结合以繁衍后代，还要求它保护自己的后代。这一本质作为一种法则而发挥作用，因为动物确实没有做出不同行为的能力。

然而，尽管人并非没有与动物共有的法则，但也确实有另外一些法则，只要求人去服从，而不要求非人类的动物遵守。在洛克看来，之所以有如此差异，是因为人也"有一种适合其本性的被规定的（prescribed）行为模式"（对开本，页18）。洛克这一观点的理据建立在如下事实的基础之上：人还具有某种决定人之为人、决定人的活动的本质。这种本质之中还产生了人应遵循的法则。然而，洛克指出，尽管动物必须遵守这些固定的法则，但根据人这一种类而产生，并适于人的本性的法则，却不是固定的。相反，这些法则规定了一种特定的或独有的生活方式。

为了理解这种差异的意义，就特别需要对比"规定"（prescribed）和"固定"（fixed）这两个术语。"固定"这一术语本身带有确定性的观念，而"规定"则具有一种相当不同的观念。"规定"意味着一套法律或规则，对某类生活进行命令、劝告或给出建议。这意味着，人应该适应这样的方式，也就是说，如果他遵守这些规则的规定，那么这种遵循就将通向人的幸福。

朱克特还再次论评说："洛克的第三个论证未能体现其自然法定义的最后条款。"（《自然权利与新共和主义》，前揭，页194）尽管我不清楚朱克特所说的这个"最后条款"是什么意思，但是基本思路却可以以这种方式来总结。洛克的法的定义（以及自然法定义）与第三个论证并不一致，因为，尽管他的定义强调了自然法的规定性（prescriptive）品质，但第三个论证却用固定性的（fixed）或决定性的（deterministic）术语描述自然法。于是，在朱克特看来，结果如下：

> 洛克引证希波克拉底来支持这样一种法律观："每种事物，

无论大小，都履行天命为它们规定的任务。"（对开本，页18）然而，他的自然法定义却指一种非常不同的法，因为洛克考虑的法，是"命令或禁止某种行为"的法（对开本，页11）。洛克的自然法是规定性的，而非确定性的。（同上，页194）

朱克特的论证，似乎揭示了洛克作品的一致性中存在的重要难题。然而，我们还有一个既忠于文本又纾解一致性难题的办法，用以理解洛克的言说。我们看看这种基本的方法。在第三个论证中，洛克对比了两种不同的自然法。

第一种自然法仅适用于非人类的动物。关于这种自然法，洛克写道："（除了人之外），每一种事物都遵循一种固定的活动法则，遵循一种适合其自身本性的标准。"（对开本，页18）然而，正像洛克通过引证阿奎那和希波克拉底所指出的，这些法则在性质上主要是固定性的和确定性的："每种事物，无论大小，都履行天命为它们规定的任务，并且每一个事物都不会稍稍偏离天命为其规定的法。"（同上）但是，很关键的一点是，洛克随后立即指明一种仅仅适用于人类的不同的自然法："既然情形如此，因此，似乎并不是只有人类不受法则支配，而所有其他事物都受法则约束，相反，人有一种适于其本性的被规定的行为模式。"（对开页18）这第二种自然法，实际上就是他在法的定义中讨论的同一种自然法，也是他在"问题一"中试图用五个论证来证明的同一种自然法。因此，朱克特并不能确保第三个论证中的自然法观念与洛克的定义矛盾。①

我现在转向朱克特的第二条论证思路。朱克特认为，在每一个用以证明自然法存在的论证中，洛克都否定了一个前提。"问题一"

---

① 关于最后两个论证，朱克特写道："如果勾勒得比较清晰，这两个论证可能确实与洛克的定义一致，尽管它们既没有暗示这个定义，这个定义也没有暗示这两个论证。"（《自然权利与新共和主义》，前揭，页194）

之后阐述其他问题的文本中，都可以发现所说的种种矛盾。

朱克特主张，洛克否定了自己为自然法存在所作的第一个论证的前提。因此，洛克的基本方法可以转述如下。在朱克特看来，洛克之所以主张自然法存在，是因为"有一些全人类都承认的行为原则，而且所有地方的人都一致信奉"（对开本，页13）。正如朱克特正确指出的，洛克后来主张："关于正确的行为，人们不存在任何普遍的共识。"（对开本，页68）既然这两种说法明显互相冲突，那么朱克特对第一个论证的评价似乎就是正确的。

然而，朱克特对第一个论证的处理犯了两点错误。首先，洛克并未主张说，自然法之所以存在，是因为"有一些全人类都承认的行为原则，而且所有地方的人都一致信奉"。相反，如我在上文所作的澄清，洛克认为，自然法之所以存在，是因为"存在某种任何地方都公认的法"（对开本，页13）。不幸的是，此处似乎有一个难题。朱克特以一种方法描述了洛克的第一个论证，而我则以完全不同的说法描述。这一难题如何能够最终解决呢？该难题似乎要以两种不同的解释为基础。通过说明朱克特方法错误的第二个成因，我或许能够解决这一难题。

总结说来，朱克特的关键错误如下：他引用了洛克手稿B中的一个段落（对开本，页13，第18-19行），而这是洛克自己删除的一大部分文本中的一部分。① 《自然法问题》的编辑者简单讨论过删掉的这部分内容。虽然他们把这一段保留在正文之中，但还是认真指出了这一段是被删掉的。② 莱登也指出这几页被删掉了。但是，他没有把这些页码随正文一起付印，莱登把它们重印到

---

① 对开本，页13，第18行——对开本，页15，第15行。
② 参见洛克，《自然法问题》，前揭，页105注释15。

了他自己的翻译之后。① 当然，洛克为何要删除早前的这一段，原因似乎显而易见。他深深知道这两段不可能结合在一起。最终，被删掉的这些内容可能表明，洛克在撰写《自然法问题》的过程中思想在不断进步。

朱克特接过了洛克的第二个论证。这也是霍维茨讨论的同一个难题。既然我已经仔细思考了这一难题且没有找到任何矛盾之处，既然朱克特并未为这一讨论增添任何新的内容，因此，我要继续思考朱克特对洛克第三个论证所提的问题，并把读者的注意力引向本文的第一部分。

朱克特对第三个论证的讨论和攻击非常复杂，其基本要点如下：洛克因第三个论证的思想根源而让他持有的立场，他后来在对开本页61中又否定了：

> 至于洛克的第三个论证，即他的托马斯主义的论证，指向（points to）托马斯主义的自然法理论，它表明自然倾向（natural inclinations）是获知或能够获知自然法的通途。(《自然权利与新共和主义》，前揭，页201)

在下一行朱克特又写道："根据'问题六'，自然法'不能通过人的自然倾向而获知'（对开本，页61）。"（同上）

我们立即就可以注意到下述几点。我们先看第一点。在朱克特看来，洛克的第三个论证从逻辑上就包含了，或者从逻辑上说就让他持有了他自己后来否定的观点。我认为朱克特使用"指向"（point to）这个说法表达了这个意思。尽管在这一点上我可能是错的，但我们可以推测，这一说法或许至少有三层意思。第一，这个短语可能只是意味着，洛克的第三个论证提醒我们想起了另一种观

---

① 参见莱登为他自己所译洛克《论自然法》所作注释B，前揭，页282。

点,但二者在逻辑并无关联;第二,朱克特的意思可能是,洛克的第三个论证从逻辑上说就包含了另一种观点;第三,甚至可以说,他的论证必然从逻辑上产生另一种观点。朱克特不可能是第一层意思,因为他想要论证说,洛克毫不惋惜地离开了第三种论证。朱克特不可能坚持这一点,因为至少从最低限度来说,洛克的第三个论证所"指向"的观点,从逻辑上说与第三个论证(洛克后来否定的一个主张)有关,并且,借助一个有效的方法[否定后件推理],我们可以推断,洛克意在否定第三个论证本身。他甚至可能是意指某种更有力的东西,即这一论证必然逻辑地产生随后这种观点。然而,朱克特并非必须要坚持这样的坚定立场。他只需要坚持一种基本的逻辑联系即可。也就是说,洛克在对开本页 18 的论证,从逻辑上说让他持有了另一种观念,即人的自然倾向构成了自然法知识的认识论基础。然而,在对开本页 61,洛克又明确否定了自然倾向可能发挥的认识论作用。

第二点是,朱克特把洛克第三个论证的根源归于阿奎那。正是在阿奎那这里,朱克特提出了对自然倾向至关重要的讨论。在自然法著述中,自然倾向具有三种作用。简而言之,第一个作用讲的是自然倾向如何使得性情意向(disposition)按照某些可能的方式来行动。例如,按照这种说法,一位心智健全的女子在她自己身上除了发现其他事物之外,还可以找到组织社会、进入社会、了解上帝、繁衍族类、保存自身及其后代的意向或倾向(propensity)。而具有这些意向的结果就是,它们成为道德责任的基础,因为,如果没有追求这些目的的意愿,我们不可能说一个人的行为是自愿的。

第二个作用达成的结果是,自然意向与自然法的具体命令一致。例如,我们在阿奎那那里读到:"人内有根据理性本性的向善的倾向,只有人才能够,例如,认识关于上帝的真理,认识在社会之中生活的真理；就此而言，凡与这一倾向有关的，都属于自然法。"①

最后，在洛克的文本里（in this literature），当然，还有阿奎那那里，自然倾向有时会成为自然法知识的认识论基础，或如朱克特所言：会成为"托马斯主义的自然法借以向人类颁布的方式"（《自然权利与新共和主义》，前揭，页201）。例如，在阿奎那那里，我们看到了朱克特谈到的作用：

> 然而，既然善具有一种目的的性质，恶具有一种相反的性质，那么，人对其具有自然倾向的所有事物，自然（naturally）就被理性理解为善的，因此而作为追求的对象，而其相反的事物，自然就被理性理解为恶的，并因此而成为躲避的对象。（阿奎那，《神学大全》，I-II，第94题第2条）

我认为阿奎那是在主张，任何心智健全的人本身都不仅有能力认识自己的自然倾向，有能力认识每个人都有理由去追求的目的，还有能力凭借理性知道他的自然倾向的目的是善的，因此，他还应当追求这些目的。

现在，我可以评价朱克特对洛克第三个论证的攻击了。这里有两个问题。第一，朱克特的攻击不是攻击洛克这个论证的前提。相反，他攻击了他自己认为是洛克第三个论证的隐含的前提。正如前文所言，第三个论证的前提是，人有一种正确的活动，即有一种通向人的幸福或繁荣的活动。只要查考一下《自然法问题》的文本，就能明白我所说的是否正确。最终结果是，朱克特的攻击似乎并未

---

① 阿奎那，《神学大全》（Summa Theologica），I-II，第94题第2条，收录于《圣托马斯·阿奎那基本著作选》（The Basic Writings of Saint Thomas Aquinas），两卷本，Anton C. Pegis 编，Indianapolis：Hackett Publishing Company，1997。

击中靶子。

尽管如此，让我们还是暂时略过这一问题。相反，让我们仍然假定朱克特已经发现了《自然法问题》文本中的两个互相矛盾的说法。这种假定如果为真的话，可以间接支持朱克特的论证思路。然而，只有当洛克的第三个论证包含了（再说一次，这就是我认为朱克特使用"指向"这一说法在最低程度上表达的意思）自然倾向是自然法知识的认识论基础这一点时，朱克特的推测才正确。

现在我们要考虑的问题是，我们是否有任何理由应当接受朱克特的解释。只有当这两个论证中的一个为真时，答案才是肯定的。要么必须有文本证据支持朱克特的解释，要么就得证明洛克是想让我们知道，在这一讨论中，形而上学主题和认识论主题（这两个主题通常是分离的）都被或都可以被驳倒。第一个理由显而易见；但第二个理由可能并不那么清楚。简言之，这个基础性的思路似乎部分以如下观点为基础：洛克的第三个论证本身不仅包含了支持其对自然法存在的形而上学保证的要素，而且这同一些要素也可以用来得出某些认识论的结论。

这两个理由都错了。第一个理由错误的原因是，在对开本页18的文本中，没有任何证据表明，洛克承认自然倾向是自然法知识的认识论基础。实际上，第三个论证根本没有讨论自然倾向。此外，或许更重要的是，我们还可以认为，这种讨论是不切题的，因为，正如上文探讨过的，洛克第三个论证的焦点集中于阐明他自己的前提，即存在一种人类应当去做的正确的活动。另外，即使洛克参考了阿奎那，我们根本也不清楚，他究竟是否是想让我们知道，他的认识论根源与阿奎那的认识论方法是相同的。

第二个理由错误的原因是，洛克知道应该区分形而上学主题和认识论主题。这一看法的部分证据是以洛克组织《自然法问题》的方法为基础。"问题一"主要用来证明自然法为何存在。这种努力是一种形而上学工作,因为形而上学是用来解决什么存在和什么不存在的问题。"问题一"完成自己的工作之后,洛克进而开始思考一个不同但同样重要的问题。自然法是如何被了解的?这是一种认识论的讨论,因为认识论研究我们能知道什么和不能知道什么的问题。"问题二、四、五"和"问题七"包含了对这个问题的回答。①

这两种反对意见的结果如下:既然对开本页18没有任何文本证据表明,洛克以自然倾向作为自然法的认识论基础,既然洛克区分了形而上学主题和认识论主题,那么,这一页就不存在任何明确的表述——而且,这一页也推导不出任何明确的表述——与洛克在对开本页61关于自然倾向的评论矛盾。

我现在要评论朱克特对洛克的第四和第五个论证的反对意见。第四个论证主张,自然法之所以存在,是因为其存在是对社会存在能够延续的最佳解释。但是,这个主张究竟要说什么呢?显然要得出这一结论:看起来,洛克似乎是在论断自然法存在与社会存在之间的某种因果关系。因此,在某种意义上,自然法创造了社会。

或许用一个例证可以更清楚地阐明洛克之意。由于绝大多数正常人都具有与和自己相像的他人共同生活的意向,这毕竟是上帝植于正常人心中的一种意向,他们又凭这种意向而在一定程度上意识到了自然法的规定,因此,他们就为自己制定了法律,以确保他们自己的社会保持完好。例如,洛克提到了守约的行为。他解释说,约定似乎是人类社会的基础之一(对开本页18-19)。由于绝大多数人都认为信守承诺很重要,认为需要用道德和法律谴责惩戒那些拒绝守约的人,因此,许多社会都在这种基础上组织而成。洛克还

---

① 洛克的"问题三"没有任何具体内容:"我们凭借传统能够了解自然法吗?不能!"(对开本,页36)同样,"问题六"也没有任何具体内容:"从人的自然倾向能了解自然法吗?不能!"(对开本,页61)

说:"倘若取消这些(约定),人与人之间建立的一切共同体都会坍塌,正如倘若取消自然法,这些(基础)本身也都会坍塌一样。"(对开本,页19)

简而言之,朱克特攻击第四个论证的核心思路,是并置洛克在对开本页18-19的论证与洛克在"问题七"中对共识在认识论上的可行性之讨论(对开本,页62)。例如,在第四个论证中,洛克主张,自然法存在是因为其存在最好地解释了为何人类社会得以形成。朱克特还说:"这样理解的自然法,确认或假定了人类具有社会性。"(《自然权利与新共和主义》,前揭,页204)然而,在"问题七"中,洛克却认为,无论我们以积极术语(positive terms)还是以自然术语来思考共识,这两种同意根本不能证明自然法的存在。洛克使用"积极共识"这一说法,是想表示人们之间的这种共识产生于

> 默示或明示契约。默示契约是由人们的共同利益和便利所促成的,比如使节的自由通行,自由贸易等等;而像毗邻国家之间的边界确定,对购买和进口特定商品的禁令等等,则属明示契约。(对开本,页63)

洛克使用"自然共识"这一说法,指"人受自然本能引导,完全没有契约的介入而达成的同意"(对开本,页65)。积极共识不会发挥作用,因为它完全"建立在契约的基础之上,并且完全不是源于任何自然的原则"(对开本,页63)。自然共识不会发挥作用,要么是因为完全不存在关于行为或行动的共识、关于意见的共识,要么是因为国与国之间完全不存在关于原则的共识(参对开本,页65以下)。对朱克特来说,最终结果似乎是有希望的,因为,正如他所明言,洛克在对开本页63中认为,从人类的共识中寻求自然法是徒劳的,洛克这一看法同他所依赖的前提是矛盾的,这一前提即自然法是人类社会得以形成的最佳解释。

遗憾的是，朱克特的意旨仍不清楚。为什么这一点看起来像是一个矛盾？原因在于，朱克特指明洛克的第四个论证预设了人具有社会性。如果情况确实如此，那么，洛克似乎就是坚持他后来所否定的某种共识了。为什么会这样？这是因为洛克认为，由于自然法的存在，人类就有一种社会性。请注意这个关键要点。显然，正是从这种社会性中，人们才互相订立契约以创造社会。后来，洛克似乎又暗中破坏了自己的观点，因为他主张，无论我们如何描述这种契约，无论这种契约是积极的还是自然的，结论都是一样。通过其中任何一种办法，我们都不能获知自然法。

现在，我要对朱克特的反对意见作一些评论。首先，让我们假定，朱克特已经正确描述了洛克的第四个论证以及洛克在"问题七"中所持的观点。洛克自相矛盾吗？非也！因为在第四个论证中，洛克是在确立一种形而上学的论点；然而在"问题七"中，他却是在确立一种认识论的论点。让我们尽力澄清这一点。我们不妨假定自然法存在。我们不妨再假定，自然法导致了，或在某种意义上解释了人为什么会有一种社会性。最后，我们不妨假定，由于具有社会性，人们就倾向同意共居于一个共同体之中，并承诺要保卫共同体。总之，我们不妨假定所有这些主张都是正确的，并与第四个论证一致。但是，这些假定的重要意义何在？简而言之，所有这些断言，都是关于世界的形而上学陈述，因为它们都意在从某种意义上描述或反映世界之为世界的方式。

现在，让我们转向"问题七"。让我们再次问一问，洛克要主张什么？他是主张，仅凭对人类所达成的种种一致同意的了解，我们不可能知道自然法的存在，不管这些一致同意在起源上是积极的还是自然的。但是，为什么这是正确的？洛克告诉我们若干理由。一方面，洛克认为，关于人类所达成的种种同意，不可能会有普遍一致的意见（参对开本，页63-78）。另一方面，洛克又论证说："即使关于此种彼种观点,人们曾达成过全体一致的普遍同意,这种同意也不能证明那种观点就是一种自然法。"(对开本,页79)为什么?简而言之,洛克的基本理由是,某种全体一致同意,可能会指向某种并不是自然法的东西。[1]在详细说明朱克特对洛克的理解之后,我的质疑就是:矛盾在哪里?答案十分简单。根本就没有什么矛盾,因为洛克在第四个论证中的意图和在"问题七"中的论点指向完全不同的推论思路。

我的第二点评论是,我认为朱克特部分误解了洛克的第四个论证。尽管朱克特理解这一论证的基本要旨,也就是说,自然法之所以存在,是因为这是人类创造社会的最佳解释,但朱克特给洛克的这个论证添加了过多的东西。我想表明,朱克特指出,洛克的论证中有一个似乎忽略的前提,即人类天性中的社会性(sociability),朱克特试图通过这一点来阐明洛克的观点。朱克特认为,这一点首先说明了社会形成的原因,因为如果没有人类天性的社会性,人怎么会同意与他人居于一个共同体中?这种精心论述貌似有理,却非洛克第四个论证的中心思想。洛克的中心思想要狭窄得多。洛克只是主张,自然法之所以存在,是因为其存在似乎是对人类社会存在的最佳说明。当然,洛克确实写了:"因为没有这种法,人与人之间就不可能存在任何的联合或结盟。"(对开本,页18)遗憾的是,洛克从未说明,我们应该如何从自然法推进到联合体的创造,或者他认为哪一个联合体可能构成创造社会的基石。朱克特添附了社会性,但洛克对此默然无言。

我的第三点同时也是最后一点评论是,尽管洛克在第四个论证中确实讨论了自然法和同意的作用,但根本不像朱克特的解释。洛克所言如下。第一,不"遵守约定和承诺"(对开本,页20),社会

---

[1] 参见洛克在对开本页79对这一点所作的申论。

就不可能存在。第二，自然法的存在在某种意义上可以确保人类认真对待自己所作的约定和承诺。洛克认为，这一点之所以正确，是因为"没有任何理由期望一个人仅仅因承诺的缘故而守约，除非履行承诺的义务是出于自然而非人们的意志"（同上）。但是，请认真注意洛克的主张。它讲的不是人为什么会达成一致意见；相反，它讲的是人为什么会热切渴望信守承诺。

那么，第二点和第三点评论包含了什么内容？最终的结论是，第四个论证和"问题七"之间不存在任何矛盾，因为洛克并未在任何意义上把共识的认识论作用与自然法的形而上学证明连接在一起。如果我的看法正确，那么，第四个论证中就不可能有任何东西与洛克后来的文本冲突。

洛克的第五个论证主张："如果没有自然法，就不会有任何美德或邪恶，就不会有任何对正直的褒扬或对邪恶的惩罚。"（同上）洛克这里的意思是，自然法之所以存在，是因为这既是对德性和邪恶之所以存在的最佳解释，也是对褒奖（褒奖值得赞扬的行为）和惩罚（惩罚不当的行为）存在的最佳解释。洛克的意思是，由于人们的思想中存在某些自然法命令，因此绝大多数正常人都能感知对错。部分是因为这种对错的感知力，人们才大体上为他们自己和社会创造了种种道德体系，以便给予自己某种道德秩序的指示。洛克认为，如果没有自然法的存在和相应的种种意向，人就只会让他自己来决定自己的义务是什么了。这种观念就会意味着，人的意志要么只会服从驱动他自己的利益，要么只会服从驱动他自己的感官享乐。人就会成为"他自己行为的最高的、完全不受约束的判官"（同上）。

朱克特如此挑战第五个论证：

> 按照我们的描述，洛克明确果断地抛弃了这一论证。正如

我们所知,他描摹了人甄别德性和邪恶的实践——褒奖德性、惩罚邪恶——以强加相当不同于自然法的东西。(《自然权利与新共和主义》,前揭,页206)

为了支持自己的这种攻击,朱克特以在"问题四"中找到的一段话乘胜追击:

> 确实,我们关于什么是对和善所坚持的观点,在极大程度上都是这种类型:当我们的思想还不够警惕、当我们仍然身处幼年、当我们还不能对它们形成判断,或者当我们还没有能力注意到它们如何慢慢滋长时,它们就被灌输到了我们的心灵之中。这些观点由我们的父母、老师或者其他我们结识的人逐渐灌输给我们,而这些人,由于相信这些观点有助于正确的生活的塑造,因此他们自己就倾向于把那些他们认为为幸福和福佑的生活所必需的观点,慢慢灌输到幼童的仍然没有经验的心灵之中,这可能是因为,他们自己也是以同样方式被教授了同样的观点。(对开本,页42、43)

此外,洛克还主张,由于我们的思想不能找到这些信念的渊源,因此人们就强烈倾向于认为,"这些观点由上帝和自然镌刻在我们心中"(对开本,页43、44)。

朱克特的反对意见看起来似乎说到了点子上,因为在第五个论证中,洛克论证说,自然法之所以存在,是因为这一点既是德性亦是邪恶之所以存在的最佳解释,等等。然而,洛克似乎否定了这一观点,认为我们的父母和老师才是更好的解释。

我认为,我们应拒绝朱克特的攻击思路,因为,我再强调一遍,洛克在第五个论证中所写的东西,与他在"问题四"中所写的东西并不相关。这一事实可以按下述方法来阐明。洛克在第五个论证中所说的要旨是什么？洛克主张，人们之所以进行自我审判，其原因可以从自然法的存在中得到解释。但是，这种说法确切来说意味着什么？情况显然如下。洛克主张，（在某种意义上）自然法的在场，导致人们在做出自己认为错误的行为时自我谴责，在做出正确的行为时自我褒扬。然而，洛克的关键要旨却是，自然法的在场或存在并不提供人们碰巧认为是值得褒扬的、值得谴责的东西之内容。它只是提供我们对罪恶和赞美所拥有的感觉。

我们信念的起源问题仍然没有解决。洛克的答案会让我们花费太多时间去讨论，并且最终，我们的讨论对于这种努力来说仍可能是太过粗略。这种不足可以理解，因为这样的讨论超出了洛克这部著作的目的。指明其中的某些渊源，对我们的目的来说已经足够。正如前文所言，我们的许多观点都来自我们的老师和父母。在别的地方，洛克讨论了"传统"在我们许多道德信念的形成中所起的作用（例如"问题二"）。除了这些渊源以外，洛克都保持沉默。

三

朱克特和霍维茨都认为，洛克没有清楚阐明一种前后一致的自然法道德观。作为这一论述的证据，两位学者都提出了看似矛盾的段落。而我认为，这些矛盾根本就不存在。实际上，在我看来，《自然法问题》中似乎没有任何一个段落可以算得上具有真正的逻辑矛盾。我的结论是，朱克特和霍维茨都未能为他们自己对《自然法问题》的攻击做出有效论证。

还有最后一个问题要处理。让我们暂时假定，关于洛克在《自然法问题》中的目标，朱克特和霍维茨的看法都是正确的。如果他们的看法正确，那么洛克在《自然法问题》中努力要获得什么东西？霍维茨坚持认为，洛克暗中努力要做的，或者，至少洛克试图要隐藏的，从某种意义上说在最后一个问题（即"问题十一"）中显露出来："每个人的私人利益构成了自然法的基础吗？否！"（对开本，页105）简而言之，洛克试图要做的事情与我们在《利维坦》一书中发现的方案类似。①

有人试图从自我保存的权利中推导出自然法，而洛克就试图用这种讨论取代传统的自然法讨论（霍维茨，《洛克的〈自然法问题〉疏证》，前揭，页300）。朱克特的观点基本相同（《自然权利与新共和主义》，前揭，页213-215）。然而，对《自然法问题》的这种设想，只有当其他两个要素为真时才是正确的，这两个要素就是：第一，洛克抛弃了传统的自然法观念；第二，洛克在最后一个问题中提出的实际主张，与《利维坦》中的方案类似。正如我已经证明的，第一个要素是假的。我确信，后一种看法也是错误的，但这又要留待他日讨论了。

---

① 霍布斯，《利维坦》（*Leviathan*），Edwin Curley 编，Indianapolis：Hackett Publishing Company，1995。

论洛克式自然法理论的方案

——答齐奈施

朱克特（Michael P. Zuckert）撰

赵雪纲　译

大约五十年以前，施特劳斯提出主张说，虽然人们一直认为洛克是位从容的反霍布斯主义者，但他远远不是，实际上，他是马尔美斯堡（Malmesbury）哲人①的正宗秘密传人，正是由于提出这种看法，施特劳斯震惊了洛克学界。为了支持这一意义重大的主张，施特劳斯声言，洛克使用了一种哲学修辞术，他强调自己与胡克（Richard Hooker）这样传统和正统思想家的种种联系，并隐藏了自己对霍布斯和斯宾诺莎这样非传统的、非正统的思想家的赞同，由此而部分掩藏了其哲学的真正基础。

关于施特劳斯对洛克的论说，最初的反应混乱驳杂；有些人完全被施特劳斯揭示的新洛克迷住了；另一些人则排斥施特劳斯的洛克画

---

① ［译注］指霍布斯，霍布斯生于马尔美斯堡镇，故有时被称为马尔美斯堡的哲人。

像，因为他们认为这一洛克画像曲解了公认的洛克观，而且认为揭示这种新洛克形象的方法论令人厌恶。这一最初的反应有利于激起一场活跃的争论，既争论洛克哲学的本质，又争论施特劳斯用在洛克身上的隐微写作论题。

然而，在我看来，在某种程度上，这场争论早已宣告结束。有些人被施特劳斯的解读打动，并或多或少追随了他的引导。其中就包括霍维茨（Robert Horwitz）和我。还有一些人得出结论说，施特劳斯的思路极其谬误，完全不再值得关注，除非当出现受施特劳斯影响而研究洛克的作品时，也许会发表率而操瓠的应景书评。若干相对独立的洛克学"传统"或"流派"，又恢复了洛克研究界的秩序。受施特劳斯影响的学者至少从某种程度上说还在继续关注其他人的洛克研究，尽管他们多半还是在继续互相关注。反施特劳斯的学者实际上也没有完全忽视施特劳斯，或忽视那些其著作带有施特劳斯影响印记的学者。

齐奈施（Zinaich）现在写了一篇文章，猛烈攻击受施特劳斯影响而解读洛克的两个人。霍维茨已经故去，不能再为自己辩护了，所以，该由我来为我们两个人回应齐奈施的批评。除了具有许多内在的价值以外，齐奈施的努力表达了一种真正的哲学回应，表达了一种论证充分的、彬彬有礼的异议，而非只是沉默。他重启了一场从不应终结的争论，对此，我非常乐意接受。

霍维茨和我与齐奈施之间的不同看法，着实相当复杂，但是问题的缘起，可以简单表述如下：如齐奈施所言，霍维茨和我坚持认为，洛克的《自然法问题》包含了许多前后不一和互相矛盾之处，而正是这些矛盾和龃龉的存在，才让这位细心的读者从洛克对传统和正统自然法哲学的表面赞同，转向洛克对这种正统的批判，转向洛克对某种完全不同的非传统的观点的支持。齐奈施坚持认为，霍维茨和我未能成功解释其立场的第一个组成部分，即这些前后不一和互相矛盾把《自然法问题》搞得漏洞百出。齐奈施主张，洛克这部著作表达的观点始终一贯，毫无矛盾之处，且始终一贯地支持那种传统和正统的自然法立场，而霍维茨和我则认定洛克抛弃了这种立场。

一

齐奈施教授既有条不紊，又一丝不苟，拙文就顺着他的组织工作逐次梳理。他始于对霍维茨论文的两点看法：（1）尽管霍维茨主张，洛克的《自然法问题》中存在"种种明显和重大矛盾"，但他只是成功地确认了其中一个这样的矛盾。齐奈施提到了霍维茨在未能完成其疏证之前就已去世这个事实，并由此而充分解释了霍维茨的承诺和霍维茨已经做完的事情之间的差异。（2）霍维茨相信，自己所举的例子中，洛克是自相矛盾的，但齐奈施发现，霍维茨在这个例子当中搞错了。

我发现非常奇怪的是，齐奈施教授竟然首先抛出了自己极不牢固的论点，因为他所提出的反对霍维茨的观点，犯了严重错误。霍维茨以疏证（commentary）方式组织自己的讨论，因此，虽然他认为自己在《自然法问题》中已经看到许多矛盾，但他并不曾在某个地方集中讲述这些矛盾。我承认，我自己也不曾努力把这些矛盾加起来，算算一共有多少，但是，在霍维茨对"问题一"的疏证的前两页，我发现霍维茨确认了四个矛盾，尽管并非在所有情况下都同样标了出来。

（1）霍维茨在其论述中认为，洛克首先求助一种"所谓'全人类的一致同意'"，作为"自然法存在论证"的"基础"。然而，霍维茨指出，洛克后来"发现，根本不存在这样的一致同意"。[①]

[①] Robert Horwitz,《洛克的〈自然法问题〉疏证》(John Locke's *Questions Concerning the Law of Nature*: A Commentary), Michael Zuckert 编, *Interpretation* 19, no. 3 (Spring 1992), 页251–306。参页253。

（2）霍维茨还说，洛克起先求助"良心"作为自然法存在的"另一种"基础，但后来也"彻底抛弃了"对良心的求助（页253、257）。

（3）霍维茨又指出，洛克把自然法等同于廊下派的"正确理性"观念，但后来又抛弃了这种定义所使用的理性观念，这表明，洛克承认的任何自然法都不可能是廊下派所谈的内容（页253－254）。

（4）还是在讨论"问题一"时，霍维茨指出，洛克"表示，没有自然法，社会生活就会坍塌，就不再可能"（页258）。但霍维茨在此处以及别的地方都指出，洛克同时也坚持认为，自然法"并不彰显于人，因此充其量只为极少数人所知悉"，这个看法与最初的说法相互矛盾，因为，一种几乎完全不为人知的自发的法（voluntary law），如何能够发挥洛克让它承担的功能呢？

（5）霍维茨在评论"问题二"时补充说，洛克坚持认为人们对这种自然法的普遍无知，但这一观点"与问题二开头的判断有着直接的矛盾，因为他在开头谈到了'人们以这种全体一致同意所服从的自然法'，毕竟他们不大可能去赞同和服从一种'多数凡人都完全不知晓'的法律"（页262）。尽管我知道有更多的例子，但我不打算继续作进一步的发挥。我相信已经提供了足够的证据，证明我们决不能说霍维茨对洛克在《自然法问题》中的矛盾只举一例。

齐奈施教授使用相当大的篇幅，分析了他在霍维茨那里找到的自相矛盾的例子。霍维茨的要旨简单明了：在"问题一"中，洛克打算把良心现象看作自然法存在的证据。即使那些"承认不受任何其他法律命令指引或约束的"人，也承认良心的判决。洛克说，这表明存在一种人们据之自我谴责的法，这是一种自然法而非实定法。洛克还引用诗人朱文纳尔的话为证："任何有罪的人都不能逃脱他自己的审判。"（对开本，页17）在这一点上，朱文纳尔的警句对洛克的论证尤其有用，因为这位罗马诗人在良心的内在判断和法律之间建立了洛克正在追求的联系："因为，如果没有法律，就不可能有任何判决。"洛克认为,这种法(良心自会审判那些不承认任何其他法律的人)"不是写在纸上,而是刻在心中"(对开本,页18)。霍维茨还引用了洛克在解释对人们的行为对错标准缺乏一致意见时表达的看法。洛克在后一种解释中主张,尽管"人们的良心承认,他们的恶行常常违背了内在的法",但是"这些行为错误的人,考虑的方式却是正确的"。① 这就是说,人们对自己的行为所作的否定性判断,证明了存在着自然的标准,甚至当他们的行为不服从这些标准时,他们也晓得这些标准的存在。

洛克关于良心的观点是:在没有实定法时人们也会进行"自我判断",仅仅由于这一事实,良心就证实了自然法的存在。但对这个观点,齐奈施持有不同看法。良心的工作是褒扬或谴责,但不一定是根据自然法所确定的正确或适当标准来褒扬或谴责。

洛克后来在"问题四"中认为,良心判断格外多变,甚至在某些情形中,人们根本就没有良心判断,但在"问题一",洛克认为自然法存在是从人的良心推导而来,那么,霍维茨和齐奈施之间的分歧恰恰就是,"问题四"与"问题一"中的观点是否冲突。霍维茨说是,齐奈施说否。霍维茨做出肯定判断,因为他认为"问题一"中的论点要诉诸或要求一种不怎么变化的良心。齐奈施做出否定判断,是因为他认为"问题一"中的论点与一种具有变化性的良心完全相容。为简洁起见,让我们分别用 CI 和 CV 来指称这两种不同的良心观念。

齐奈施的观点依赖于一个重要的区分:洛克在"问题一"中谈的不是如何了解自然法的内容,而是如何证明或推导自然法的存在。齐奈施勉强承认,按照洛克的说法,良心对了解自然法的内容来说

---

① 对开本,页 67-68;参《洛克的〈自然法问题〉疏证》,前揭,页282。

并非可靠的工具,因为良心的拯救(deliverances)的确变化不定。但是 CV 仍然是推导自然法存在的充分基础,或者,按照齐奈施的说法,这是洛克正在论证的观点。人们确实在进行自我判断,这一事实表明,他们知道在自己之上有某种虽非实定的却是自然的法。齐奈施还非常笼统地把洛克在"问题一"中的论证,描述成一种"最佳说明推理"(inference to the best explanation)。① 这就是说,洛克把自然法的存在断定为良心事实的最佳说明。这种最佳说明把看不见的自然法推断为看得见的事物,即洛克所观察到的良心判断活动。于是,霍维茨和齐奈施之间的差异就可以以这些术语重述如下:

霍维茨:

(1) CI(而非 CV)是人能够推导自然法存在的一个基础。

(2) 在"问题一"中,洛克从良心推导出了自然法的存在。

(3) 因此,在"问题一"中,洛克必定是在求助于 CI。

(4) 但后来在《自然法问题》中,洛克却坚持认为 CV 而非 CI 才是根据。

(5) 因此,洛克后来与他在"问题一"中所持的论点相互

---

① [译注]"最佳说明推理"(inference to the best explanation,简称 IBE)是科学哲学和认识论研究的重要课题,是一种在日常生活和科学中通用的推理。如果我们观察到 a、b、c、……是真的,并且有一个假说 H 能最好地说明所有这些事例,则 H 就有可能是真的。这是一种非证明性演绎,有时称作"假说演绎"。剑桥大学 Peter Lipton 教授(著有《最佳说明推理》一书)认为,IBE 的主要观点是把说明上的观点看成推理的指导。究其实质来说,它是对归纳推理的部分说明,比方说科学家从可用的证据中推出的假设如果是真,就会很好地说明这个证据。也就是说,如果我们推出的东西为真,那么这将是对我们证据的最佳说明。

矛盾。

齐奈施：

(1) CV是推导自然法存在的一个基础。
(2) 洛克在"问题一"中推导出了自然法的存在。
(3) 后来洛克坚持认为CV而非CI才是根据。
(4) 这是与"问题一"中的论点相一致的，因此洛克并不自相矛盾。

于是，齐奈施和霍维茨之间的争论，就可以归结为他们各自的论证中的步骤（1）。在这些论证中，对洛克来说为真的，同样也是我们必须努力要确立的论证。为了做到这一点，我们还需要牢记更进一步的一点。无论良心宣告的判断可能是何种情形，洛克自始至终都非常清楚，自然法在内容上都只有一种，且始终如一，普遍适用于并约束所有人（尤参"问题十"，对开本，页99–100）。有这一事实在手，我们现在就必须考察，这两个版本的洛克论证哪一个正确。正如我说过的，齐奈施已经笼统地唤起了对下述事实的关注：洛克的论证具有"最佳说明推理"的形式，但他自己并未展示这种论证，就此而言，洛克也只是给出了下述极具启发性的评论：

> 因为，每一个人对他自己所宣告的判决，就是自然法存在的证据。因为，如果自然法并不存在，……那么，那些承认唯有此法的诫命指导或约束自己履行职责的人，他们的良心又如何对他们自己的生活和行为下判决呢？（对开本，页17–18）

我有四个论证步骤可以证明，洛克在"问题一"中求助的是CI，因此当他后来否定CI肯定CV时，他就自相矛盾了：

（1）CI而非CV才可以作为自然法存在的一个"最佳说明推理"论证。

（2）在"问题一"中，洛克把自然法（其存在在那里据说已得到证明）称为"内在的"，而这是从CI而非从CV中推导出来的。

（3）当洛克后来在《自然法问题》中肯定CV否定CI时，他就对良心作出了一种不同于自然法的解释。这就是，他明确说，在他自己看来，自然法并非CV的"最佳说明"。

（4）他求助于朱文纳尔的权威，暗示了CI。

在展示洛克于"问题一"中所作论证的结构时，霍维茨和齐奈施都不够明晰，故而我在此斗胆重构每个人都必须牢记的内容：

霍维茨：

（1）CI体现了自然法，因为人们宣告的始终如一的良心判断，意味着一种同样不变的和普遍的自然法存在，这种自然法以某种方式为人的心灵所知或呈现给人的心灵，且是CI的根据。

（2）CV不体现自然法，因为一种不变的和普遍的自然法，根据相同原因产生相同结果这一原则，不能作为对CV的一种因果解释。

齐奈施：

CV体现了自然法，但是为什么？相同原因并非可变结果的最佳推理。因此，齐奈施认为洛克在"问题一"中是在求助于CV，这必定是错误的。

我必须顺便指明，刚才提出的论证并不证明自然法的不存在。

拙作《自然权利与新共和主义》① 中有一章讨论的超验的自然法，与CV完全相容。然而，这一论证确实可以证实，洛克理解的良心，不是推导自然法存在的正当基础。如果要证实自然法的存在，必须要以另外一种方式来证实，而这恰恰就是洛克在"问题五"中展示的方式，对此，我在《自然权利与新共和主义》一书中作了解释。

此外，洛克在"问题一"中还宣称，那种据说在良心的基础上被证明存在的自然法，是"内在的"。称其为内在的，意味着它是"天赋的"，意味着它可以直接为人的心灵所知，或直接呈现于人的心灵。这是关于自然法知识，而非只是关于自然法存在的一种主张。我们再次很容易地可以看到，CI与一种内在的自然法之间有关：我们有理由把CI描述成内在的自然法的拯救。但是，CV却并非内在的自然法的证据。如果它是内在的，那么良心的判断就不应是可变的。"问题一"的这个论证所描述的自然法，并非洛克宣告拥护的自然法，这一暗示恰恰就是那一个说它是"内在的"描述。不仅在写作《人类理解论》的那个晚得多的时期，而且在写作《自然法问题》的青年时期，洛克就已经否定了自然法知识的内在性（参见"问题四"，对开本，页37）。

如果良心判断表明了一种高度的稳定性，那么，良心就只是作为一种保证，可以最好地解释自然法的存在，既然如此，洛克不断唤起我们关注的巨大变化这一事实，对"问题一"所概括的从良心到自然法的论证几乎就是毁灭性的。注意到变化特征之后，洛克为良心现象提出一种相当不同的"最佳说明"，就好像这些良心现象现

---

① 《自然权利与新共和主义》（*Natural Rights and the New Republicanism*），Princeton, NJ: Princeton University Press, 1994（［译按］中译本参王崟兴译本，吉林：吉林出版集团，2008）。

在已经清晰呈现，这时，他承认了良心判断的变化特征。他没有从良心判断追溯到自然法，而是追溯到不同社会中不断变化的主流意见。洛克向我们表明，良心判断并不直接意味着自然法的存在，而只是体现了那种内在于我们自身的约束力，他后来逐渐开始称之为"意见法"（the law of opinion）。人类对自己生活其中的社会的主流意见非常敏感，他们甚至很容易搞乱自己在托儿所中受本性驱使学到的道德判断标准。洛克自己对良心和自然法之间的关系的处理显然摇摆不定，而在这种处理中，洛克正想揭露这种混乱（尤参"问题四"，对开本，页42-43）。

最后，从其他证据来看，当洛克在"问题一"中采用良心作为自然法存在的证据时，他心里想的显然是CI。请思考一下他所引用的朱文纳尔："任何有罪的人都不能逃脱自己的审判。"（对开本，页17）朱文纳尔以及追随朱文纳尔的洛克，说的是"恶行"，且没有任何附加条件。如果我们按照齐奈施的思路解读这一格言，它就完全讲不通。齐奈施作了一个陈述，不论其真假，这一陈述终归意在提出一个关于对错之约束力的主张，而且他还把这一主张变成了极为乏味的同义反复，即任何相信自己有罪的人都不会相信他自己是无辜的。

二

拙作《自然权利与新共和主义》第七章对《自然法问题》的处理有两条线索，齐奈施洞察到了这一点。我断言说，洛克在"问题一"中旨在确立自然法存在的各种论证，不可能是洛克所承认的论证，因为这些论证所依赖的种种关于自然法性质的观念，不同于洛克自己在这个问题中表述的自然法定义。随后，按照齐奈施的说法，我一直主张，随着《自然法问题》的推进，洛克也否定了这些论证的前提。就齐奈施所说的内容而言,他相当正确,但是,在我思考他对我的论证所作回应的细节之前,我想非常简洁地重述一下拙作所持的更为宽泛的立场。

拙著第七章和霍维茨的论文以及施特劳斯更早的论文之间,的确存在很多重叠部分,但我的论题与霍维茨的论题稍有不同。我把"问题一"中的论证视为"说服人相信"自然法存在的论证,但是请注意,洛克非常谨慎,并未说这些论证说服了他自己。洛克概括了五种论证,而相对来说,我们易于辨识那些提出其中一两个论证的其他思想前辈,毕竟洛克明确引证过其中一些人的言辞,考虑到这一事实,我曾做出推测,洛克是在展示他自己所了解的、使自然法的支持者确信自然法存在的论证。

在其类似的论证目录中,普芬道夫(Pufendorf)非常清楚地表达过,这些论证中至少某一些与其他论证并不相容,并且其中的绝大部分论证都不能达到其目标,而我则认为,尽管与普芬道夫相比,洛克更少明言这一点,但他展示这些论证时却使其中差异和龃龉相对明显。因此,我的假说就是,洛克在"问题一"中展示了前辈思想家提出并持有的具有说服力的一系列论证,但是,洛克这里并没有承认这些论证能够说服他自己。《自然法问题》的其余部分代表了洛克对这些论证进行归类和评价的努力。

因此,我的核心观点不是说洛克是在迷惑我们,或者他全然自相矛盾,我的意思是,洛克重新思考并最终否弃其前辈而非他自己所持的观点。不过,我确实赞同霍维茨的看法:洛克绝不会非常清楚地说,上面这些说法就是他在《自然法问题》中所提的方案,但是,洛克对自然法问题的表达令多数现代学者的看法成为可能,即认为洛克赞同"问题一"中的论证,并因之支持某种折中主义的或混乱的自然法理论。

其实,洛克对自然法的兴趣,以及他处理自然法问题采取的十分谨慎或小心翼翼的态度，都反映了王政复辟之后那几年的思想和政治现状。正如我在书中所言，英国刚刚经历了一场极其重大的神学—政治危机：到处蔓延的国内冲突最终导致内战，而内战又以克伦威尔式的"共和国"告终——人们普遍认为，到了1660年时这种政制已告失败。国内冲突、内战以及克伦威尔式的独裁，都可以在新教改革制造的种种分裂、在为新教改革寻找某种正确的政治化身的种种企图中，找到自己的源头。考虑到新教政治神学的含糊不清，以及新教各教派之间的种种差异，对一种真正的新教政治圣杯的寻求，已经导致了灾难。在王政复辟之后的世界，有许多思想家都在为政治生活探求一种非神学的基础，洛克只是其中一位。探求自然法，探求一套意欲独立于特殊启示或圣经信仰的主导道德和政治原则，就是对这种情况所作的首要的思想回应。

当洛克首先参与这个普遍的计划时，他的心中似乎已经有两种有点互相冲突的需要：（1）他完全以哲学方式考察自然法的来源，将之作为取代新教政治神学而迈向政治生活的方向。进行这一考察时，洛克似乎本来就倾向于对这种传统采取批判立场，因为他已深受笛卡尔的新哲学体系的影响，在批判经院主义自然法哲学及其背后的亚里士多德时，这种影响导致他采取笛卡尔的论证前提和论证风格。（2）洛克试图在某种自然法哲学版本中为政治生活找到一种基础。洛克似乎已经设定了一个这样的追求目标（agenda），即把政治学从17世纪上半期的圣经神学基础及其屡屡导致的灾难那里挪开，转向更加"中立的"基础。因为，这种更加中立的基础，从根本上说要比各种教派性的原则更容易为人的理性所理解，因此也就是更易为人类本身所理解。至于那些教派性的原则，曾经深深影响了那些迥然不同的人物，比如菲尔默（Robert Filmer）、亨顿（Phillip Hunton）和弥尔顿。从《自然法问题》本身到《宽容书简》，再到《基督教的合理性》（*The Reasonableness of Christianity*）和《人类理解论》，洛克这些论著在很大程度上都证明了他在全力以赴追求这个目标。他的目标不仅包括努力构造某种具体的自然法，还包括政治哲学和政治实践的某种普遍形式。尽管说，他完全从哲学上寻找自然法理论的首要目标表明，他在理论上对种种公认学说具有敏锐的洞察和批判，但是，洛克追求目标的另一个部分，却要求他揭示种种自然法理论的隐秘缺陷，因为，作为通往政治学的一条路径，自然法就其品质而言要比基于种种启示传统的政治神学更加优等。这两种目标合在一起指明的是，《自然法问题》实际上运用了一种艰难的修辞。因此，认为政治哲学主要与进行论证有关的齐奈施教授，就忽略了洛克政治哲学活动的更广阔背景。我想顺便猜测一下，洛克从未出版《自然法问题》的一个原因或许是，他认为自己并未相当成功地完成他在书中为自己定下的这一艰难的解释任务。

三

齐奈施教授在拙作中辨识出两条论证思路，为了不使我的回应长于齐奈施教授的原始论文，我打算把回应主要限制在他对第一条论证思路的批评上。前文对霍维茨良心论的讨论与我的第二条论证思路相关，因为我同样也主张，洛克后来抛弃了自己关于良心和自然法的最初论证的前提。因此，我为霍维茨所作的辩护，也就是为我已经在第二条论证思路中提出的一个核心看法所作的辩护。

读者可以回想一下，我曾主张，洛克用来"说服人相信"自然法存在的五个论证，其中三个论证都不可能说服洛克，因为，这三个论证所求助的自然法观念与他自己赞同的自然法观念都不相同。齐奈施坚持认为，这三个论证中隐含的自然法观念，与洛克自己的自然法定义一致，这就是他的回应。

我怀疑，洛克的第一个论证没有求助于与他自己的自然法观念吻合的自然法观念，我明确表达了两个理由。齐奈施教授对其中的一个理由作了长篇精细的论辩性批驳，但完全忽略了另一个理由。既然单单其中之一就足以证明我的论点，我就可以只重述第二点以节省笔墨：按照洛克的定义，"由于自然法是神圣意志的命令，所以才能够……把它描述为（一种法）"（对开本，页11）。但是，洛克第一个论证中的权威亚里士多德谈到了"人的正当活动"，要通过人的自然构成（natural constitution）才能辨识出这种正当活动。无论亚里士多德本人，还是他提出的这个论点的总体结构，都丝毫没有明确要求或包含对某一神圣意志（或任何这类意志）的暗示。这些亚里士多德式的"正当活动"原则，不是洛克理解的法律；法律要求一个权威的立法者，要求义务。亚里士多德的原则缺乏一个权威、一个立法者和义务。因此，在洛克引用的一处文本（《伦理学》，第一卷第七章），亚里士多德谈到"完成得很好"的行为，而不是义务性的行为（或者义务）。洛克引用的第一个论证作为一种权威观念，或许是指人的行为具有自然的标准，而非这些标准具有法律的性质，洛克自己的自然法定义，就凸显了这种区分。因此，亚里士多德式的第一个论证，根本不是洛克想要为自然法确立的权威。如果有人接受亚里士多德式的立场而不接受洛克定义的自然法，丝毫不会产生什么矛盾。

关于洛克的第一个论证，我的另一个主张甚至更为简单。

> 根据亚里士多德《伦理学》的一些文本，洛克（或代表亚里士多德？）得出结论说，人必须要践履那些由理性命令的行为（对开本，页13）。但是，在前一页，洛克已经明确抛弃了作为"理性的命令"的自然法观念，因此，洛克归于亚里士多德的

"自然法",似乎不大可能与洛克表面接受的法相同。①

齐奈施坚持认为,"理性的命令"(dictate of reason)这种说法在意义上模棱两可,而且,洛克在第一个论证中对这种措辞的使用,与他在先前抛弃的理论对这种措辞的使用,用法便不同。就是根据这两点,齐奈施提出了反对意见。齐奈施反而说:"在对开本页13,洛克对'由理性所命令'(dictated by reason)短语的使用,似乎与亚里士多德的'合乎理性'(according to reason)的意思相同。"(洛克引自《伦理学》)

齐奈施在这里的直觉很好;我们应该按照解释同情原则(the principle of interpretive charity)解释一个文本,也就是说,我们理解一个文本时,应该尽可能基于理解原作的立场,把原作当作一个具有内在一致的文本。但是,解释者不应超出原作与文本的内在一致来解释这个文本。我认为,洛克具体而明确的表达、此处表达的思想要旨皆与齐奈施的解读完全龃龉不合。

首先,洛克说 ut ea homini necessario agenda sunt quae dictat ratio,如果比文本译者译得稍稍严格一些的话,这句话意为,"以致人们必须做理性所命令的那些事情"。洛克意指理性行为的词语是 *dictare*(即 dictate [命令]),与 *dictatum* 一词(在 *dictatum rationis* 这一短语中,即 dictate of reason [理性的命令])同源。洛克在对开本页12中刚刚强烈拒绝把自然法理解为理性命令的看法,鉴于这一事实,洛克下一页对这同一个词语的使用,就极不可能如齐奈施所言是指某种不同的事物。洛克之所以反对把自然法作为理性的命令(*dictatum rationis*),是由于他认为,"当理性去探讨和考察一种由一个更

---

① 《自然权利与新共和主义》,前揭,页193。[译注]中译参页260,译文有改动。朱克特这里对自己文本的引用,与正式出版的著作略有差异。

高权力规定的法时,它并不完全是去制定和颁布这种自然法……"(对开本,页12)。"理性,"洛克继续说,"不是自然法的创造者,而是自然法的解释者。"(同上)齐奈施实际上主张的是,洛克在其第一个论证中已不再要求理性,但是,齐奈施的解释并不符合洛克的文本。齐奈施的意见是,quae dictat ratio［理性所命令的］与亚里士多德的"按照理性（according to reason）"意思相同,但是,这一看法无助于说明问题,因为后者几乎就像 dictatum rationis［理性的命令］这个短语一样,与洛克的思想要旨相反。洛克不相信那个理性,"因为它只不过是心灵的一种功能,作为我们自身的一个部分而给予我们法律"。这个问题是双重的:第一,理性缺乏把规诫制定成法律所需的权威;第二,洛克把理性看作纯粹是推论性的,也就是说,他认为理性不拥有任何实质性的（substantive）原则可以用来立法。亚里士多德所说的"按照理性",并不赋予理性任何洛克所坚持认为的权威,但亚里士多德的说法确实赋予了理性实质性的原则,而这样的实质性原则,则让理性成了规定性的（prescriptive）——如果不完全是立法性的话。洛克认为,"按照理性"这个说法不可能是这两种情况中的任何一种。说理性能够发现法律,不同于理性能够命令或规定法律。

亚里士多德关于人的活动的观念（"按照理性的实现活动"）,与洛克对理性的说法相比,显然更具实质性的、规定性的品质,在亚里士多德《伦理学》第六卷讨论明智（phronesis）时对行动目的的知识的思考中,我们可以看到这一点。因此,我的结论是,无论基于这两个理由中的哪一个（即诉诸作为"宣告命令"的理性、诉诸自然而非神圣意志）,洛克第一个论证中借助的所谓自然法,与洛克在前一页以自己名义提出的自然法定义,并不一致。洛克错误地认为,第一个论证可以说服某些人相信自然法存在。然而,它至多不过支持这样的主张:存在一种自然的人类之善（human good）,或者一种对人类来说是"正当的"自然实践活动。但是，这个论证并不表示更多的东西（或者，使用"理性的命令"时表示较少的东西），即使这个论证合理，它也远不能确立一种自然法的存在。

洛克的第二个论证已经有点熟悉了，即齐奈施和我已经在霍维茨关于洛克的"矛盾"主张语境中讨论的良心论证。然而，现在的问题并非洛克是否与后来他在"问题一"中所说的内容矛盾，而是良心论证是否必然包含了一种洛克那样定义的自然法。我的主张是否定的，因为洛克式的自然法被定义为一种推论性理性的裁断，而良心不足以胜任。齐奈施的回应大家也都熟悉："洛克不是在用人的良心的存在作为了解自然法知识的手段。"齐奈施重申了自己先前的观点：自然法的存在是良心这一事实的"最佳解释"。我也要重申自己先前的回应：就洛克自己的立场而言，它并不是最佳解释，并且，就从良心事实确立自然法存在而言，有意义的唯一论证就是，良心为我们提供了自然法知识，即如洛克所宣明的，据说良心体现了自然法是"内在的"（对开本，页18）。

拙作《自然权利与新共和主义》论证说，洛克证明自然法存在的第三个论证，完全不像前两个论证那样，在定义自然法时暗含了自然法。齐奈施再次作了一个机灵却不忠于洛克文本的回应。我已经指出，洛克的自然法是规定性的（prescriptive）（它发布能被遵守或违背的命令和禁令），但是，第三个论证中所暗含的自然法却是决定性的（determinative）。齐奈施否定了这一观点；他坚称洛克在双重意义上谈论自然法。某些存在者（例如非人类的动物）是受固定法则（fixed law）或决定性的法（determinative law）统治，这种法是出于因果律而非凭存在者的自由行动能力发挥作用。然而，人类却受规定性自然法的统治。在这样论证时，齐奈施就把早先自然法传统中的一种相当标准的学说归之于洛克。但最令人震惊的是，齐奈施的精心区分与洛克自己的讨论，共鸣是何其之少。和阿奎那不同，洛克并未区分这种法在理性动物身上和在其他存在者身上的生效情况。齐奈施确实援引了一段重要文本证据来支持自己的解释。齐奈施告诉我们，洛克告诉我们说，人类"具有一种适于其自身本性的被规定的行为模式"。规定（prescribe）与决定（determine）或确定（fix）不同。事实上，正是齐奈施让我们注意到这段文本，洛克在其中实际上是说，这种法律约束（tenēre）一切其他事物，但却为人类作出规定（praescribere）。这本会成为一种更有力的论证，如果洛克不在这一段中谈及约束一切非人类事物的法：

> 所有其他事物都遵守一种适于其自身本性的活动定律和标准。因为规定每一种事物之活动形式、活动方式和活动标准的，确实就是一种法。（对开本，页18，强调为我所加）

洛克没有使用齐奈施对规定和约束的区分，因为被确定的或被约束的事物，也被说成具有规定它们的法。于是，我们就没有任何理由认为，洛克意在做出齐奈施强加于他的词语区分。

齐奈施对这一论证的解释（construal），目的是想尽可能好地理解洛克论证的意义，但终究产生了相反效果。齐奈施没有明白洛克实际上想说什么；如果说，洛克实际上重述了比如托马斯主义的自然法理论，那么，他实际上说的东西就与他本来可能会说的相反了。齐奈施的解释完全忽略了洛克第三个论证真正值得注意的一点，即洛克在这个论证里谈论自然法时坚持使用阿奎那和希波克拉底的术语，具体来说，阿奎那的术语是用于表达适用于非人类事物的永恒法，希波克拉底的术语是表示支配"每一种事物"的决定论的（deterministic）法的观念。齐奈施忽视了洛克实在的论证和说明，而这些论证和说明，恰恰支持洛克没有明确给出的论证和说明。因此，齐奈施就未能领会洛克这里的真正要旨：有些人需要被说服，存在一种源于自然因果律的自然法，这是一种自然秩序（因果秩序）和另一种自然秩序（道德秩序）的混合。洛克似乎非常渴望展示在许多人接受自然法的背后的成问题的预设。这当然不是说自然法根本就不存在；这只是说，人们对自然法的相信经常建立在思想混乱和不充分的推理基础之上。

现在，我对齐奈施的论证思路的跟进大约到了半途。尽管我钦佩他的努力，钦佩他的认真研读和严密论证，但是，我并不认为，齐奈施论文的其余部分要比前半部分更能使人成功质疑霍维茨和我对《自然法问题》的解读。我不想继续探究齐奈施的所有其他论证，但在结束本文之前，我必须简单谈谈他对我的"第二条论证思路"第一部分的处理。由于我的立论使用了洛克从手稿中删掉的一段文本，他在这一部分"传唤"了我。齐奈施是对的，我没有充分注意到编辑在文本下的脚注，这个脚注已经表明，我引用的那段文本已被洛克删除。非常感谢齐奈施让我注意到了这一错误；然而，这一文本订正不能改变和动摇我在《自然权利与新共和主义》中的论证要旨。

齐奈施对我这部分论证的反对，我可以做出两个总体上的回应：（1）尽管洛克删掉了我立论依赖的文本的一部分，但是，我认为，他在手稿保留的文本所持有的看法，其实是相同的；（2）我关于洛克支持自然法存在的第一个论证所作的论证，齐奈施作了过于简化的处理。要是他自始至终跟随我的论证，他本来可以看到，我阐明的论点，正是他用来驳斥我的论点，此外，他本可以看到，我证明洛克也已经驳斥了这一点。

为了让这一切不那么抽象，让我从说明齐奈施和我之间存在的问题开始。我已经指出，洛克求助于人类对"某些行为原则"的"共识"，以此开始他支持自然法存在的论证。然后我表明，无论后来在"问题一"中还是在随后的"问题"中，洛克都已经否定任何这样的共识的存在。我的结论是，洛克不可能认为，对道德标准的普遍共识必然意味着自然法的存在，因为他否定了这个论证的前提。

齐奈施坚持认为，我可能只是依赖被删掉的段落来发现洛克对道德共识的坚持。齐奈施认为，洛克在其文本中实际主张的全部内容就是，"存在某种（some）通行于各地的法"。齐奈施认为，洛克求助于某种通行各地的法存在这一普遍事实，而非求助于对这同一种法的同意（agreement）。洛克后来承认，共识并不存在，换句话说，这与齐奈施解读出的洛克观点无关。应该很明显，对于先前所说的人们关于良心的不同意见，我们在此有另一种说法。

我们在此也有因"某种"（some）一词的模糊性所产生的理解。单是齐奈施引用的那句话，就能表明两种不同意义。在《自然权利与新共和主义》一书中，我用洛克删除的段落中的说法分析了这一点，而这个段落，则明确给出了"共识"的意义。然而，即使没有被删除的一段，齐奈施引用的这句颇有争议的话的语境也表明，洛克想用这句话表示对共识的解读，而非表示齐奈施的另一种解释。洛克写下这句颇有争议的话，其实是一种重述，因为洛克声称在亚里士多德《伦理学》第五卷第七章中发现了这个论点。洛克的拉丁文说法可以译为："确实可以推断，存在着某种自然法（some law of nature），因为存在着某种通行各地的法律。"（对开本，页 13）不过，洛克是把这句话当作亚里士多德希腊文的拉丁翻译，由此而加以援引——更是误引，《自然法问题》的编者已经告诉了我们这一点。在编辑的英文版中，洛克使用的据说来自亚里士多德的希腊文材料被翻译为："在把法律分成民法和自然法之后，他（亚里士多德）说，'自然法就是在任何地方都具有同等约束力的法'。"（对开本，页 13）（这句话的楷体部分在洛克的手稿中是希腊文：*to de nomikon physikon esti to panaxoū tēn autēn exon dynamin*。）洛克认为，亚里士多德实际上是说，存在一种在各地都有同等效力（*dynamin*）的法，这种法就是自然法。这种法在各地都具有同等效力，因此情况显然就是，洛克引用的颇有争议的句子的希腊文本，不会是齐奈施解读的意思：如果不同的法律盛行于不同地方，人们就不能说存在一种在各处都有同等效力的法。

在引用"亚里士多德"的那段文本之后，洛克紧随其后所说的话，进一步确认了洛克第一个论证第一部分的"共识"解读：

> 在这一点上，有些人反对自然法，声称这样的法根本就不存在，因为在任何地方都找不到它，因为绝大多数人类的生活，好像根本没有任何指导生命的原则，也没有任何所有人都承认的法。（对开本，页15。强调为笔者所加）

这一反对意见，显然是针对关于颇有争议的那段话的"共识"解读而说，因为它根本就算不上齐奈施所认为的反对意见。

齐奈施分析了我对洛克关于自然法存在的第一个论证的译解，我想对他的分析再做一些评论，而上述反对意见，则恰好可以切入我进一步的评论。在回应这一反对意见时，洛克实际上承认了这个主要观点：这种自然法并非在任何一个地方都是可知的。最终结束一个论证时洛克持有的立场，相当接近于（但并不等同于）齐奈施教授声称洛克在第一个论证开头就持有的立场：

> 就像在一个国家中，如果因为发现法律专家对法律有各种各样的解释，我们就推断说法律根本不存在，这样做是非常错误的，实际上，伦理情形也是如此，不能因为在某处有某事物被认为是自然法，而在别处还有另外的事物也被认为是自然法，我们就推断说不存在任何自然法。（对开本，页17）

然而，齐奈施教授在其批评中没有指明的事实是，我已经追溯洛克第一个论证的进程，直至其结论，同时，我也顺便强调了，"共识"主张只是第一个论证的第一步（并且证明是暂时性的），而就是从这第一步开始，洛克以逻辑论证法逐步后退，直到以上述引用的段落作结。一言以蔽之，齐奈施没有提到的是，我如何证明洛克在论证过程中修改了他自己的论证。这样，齐奈施就错误地让读者得到一个印象：我把洛克对共识的看法作为他在这一主题上的定论。齐奈施教授再次忽视了论证的重要部分，并以此为基础展开自己的批评。

齐奈施还忽略了我论述洛克第一个论证的最后一个步骤。请让我只稍稍引用我分析洛克这个论证的最后一部分。我从重述刚刚在上文检讨的立场开始：

> 尽管人们在自然法问题上唯一一致的看法就是自然法的变动不居，但是，"关于这种法律，所有人都持这同一看法，不同的只是解释；因为所有人都承认，邪恶和德性天生就存在"（对开本，页17）。在认为"自然法的内容是什么"这个问题上，人们这种几近普遍的变化特性，不如他们普遍同意自然乃道德差异之根源这一点更为重要；这些差异只是对某种公认的法律的"解释"上的差异。这样，洛克就退到了第二层序上的内在性（immanence）：自然法的内容并不存在于普遍的、公认的甚或精英人士的意见和实践之中，但是自然法的存在本身，则内在于这些东西之中。
>
> 不过，即使这一退却的立场，也应属于那些说服其他人而非说服洛克的论证之列，因为洛克再次以自己的名义否定了这一立场得以确立的前提。在"问题四"中，洛克重申了我们已经指明的那些相对的主题……难题不仅仅是洛克在"问题一"中承认的常见难题，即"在一处是这种事物，而在另一处又是别种事物，被宣告为自然的命令和正当理性的命令；难题还包括，有些人认为是美德的事物，另一些人却视之为邪恶"。在我

们目前的语境中,较之"有些人承认一种不同的自然法"更加重要的,是"另有一些人什么都不(承认)"。洛克认为,应该了解那些事实上与自然最接近的人,这些人"不知晓任何法律而生活,好像他们根本就不需要去思考何谓正当、何谓德性"(对开本,页42,参见对开本,页9)。甚至在第二层序上的这种自然法的内在性,人们都形不成一致意见。①

因此,洛克的论证比齐奈施所认为的既要逻辑辨证得多,也要激进得多。然而,齐奈施小心谨慎的批评(尽管有时太具有选择性),仍然非常有助于重新认识洛克在哲学上的敏锐和老练。齐奈施的论文完全可以达到这一目的,因为他在认真思考问题和竭尽全力维护自己的不同解释上,堪为典范。能有这样一位对手,让人颇受鼓舞。

---

① 《自然权利与新共和主义》,前揭,页199。[译注]中译参页267-268,译文有改动。

洛克思想中的自然和幸福

韦斯特（Thomas G. West） 撰
王涛 译

朱克特的《开创自由主义》①汇集了他从 1975 年至 2002 年 25 年多来发表的十三篇论文，内容丰富且发人深省。书中主题包括如何阅读洛克、洛克对旧约与新约的解读、洛克与阿奎那以及霍布斯的比较、美国建国中的洛克、洛克与布莱克斯通，以及对当代自由主义、保守主义和自由至上主义理论家所做的洛克式回应。

---

① ［译按］Michael P. Zuckert，《开创自由主义》（*Launching Liberalism: On Lockean Political Philosophy*），University Press of Kansas，2002。此文是作者对朱克特此书所写的一篇书评。由于此篇书评并非在正式刊物上公开发表，所以作者没有给出规范的引注。文中所有的引注以及经典文献的标号都是译者添加。译者采用西方学术界在引用洛克的经典著作时的规范做法，只注明章节数而非页数。中文翻译参考如下译本：洛克，《政府论上篇》，叶启芳、瞿菊农译，北京：商务印书馆，2005；洛克，《政府论下篇》，叶启芳、瞿菊农译，北京：商务印书馆，2004；洛克，《人类理解论》，关文运译，北京：商务印书馆，1997，对照英文版略作改动。

《开创自由主义》一书有许多值得赞赏之处。对《政府论上篇》的分析为理解这本难懂著作提供了一个颇具洞察力的切入点。《笨蛋和无赖》（Fools and Knaves）一章分析了洛克对语言的使用和误用，揭示了洛克对日常语言所作的强大但却隐蔽的辩护。在此书最后三章，通过与洛克更为出色的（我也认同这一点）论证的比较，朱克特揭示了罗尔斯（John Rawls）、格维斯（Alan Gewirth）和麦金太尔（Alasdair MacIntyre）这些道德学家的理论弱点。纵观整部著作，朱克特带着一种令人称颂的严肃集中处理那些主要问题。他最小限度地使用那些令人不解的术语，从不夸夸其谈偏离主题。洛克被塑造成一位一流哲人，美国国父们的良师，其思想远远超出了我们这个时代大部分最优秀的思想家。

此书可观的理论价值也说明了，朱克特是他这一代中最为杰出的洛克研究者之一。尽管如此，我将在这篇评论中聚焦并批评他所谓"洛克哲学的核心即如下观点：由于人类是自我的所有者（self-owners），所以他们就其本性而言就是权利持有者（rights-bearers）"。朱克特显然将这一点看作是自己洛克研究中最具原创、最重要的一点。

霍布斯与洛克

在《开创自由主义》的多个篇章中，朱克特都指出，洛克不同于霍布斯，因为洛克的确为个体权利建立了一个道德基础。朱克特认为，他自己在这一点上与施特劳斯的看法不同。按照朱克特的说法，施特劳斯认为洛克的权利概念没有这种道德基础。施特劳斯笔下的洛克和霍布斯一样，其权利理论是"从激情中推导而来"。

朱克特对霍布斯的解读是否正确？他对施特劳斯眼中的霍布斯

的解读是否正确？对于这些问题，斯通纳（James Stoner）在《施特劳斯误读了洛克吗？》这篇论文中做了有力的分析。① 朱克特认为，霍布斯那里"不存在类似于自然财产权之类的东西"，而且"自然状态中的人不拥有他们自己的身体"。但是，斯通纳指出，施特劳斯的观点恰恰与此相反："如果没有某种自然财产权，就不会有霍布斯意义上的自然权利……霍布斯认可自然财产权……：个人的身体和肢体……甚至是'人的内在思想和信念'。"

跳出斯通纳的说法，甚至跳出施特劳斯的说法，或者至少跳出施特劳斯表面的说法，我将提出一个新的看法，即霍布斯的整个论证结构与我下面勾勒的洛克论证非常相似。霍布斯和洛克同样都坚持认为：决定什么是正当的东西，其最终标准是看它是否增进了人类的幸福。这是霍布斯将《利维坦》著名的第十三章命名为"论人类幸福与苦难的自然状况"的原因。这个标题说明，自然状态之所以不好，不仅仅是因为它威胁我们的生命，还因为它妨害了人类的幸福。

毫无疑问，在自然状态中，生命是"短暂的"。暴死是随时存在的威胁。但是，生命还是"孤独、贫困、卑污、野蛮的"——这些缺陷导致了人类的不幸福，但这并不必然导致暴死。仅仅给予生命以保障还无法克服这些缺陷。所有这些缺陷，只有通过文明的生活、道德、教育、科学和友谊才能得到克服，这就要求建立公民社会。我们还可以推论说，野蛮的自然状态使得人们很难满足其"想要探究为什么以及怎么样的欲望"。② 霍布斯说，这一欲望是"一种心灵的欲念，由于对不断和不知疲倦地增加知识坚持不懈地感到快乐，

---

① James Stoner，《施特劳斯误读了洛克吗？》（Was Leo Strauss Wrong about John Locke?），载于 *The Review of Politics*，Vol. 66，No. 4，2004 年夏季号。
② ［译按］参霍布斯，《利维坦》，黎思复、黎廷弼译，商务印书馆，1985，页 40。

所以便超出了短暂而强烈的肉体快乐"（［译按］同上，页41）。这就是说，自然状态之所以糟糕，其中一个原因就是，它剥夺了哲学生活的快乐。

朱克特认为，对霍布斯式的人来说，"思想对其行动不起根本性作用"。人的心智遵守"物质运动的普遍法则"，所以不能支配他的行动。在朱克特看来，霍布斯式的人"主要被恐惧推动"。如果朱克特是对的，那么，霍布斯为何还会认为，当人不受理性的控制（即不受自然法的控制）时，他并不主要是被恐惧推动，而是被虚荣和荣誉推动？如果霍布斯不认为理性可以干预激情的发生机制，那么他为何还要写这些书呢？霍布斯说，他希望"他的这部作品会落到一位主权者手里"，希望这个主权者被书中的真理说服，并将"把这一思维的真理化为实践的功用"（［译按］同上，页289）。

自我所有权作为自然权利的基础？

让我们先将霍布斯这个复杂问题放在一边，继续分析朱克特如何论证洛克自然权利学说的基础。朱克特指出，洛克表面上如此论证自然法和自然权利理论：人的理性能够发现上帝的存在，能够发现上帝制定了一种约束所有人的自然法。这里，洛克使用了他著名的"制造物"论证（workmanship argument）：

> 既然人们都是全能的和无限智慧的创世主的制造物……奉他的命令来到这个世界，从事他的事务，那么，他们就是他的财产，是他的创造物，他要他们存在多久就存在多久，而不由他们彼此之间做主。（《政府论下篇》，6）

据此，朱克特指出洛克并不坚信这个论证，我同意他的看法。也就是说，洛克认为人的理性无法证实这种超越的、来自上帝的自然法是否存在。即使理性可以证实存在一位智慧而强大的上帝，理性也无法证实这位上帝是一位立法者上帝，可以借助奖惩执行他的律法。

我还认同朱克特的是，他认为洛克肯定提供了其他论证来为个体的自然权利奠定基础。朱克特认为这个论证就是，所有人都拥有他们自身："正是基于自我所有权（Self-ownership），洛克打造了他的自然权利理论、正义理论和有限政府理论。"

朱克特指出了洛克在《人类理解论》中对人格同一性的讨论。洛克式的自我，是自我对于过去的行动、将来的可能性及现在的占有物的意识。每个自我都对它寄居的身体、它的所作所为、它意欲实现的计划宣告所有权。朱克特称，这就创造了"对财产权归属的排他性主张"。

但是，我们如何能够像朱克特那样，从这一主张中推导出一种对自我的"道德意义上的不可侵犯"（moral inviolability），从而主张自己的权利不容他人侵犯？朱克特说：

> 每个人主张这项权利，要求他人不能干涉自我所有的东西。由此，逻辑上……就要求每个提出此种主张的自我，都承认他人基于相同理由提出的相同主张。每个自我都会提出这项主张，而依照逻辑，他也必须承认所有其他人的此类主张。

然而，这一推理并不来自洛克本人。他从来没有这样论证道德义务。其实在这一点上，朱克特笔下的洛克看起来像康德。即使洛克有这样的论证，也无法证明朱克特想要得出的结论。"逻辑"怎么会要求我对自我所有权的感知转而认可他人的此类感知？如果诚如洛克所言，"幸福和痛苦"是"每个人对自我的关注而得来的感受"（《人类理解论》，2.27.18），倘若某人相信他的幸福来自于征服和剥削，那么，我们就无法从潜在受害者对自我所有权的主张中得出某种对前者的道德限制。

朱克特的这一主张，即自我所有权是自然权利的基础，还容易遭遇第二种反对意见。洛克经常主张，自然法不仅证成了个体保存自我的权利，还是家长对子女的义务的基础。我们很难看出，自我所有权如何能够产生一种洛克所谓的"上帝和自然给予子女以享受父母养育扶持的权利，作为父母的一项义务"（《政府论下篇》，90）。实际上，洛克并没有试着将父母的义务奠基在自我所有权之上。洛克认为，这种义务来自于父母"繁衍种族和延续后代的强烈欲望"（《政府论下篇》，88）。

朱克特关于洛克的众多论文和著作，在这部著作以及在其他作品中，都存在一个令人惊讶的特点，即它们对洛克式的家庭学说都不发一言，或几乎不发一言，而家庭学说则涉及《政府论上篇》的主要论题和《政府论下篇》的部分论题。我对此感到万分惊讶，因为关于家庭的部分是洛克与霍布斯的学说区别最为明显的地方之一。通常，朱克特总是喜欢指出那些施特劳斯对洛克和霍布斯的一致性言过其实的地方。① 但我此处也只是聊备一说。

最后一点，考虑到洛克对道德法的严格定义，我们很难看出，每个个体的自我所有权如何能够产生一种道德义务。确如朱克特所说，洛克认为，道德义务的唯一来源是某种法，其立法者能够为这种法附加一种惩罚：

> 所谓道德上的善和恶，就是指我们的自愿行动是否契合于某种能致苦乐的法而言。它们如果契合于这些法，则这种法可以借立法者的意志和权力使我们得到好事，反之则便得到恶报。这种善或恶，乐或苦是看我们守法与否，由立法者的命令所给我们的，因此，我们便称它们为奖惩同刑罚。（《人类理解论》，2.26.6）

---

① 施特劳斯和朱克特都忽视了洛克的自然法理论关于家庭的教诲。

自然：生活的指引

与朱克特的观点相反，我赞同施特劳斯的看法，也就是说，从严格意义上讲，洛克的自然法学说并不是一种道德学说，因为洛克无法仅仅通过理性确立道德义务。这个道德义务，是指一位立法者公布一种法并惩罚违背法的人。洛克能够说明自然法为所有人或几乎所有人带来好处，但是他无法证明自然法得到了公布，因为在自然状态中只有很小一部分人知道自然法。洛克也无法证明立法者强制执行了自然法——自然法在自然状态中的执行被交给了每个个体，如洛克自己所言，这其实意味着自然法几乎得不到执行。

我的看法是，洛克式自然法有一个"功利性"（utilitarian）基础。自然法则（laws of nature）就是那些有助于人类幸福的有利规则（rules of convenience）。就此而言，洛克仍然处在柏拉图、亚里士多德、西塞罗、阿奎那、霍布斯以及康德之前的大部分哲人构成的传统中。洛克共享了康德所谓这个传统中的"幸福论"（eudaimonism）。康德反对这种"幸福论"，后来的黑格尔和马克思也是如此。[①]这就是说，在最根本的地方，洛克更靠近那些古典作家，他们同样以"功利性"视角来理解自然正当。根据这个传统，正当的东西之所以是正当的，是因为它有益于人类的福祉。[②]

要弄清楚洛克对自然法和自然权利的论证并不容易，因为洛克从没有在任何地方系统谈论这个问题。他在几部著作中都对此仅仅略微谈及，于是，读者只能自己整合这些零散的论证。事实上，洛

---

① "幸福论"就是"幸福主义"（happinessism），认为道德和政治正当的最终基础是人类的福祉（well-being）。

② 比如，在柏拉图的《王制》卷九和《普罗塔戈拉》中，德性之所以是好的，就因为它们促进快乐或者说幸福；在色诺芬的《希耶罗》中，僭政之所以不好，是因为僭主是最不幸的人。

克在并没有明确提及自然法的地方所做的论证，反而为自然法和自然权利学说提供了理论基础。

我从洛克的《人类理解论》的第二卷讲起。洛克写道："我们的一切行为所要实现的"，不过是幸福（《人类理解论》，2.21.36）。朱克特说，对于洛克来说，幸福"是从反面来定义的——消除不快"。但是，这一等式的错误之处在于，它将洛克有关人类选择动机的解释等同于洛克对这种选择的目标的解释，即"满足、欣喜、快乐和幸福等等"。洛克说，只有当我们感到不快时，即我们感到欲望带来的痛苦时，我们才做出行动。但是，我们由不快的刺激而做出的行动的目标却是幸福。幸福对于洛克来说是真实的东西："智慧的本性（intellectual nature）的最高完善在于，谨慎地、恒常地追求真正坚牢的幸福。"（同上，2.21.51）洛克说，我们必须"心存顾忌，谨防自己将想象的幸福认作真实的幸福"（同上）。我们的欲望将我们引向短期的快乐，却带来长期的痛苦。洛克所给的例子是，人习惯性地贪恋酒杯导致了"健康和金钱的损失"（同上，2.21.35）。人的理性的作用就在于，告诉欲望应该去追求什么且拒绝什么。由于人们常常对此做出错误的判断，所以有必要提升人的欲望，有时甚至应该通过习惯来培养新的欲望。

与朱克特的主张相反，洛克在推理中并没有否定自然能够作为一种标准。事实上，人跟随着自然的指引：

> 我承认，"自然"给了人类一种希求快乐和憎恶患苦的心理，而且这些心理确乎是天赋的实践原则，确乎可以恒常地继续运作，不断地影响我们的一切行动。（同上，1.3.3）

对幸福的理性追求在另一种意义上追随自然：在决定通向幸福的最佳路线时，理性必须注意每个人自身本性的特殊之处。不同的人拥有不同的本性，并不存在适用于每个人的通向洛克所谓"真正幸福"的唯一道路。洛克并不是要说，每个人都可以（用美国最高法院的话来说）"拥有自己对于存在、意义、宇宙和人类生活的奥秘的定义"。恰恰相反，洛克坚决要求，我们应"使自己的心理趣味适合于事物中真正的内在的善与恶"。如果人们做出了错误的选择，比如，选择"以一杯浊酒滋润上颚"，或日复一日地"同醉醺醺的一伙无赖作无聊之谈"（同上，2.21.35），"通过自己仓促的选择，他就为自己设置善恶标准……他既然损坏了他的上颚，则他必须对后来的疾病和死亡负责"（同上，2.21.56）。

只有思考一个人自己的本性，他的渴望和趣味，他的力量和弱点，他才能发现通向幸福的理性道路。洛克的教育论著给出了诸多例子，指导父母该如何和不同的儿童打交道。这些儿童或鲁莽，或胆小，或心智机敏，或心智迟钝。和柏拉图一样，对洛克来说，最好的生活是出于自然的（kata ten phusin），"与自然相符的"，就如同人应该顺着头发的整体纹路梳头，而不是相反。比如说，如果你没有过哲学生活的天资和倾向，那么，你试图去过哲学生活就是浪费时间，用痛苦的付出换来沮丧、焦躁和厌烦。这不会令人愉快。这会导向痛苦而非幸福。这就是洛克对亚里士多德的"目的论"进路的反对意见，后者认为哲学生活是最好的生活。对于亚里士多德的看法，洛克会说，是的，对于有那种能力的人来说，这是最好的生活，但是对于其他人来说，它肯定不是最好的选择。

朱克特说，以洛克哲学为基础的《独立宣言》"设想了一群普罗米修斯式的子民……所以，这暗示着一种'技术性态度'，一种对自然的驯服——如果不能说是征服的话"。朱克特早前的著作《自然权利与新共和主义》①详细地阐述了这个论题。朱克特说，在洛克

---

① Michael P. Zuckert,《自然权利与新共和主义》（*Natural Rights and the New Republicanism*），Princeton University Press，1994。

的论证中,"自然所赐之物,远远无法支撑人类的生活,而仅仅是一些原材料而已。而且,'几乎是没有价值的材料'"。朱克特继续说:

> 使人感兴趣的是,将洛克的劳动理论视为海德格尔关于"持存物"(standing reserve)——即原材料——的理论的先驱……海德格尔谴责的,恰是洛克颂扬的。

朱克特总结道:

> 认为存在一些先于自然权利并为自然权利奠基的自然限制,这种观念其实预设了一个仁慈且深谋远虑的上帝或者自然,但是这一预设站不住脚。

要认识到朱克特笔下的洛克有多么激进,你只需想想海德格尔的"持存物"是这样的实在概念,即除了受制于没有任何自然基础的任意的、任性的人类规划外,它不受任何其他东西的指引。

但是,朱克特对洛克的看法是对洛克式自然过于消极的理解。洛克并没有说,自然什么都没有为我们提供。自然为我们提供了许多极为重要的东西:我们的理性能力,即"上帝之光";我们对幸福的欲求,即我们明了世事、耕耘自己的心智和天资的主要动机;通过劳动可以为我们带来更好生存条件的自然资源。

我们可以看到,洛克在《政府论下篇》第五章胪列了三样事物——朱克特也讨论了这个清单,这几样通常被认为本身没有价值,只有通过劳动才会变得有价值,其中关键一样是水,而劳动将其变成为酒。但我们稍作反思就会发现,虽然在超市中酒比水贵,但是对于生命的保存来说,水的价值要大得多。如果我们只有酒而没有水,那么我们很快就会痛苦地死去。所以,自然提供的"几乎没有价值的材料"其实远不是那么没有价值。

窃以为，梅耶斯（Peter Myers）的《我们唯一的星和指南》是关于洛克道德和政治学说基础的最佳著作，① 如他所言，我们所以为的外界供给的缺乏，只是部分的不足，而非完全缺乏。只要正确使用我们的官能和周围的自然世界，我们就拥有过上优质生活所需的一切。我们无法看透各种存在的神秘。洛克认为我们永远无法知晓任何实体的真正性质。但是，正如他在《人类理解论》卷四的论证，如果善于运用我们观察和推理能力，我们就能对周遭的世界，尤其是那些促进我们幸福的东西，做出颇有希望的判断。我们无法将贫困和压迫从地球上消除（似乎贫困与压迫也自有其价值），但是我们可以借助正确的律法（鼓励"人类诚实辛劳"），通过发展艺术科学来修正人类初始境况的贫困、无知和压迫。人类之境况在外界供给上的部分的不足，绝不是显示了上帝或自然对人的敌意，在洛克的论证中，这恰恰是人类卓越的必要条件。洛克指出，苦乐唤醒了我们，使我们磨炼自己的心智和身体，这显示了上帝或自然的仁慈。罗斯福（Franklin Roosevelt）总统喜欢这个说法，"受制于必然性的人不是自由的人"。但对洛克来说，只有受制于必然性的人，才有能力成为一个自由的人，真正的自由必须通过人的努力才能获得，我们的心智深思熟虑地对我们心中存在着的冲突激情做出选择，从而使我们不受制于他人的意见。

虽然洛克称人类的本性千差万别，但是他其实只提到了两种人：一种是"饕餮之徒"，他们的"个人兴趣在于肉欲"，另一种是"好学的人"，他们的满足在于"知识带来的快乐"（《人类理解论》，2.21.43）。在总结通往幸福的不同道路时，洛克似乎采取了一种简单的相对主义：

---

① Peter. C. Myers，《我们唯一的星和指南：洛克与政治理性的斗争》（*Our Only Star and Compass: Locke and the Struggle for Political Rationality*）。Rowman & Littlefield, 1998。

> 古代哲学家徒然追问，至善（summum bonum）究竟在于财富呢？还是德性呢？还是思维呢？或是身体的快乐？可在我看来，这个问题是无意义的。要这样问，则我们亦可以合理地争辩，所谓至味是存在于苹果呢？酸梅呢？还是核桃呢？那样的话，则我们亦可以在这方面有了各种派别了。

但是紧接着，洛克给出了一个颇有启发性的比喻来说明这个问题：

> 人们所选择的事物虽然可以各有差别，可是他们所选择的都是正确的。在这里，我们正可以假定他们如同一群昆虫。其中有的是蜜蜂，所爱的是花与甜味；有的是甲虫，所爱的又是别的食品。（《人类理解论》，2.21.55）

洛克的这个比喻将人分为两种：追逐花朵的蜜蜂；追逐其他食物（垃圾或粪便？）的甲虫。在《人类理解论》中，洛克将自己形容为是真理的探索者（即"好学者"），并他将自己的书喻为一篮鲜花。由此可见，他将自己看作是蜜蜂那样的人。洛克写道：理解力"是灵魂的最高官能，因此，我们在运用它时，比在运用别的官能时，得到的快乐更多，也更长久"（"致读者"）。我们可以将人类分为两个主要类别：蜜蜂和甲虫。他们追求各自的快乐。洛克完全意识到，大部分人是甲虫，他们的"兴趣在于肉欲"。①

如果每个人的最佳生活取决于准确评价他的欲望，那么，每个人都必须知道自己的本性是蜜蜂还是甲虫，进而选择自己的生活道路。洛克说，理性能够告诉我们如何合理地追求幸福。但是，亲

---

① 在其他著作中，洛克认为存在三种而非两种不同的人：在追求知识中获得快乐的哲人；乐于将荣誉作为生活准则的绅士（可见之于《教育片论》）；追逐感官享乐的普通人。这三种类型对应于亚里士多德《尼各马可伦理学》中讨论的三种人。不过，讨论这个问题就有点超出本文的范围了。

身实践并非易事，特别是对于那些感官享受者来说。相对于那些更为长远的快乐，如洛克在《政府论上篇》中提到的生养自己子女的快乐，这种感官享受者更容易受到吃喝所带来的眼前快乐的影响。

洛克常常强调，人类在多数时候极不理性。他们为自己的激情和想象所左右，从而为愚蠢或有害的风俗和信念，特别是宗教谬见所支配。不妨用洛克的一个较为悲观的画面来形容：大多数人在人生的道路上踯躅，就像盲人骑马，在路上沿着同一条车痕进进退退、止步不前。他们使自己受制于自己的激情、想象以及他人的意见。换句话说，对于洛克来说，人类生活的一个巨大问题在于，虽然依照本性，所有人都追求他们自己的幸福，但是，关于什么是他们的幸福、如何实现其幸福这些问题上，几乎所有人都难免经常犯下显而易见的错误。

自然法

要不是由于两个重要的事实，这种几乎普遍存在的非理性会使人类生活陷入悲惨的境地。现在，我们终于得面对自然法的基础这一问题了。

首先，虽然在某些方面人们的本性不尽相同（《人类理解论》，2.21），但是，我们的本性还是在诸多方面相似（特别是在《政府论》中，这些相同因素是一个重要的主题）。就人类幸福的内容或至少就人类幸福的条件而言，这种相似令所有人或者说大部分人能够达成部分的一致。如果我们中间的某个人，其理性程度使他足够察知这个部分一致的内容，而且他能够劝服或迫使多数人做出正确决定，那么，大多数非理性的人就能够从中获益。这个理性的人关于什么规则能使每个人受益的结论就是自然法。这就是政治能够达致公共善的原因。这就是道德法能够使每个人获益的原因。

所以，洛克在《政府论上篇》中写道，当自然法能够体现于"社会的实定法"时，它就会"在公共规则所能提供的范围内为社会每个具体成员谋福利"（《政府论上篇》，92）。同样，在《政府论下篇》第六章，洛克说，自然法的存在就是为了促进受到自然法约束的人的幸福。

朱克特称，"那些基本的洛克式权利并非实现其他目的的手段，而是个体自我意识的先在（preexisting）结构的普遍化"。但是，洛克在《政府论上篇》论述自然权利基础的一个关键段落中说，杀死并吃掉动物的基本权利、儿童享有的受父母照顾的基本权利，确实"是实现其他目的的手段"，即实现自我保存和自我永存的手段。一个人的理性宣告说，实现这些目的的手段是一种权利，因为这些手段对于"他的存在是必需的、有用的"。

自然法如何能够促进受它约束的每个人的幸福？有的方法是保障幸福的条件（例如和平状态），有的方法是要求我们践行幸福所要求的事情（生养和教育后代）。自然法要求我们必须进食、结婚、生育儿女、勤劳而不好争吵、建立依法而治的公民社会并保卫这个社会。如果我们这样去做，我们会活得更长，通过我们的孩子获得身体意义上的永生，在物质需求上得到极大的满足，并拥有一种品质，能够享受爱和友谊带来的愉悦。

朱克特曾偶然地触及洛克对自然法基础的这一分析，但他没有发现，这就是他想要找的答案。例如，朱克特在《自然权利与新共和主义》中注意到，洛克强调的是，法律的目的（当然也包括自然法的目的）经常被描述为"利益""善""幸福"，并最终落脚于"自由"。但是，这个发现并没有使得朱克特得出我认为较为恰当的结论，即准确地讲，一个人的利益、善和幸福——而非自我所有权——才是自然法的基础。

对洛克来说，自然法要求尽可能地保存每个人，建立政治共同体，评价任何宗教以及教育年轻人时，这是检验其是否卓越的标准。洛克在《教育片论》中写道：

> 实际上，如果全人类的保存，在每个人的心目中成为一种信念，真正地把它当作每个人应尽的职责，当作调整我们的宗教、政治和道德的真正原则，那么，这个世界将会比现在的状况恬静得多、平和得多。①

全人类的保存要求人类的存续。只有当人们生育子女并充分教育他们以获得独立能力时，人类才可能存续。因此，自然法包含了婚姻制度，视其为一项持久的合约。此外，如洛克在《政府论上篇》所暗示，自然法同样不赞成鸡奸和乱伦。这两种行为干扰了人类的繁殖和（或）婚姻的健全，"实非自然的主要意图"（《政府论上篇》，59）。

自然法如何有效

除了人性的部分相同外，还有另一个重要的事实，令我们多少能够解决人类处境中无处不在的非理性问题。虽然绝大多数人无可救药的非理性，但人们还是能够受法律驱动依照他们的真正利益行动，即使他们的激情和想象使他们误入歧途时也是如此。这就是道德法的作用。

存在三种道德法（《人类理解论》，第二卷）：神法（上帝惩罚罪恶）、民法（civil law，政府惩罚犯罪）、意见法或风俗法（你的朋

---

① ［译按］中译参洛克，《教育片论》，熊春文译，上海：上海人民出版社，2005，页192。

友、家庭和熟人通过羞辱和使你丧失名誉的方法来惩罚他们不赞同的行为)。如果说，一个人生活于其中的社会，拥有合理的宗教教义、正确的政治法律，关于什么是对错有着明智的社会共识，那么，他很有可能在他自己本性的范围内获得个人幸福。朱克特分析了他所谓的洛克的"超越性自然法"，他的分析表明，这种自然法被视为上帝明确命令的神圣道德法。

首先，就神法而言，朱克特在精彩分析《基督教的合理性》的一章中指出，根据洛克的说法，基督教要求我们尽最大努力服从自然法。在自然法的纯粹理性说明之外，基督教增加了关于上帝奖惩的观念。正如洛克在《人类理解论》中所言："道德的基础……只能是上帝的意志及其律法。他手握奖惩之大权，暗中观察人类。"(《人类理解论》，1.3.6)洛克说，若非如此，自然法就没有效力。换言之，如果能劝服人们相信这样一种宗教，他们就更有可能遵从自然法。洛克指摘古代哲人没有充分注意到，我们需要一个宗教，需要宗教许诺奖励和惩罚的威胁来教导人们变得有道德。

其次，民法同样令自然法有效。洛克在《政府论下篇》中阐述了，我们应当如何建立一个政府来执行自然法。为了执行自然法，政府必须做到以下这几点：保护个体、禁止奴隶制、保卫私有财产权、保障所有坚持宗教宽容和合理道德的宗教享有宗教自由、鼓励婚姻和稳定的家庭、保证政府以法治方式运作；自然法还要求政府能够获得被统治者持续的同意，具体方式即代表的定期选举。

顺便提一下，朱克特说，"美国革命的自然权利哲学"是洛克式的，它"并不必然包含（或排除）……现代福利国家"。对此我不敢苟同。洛克指出，婚姻"即使在生育之后，还应该在有必要养育和扶持儿童的期间维持下去，这是因为儿童应该得到生身父母的保育扶持，直到他们能够自立谋生为止"(《政府论下篇》，79)。洛克还说，上帝将地球给予人类，"是给予勤劳和理性的人利用……不是服务于那些好事争吵的人们的贪婪和幻想"（《政府论下篇》，34）。正如拙著《为国父们辩护》① 一书关于福利的那一章中所言，现代福利国家违背了洛克的这些戒规。现代福利国家资助单身母亲和失业人员，允许那些好事吵闹纷争的人从勤劳理性的人那里获得资助，使用政治权力强迫一个群体为另一个群体买账，而不是去激励持久的婚姻和勤勉自强。洛克在 1697 年的福利方案中提出了"促进就业，使本国穷人得到雇佣的合理方法"。② 例如，他提出，那些生活在海边的四肢健全的乞讨者，应该遣送至

> 附近的港口城镇，让他们在那里劳动。等到有国王的船只经过或停靠附近时，设法让这些人上船工作。他们在船上依照严格的纪律服役三年并按照士兵标准领取薪水。

第三，意见法或者说风俗法对于自然法发挥效力来说也必不可少。洛克关于教育的著作教导说，父母应该给子女灌输一种荣誉感和羞耻心。这是让儿童获得道德德性的最有效方法。洛克所有的著作都致力于改变他的读者中存在的"风俗法"，以形成某种道德意见，从而令不道德的人羞愧，予正派的、理性的和勤勉的人以荣耀。洛克的著作特别想要改变精英的意见，因为它引导着普通人的意见，

---

① Thomas G. West，《为国父们辩护》（*Vindicating the Founders: Race, Sex, Class, and Justice in the Origins of America*），Rowman & Littlefield Publishers，2000。

② [译注] 作者这里指的是洛克在 1697 年担任英国贸易部（Board of Trade）委员时所写的《济贫法》。这个议案在 1697 年十月被递交到贸易部，但是被驳回了。洛克的这一文本被收录在 Mark Goldie 所编的《洛克政治论文集》：John Locke，《论济贫法》（An Essay on the Poor Law），载于 *Political Essays*，Cambridge：Cambridge University Press，1997。

反过来，普通人的意见又会创造一种鼓励合理的宗教意见、鼓励明智的政治、鼓励遵从自然法的意见的氛围。

洛克与圣经

这里我想申明，我对朱克特有关洛克所论圣经问题的看法持保留态度。朱克特注意到，洛克既想支持基督教又想让基督教在推进自然法中发挥作用。朱克特似乎颇为正确地指出，洛克对基督教的理解使得基督教适于扮演"公民宗教"的角色，一种有助于现存政治秩序的宗教。尽管如此，朱克特对洛克这般努力的成效还是深表怀疑。朱克特在本书分析洛克《基督教的合理性》一章的结尾处指出，洛克的"哲学破坏了"他想要教诲的基督教"赖以存在的条件"。朱克特提到，洛克赞同"在身体、政治和道德方面改进人类的境况"。依照朱克特的看法，这令洛克的基督教教诲对其自身造成了损害。朱克特写道：

> 逐渐而持续发生的这些损害，以及由洛克引起的或与他相关的那些理念的扩散，使得洛克试图要发展的公民宗教变得极为脆弱，甚至真的是一败涂地……几乎在洛克写作之后不久，那些声称是他的追随者的人，比如托兰德（Toland）、廷德尔（Tindall）、科林斯（Collins），都对基督教提出了批判。

朱克特承认，这些人"遗忘了洛克言说的某个重要部分"。但是，朱克特相信，这些自然神论或怀疑主义的鼓吹者，"也在试图以更为彻底的方式来推进洛克的公开追求的一个组成部分——为了人的自由而超越圣经的引导"。

我并不认为洛克试图将人从圣经的引导中解放出来，除非你的看法是，根据圣经，人们应该处于一种童真般的无知状态，并服从暴虐的统治者。如果这就是圣经的引导方向——我知道有神学家持此看法,那么,阿奎那也试图"为了人的自由而超越圣经的引导"。洛克,在我看来阿奎那亦如是,试图让人摆脱某些特定的暴虐统治者和错误的理念,这也包括摆脱基督教的错误解释,并代之以更倾向于为了公共利益而进行统治的统治者和有利于这种统治及其相应道德环境的理念。

圣经的引导实为这一理念:上帝为包括那些"好事争吵的人们的贪婪和幻想"在内的人的激情设定了界限。一个人应该崇拜、敬仰上帝,尊敬自己的父母,不应偷盗、通奸、包庇伪证者或贪图名利。这些都是洛克极力赞同的圣经诫命。

朱克特还说,洛克认为圣经的主张

> 含有一种绝对比希腊哲学更先进的东西,即对自由的强调。首先是自由的上帝和自由创世的上帝,其次是人类作为这样的上帝的影像的自由。

这句话中可以看出我与朱克特的最大分歧。我坚持相反的看法:洛克一生的奋斗是为了克服人的任性,克服人对控制之欲毫无理性的热爱。他在工作中观察到,许多当时的教授、牧师和贵族身上都存在这个问题。正如在政治学中,洛克试图制衡内在于人性中的专横倾向,他也试图让哲学回归其原始的任务:探求事物的本性而不是将任性的独断强加于现实。这种强加或通过中世纪的经院主义,这些强加者抱着文字可以决定现实的想法而使用文字,或通过启蒙教条主义,这些强加者认为,基于在身体领域所获得的发现,就可以回答所有问题。从这个角度看,洛克对天赋观念的批判重申了古老的苏格拉底洞见:我们仅仅知道我们对大部分事情都一无所知。我们最多能够从多少有些可能性的事物中形成判断,这还取决于我们寻找和考察相关证据时的细致程度。

结论

　　这篇评论的部分读者也许会问，我们为何要去关心洛克的想法。洛克在300年前的一个与我们非常不同的世界中发表了其著作。尽管如此，洛克是自马基雅维利以来最具影响力的哲人之一。在很长一段时间内，他的学说在美国、英国和欧洲大陆遭到了诸多抨击。但是，它们并没有烟消云散。特别是在美国，其制度、宗教和道德习惯仍然显示出很强的洛克印记。如果洛克的教诲确如朱克特所说的那样激进，那么，也许我们这个时代的历史主义和自由主义都源自我们的建国原则，它们是洛克有关自我所有权和人类执意征服自然的学说的自然结果。但是，如果我关于洛克道德哲学根基的判断正确，那么，美国的建国，就是基于这样一个可靠的哲学基础，我们可以在始于苏格拉底的伟大传统中发现它。这有助于我们解释，为何美国能够延续至今，而且在使它的国民享受自由方面表现得如此出色。如果我们想继续获得这种享受，它也有助于我们去通盘思考美国将来需要怎样的道德和政治规划。

（译者单位：华东政法大学科学研究院）

古典作品研究

莎士比亚英国历史剧中的自由

巴克(Chris Barker)撰

包帅 译 罗勇 林凡 校

> 尽管世界与良知争吵不休
> 可我不会蔑视此世/此世赋
> 予人的一切/于我助益良多。
> ——《世界与孩子》,无名氏,(1552)

一、引言:君王之鉴与忏悔者之鉴之间的政治①

学者们研读莎剧,以了解政治与职责、爱和友谊,了解人类生活的其他重要主题。这种教育是"莎士比亚神话"的要核:莎士比

---

① 信仰改宗是"圣保罗的戏剧",保罗是"所有改宗和忏悔者的镜像和模式",参 Montagu,《精神杂谈》("Miscellanea Spiritualia"),收于 Alison Shell,《莎士比亚与宗教》(*Shakespeare and Religion*),London:Methuen,2010,页26–28。

亚可以教育所有人——男人、女人和公民。①有一种观点认为，16世纪90年代的莎士比亚是一位传统有神论者，接受神意（providential）历史中的神圣安排，是一位世俗化的马基雅维利主义者，或是一位原共和主义者（protorepublican），提倡在法治之下共同的公平生活，本文通过挑战这个看法，证实"莎士比亚神话"所言不虚。有别于这些简化莎士比亚的做法，我认为，莎士比亚是一位哲学自由主义者，他感兴趣的是合法性、稳定、参与、安全和个人在社会中的地位，不过，他采取的方式，既无需对其时代的政治形式和宗教生活进行彻底启蒙，也无需全盘否定启蒙。

许多学者假设，莎士比亚对政治理论贡献不大。德泽尔柴尼斯（Martin Dzelzainis）说，莎士比亚在政治思想史中"无足轻重"。②不过，近五十年来，人们对作为政治思想家的莎士比亚的兴趣日浓。这些日益增多的研究文献可分三类探索莎士比亚政治思想的进路。一是挖掘哈菲尔德（Andrew Hadfield）所谓的17世纪"无处不在的共和主义"，并将莎士比亚的政治偏好与共和主义倾向的早期迹象联系起来谈论。③另一种稍有不同的进路则认为，莎士比亚的政治贡献

---

① Michael D. Bristol，《莎士比亚神话》（Shakespeare: The Myth），收于《莎士比亚指南》（A Companion to Shakespeare），David Scott Kastan 编，Oxford: Blackwell, 1999，页 489–502。

② Martin Dzelzainis，《莎士比亚与政治思想》（Shakespeare and Political Thought），收于《莎士比亚指南》，前揭，页 100–116。

③ Andrew Hadfield，《莎士比亚与文艺复兴时期的政治》（Shakespeare and Renaissance Politics），London: Thomson Learning, 2004；Hadfield，《莎士比亚与共和主义》（Shakespeare and Republicanism），Cambridge: Cambridge University Press, 2005，页 47；David Armitage, Conal Condren 和 Andrew Fitzmaurice 编，《莎士比亚与早期现代政治思想》（Shakespeare and Early Modern Political Thought），Cambridge: Cambridge University Press, 2009。

在于他论及的伊丽莎白治下的各种王位继承危机和宗教危机，正是这些危机使伊丽莎白时代的政治生活得以兴起。① 还有一些学者主要关注剧作中呈现的政治哲学。②

　　本文大致属政治哲学研究进路。不过，解释莎士比亚的政治哲学时，为了不脱离当代政治和哲学语境，我打算重启一个古老的学术问题，这个问题涉及世俗史与神意历史的张力。探究这种紧张的最好起点就是莎士比亚的英国历史剧，因为关于历史变迁背后的意义，这些剧作提供了一种最为后世津津乐道的描述。③ 据我对这些剧作的理解，莎士比亚深刻、同情但最终批判地回应了作为现代自

---

　　① Howard Erskine-Hill，《诗歌与政治之域：从莎士比亚到德莱顿》（*Poetry and the Realm of Politics: Shakespeare to Dryden*），Oxford：Clarendon，1996；Hadfield，《莎士比亚与共和主义》，前揭。

　　② 布鲁姆、雅法，《莎士比亚的政治》（*Shakespeare's Politics*），Chicago：University of Chicago Press，1981，（［校按］《莎士比亚的政治》中译参潘望译，南京：江苏人民出版社，2009）；阿鲁里斯、苏利文编，《莎士比亚的政治盛典》（*Shakespeare's Political Pageant*），Lanham，MD：Rowman & Littlefield，1996（［校按］《莎士比亚的政治盛典》中译参赵蓉译，北京：华夏出版社，2011）；John Alvis and Thomas West 编，《政治思想家莎士比亚》（*Shakespeare as Political Thinker*），Wilmington，DE：ISI Books，2000；Leon Craig，《哲人与王者：莎士比亚〈麦克白〉与〈李尔王〉中的政治哲学》（*Of Philosophers and Kings: Political Philosophy in Shakespeare's "Macbeth" and "King Lear"*），Toronto：University of Toronto Press，2001（［校按］《哲人与王者》中译见汤梦颖译，北京：华夏出版社，2018 年即出）；Mary Ann McGrail，《莎士比亚笔下的僭政》（*Tyranny in Shakespeare*），Lanham，MD：Lexington Books，2001。

　　③ 莎士比亚写了两部四部曲，《理查二世》、《亨利四世》上部和中部、《亨利五世》、《亨利六世》一到三部、《理查三世》。它们涉及的是 1398 到 1485 年之间的英国史；如果包括《约翰王》和《亨利八世》，则莎士比亚笔下涉及了 1216 到 1533 年之间的时代，不过 1216—1398 年和 1485—1520 年这两个时段没有被涵盖在内。

由主义的根基的世俗的反神意论（anti-providentialist）史观。①②蒂利亚德（E. M. Tillyard）阐明了神意论史撰的核心观点，他认为，对事件的叙述背后蕴含一种要求扬善惩恶的神意秩序，③即便根据其他学者修正的观点来看，莎士比亚本人未必相信自己描述的道德秩序。④把莎士比亚看作神意论史家的主要根据是马基雅维利的著作。⑤马基雅维利的思想，已被等同于如下观点：基督教导致了现代世界对政治的误解，特别是对历史的基督教式曲解使得政治遭到误解（《论

---

① ［校按］一般来说，神义论，或者神正论对译的英文是 theodicy，而 providentialism 与之有所不同，更多指向神意的安排，重点不是其中具有的正义层面——虽然也有这层意味，故而本文译为"神意论"，既是区别，也是某种强调。

② 施特劳斯，《霍布斯的政治哲学》（*The Political Philosophy of Hobbes*），Elsa Sinclair 译，Chicago：University of Chicago Press，1963，xv-xvi（［校按］《霍布斯的政治哲学》中译见申彤译，南京：译林出版社，2001）；施特劳斯，《自然权利与历史》（*Natural Right and History*），Chicago：University of Chicago Press，1999，页177（［校按］《自然权利与历史》中译见彭刚译，北京：生活·读书·新知 三联书店，2006）。

③ E. M. W. Tillyard，《莎士比亚的历史剧》（*Shakespeare's History Plays*），New York：Penguin Books，1991（［校按］《莎士比亚的历史剧》中译见牟芳芳译，北京：华夏出版社，2016）；Phyllis Rackin，《历史的舞台》（*Stages of History*），Ithaca, NY：Cornell University Press，1990，页80-81。

④ Richard P. Wheeler 和 Hugh M. Richmond，《莎士比亚〈理查三世〉论集》（*Critical Essays on Shakespeare's Richard III*），Boston：Twayne，1999。

⑤ Tim Spiekerman，《莎士比亚的政治现实主义：英国历史剧》（*Shakespeare's Political Realism：The English History Plays*），Albany：State University of New York Press，2001。这部著作可能是对马基雅维利在英国历史剧中的影响的最全面的研究。本文探讨的天命论历史和马基雅维利主义历史之间的紧张，已经被广泛提及。比如，E. M. W. Tillyard，《伊丽莎白时期的世界图景》（*The Elizabethan World Picture*），New York：Vintage Books，1960，页8。

李维》，第一章前言，6；第二章，2，131）。①马基雅维利的人文主义标榜关注的是积极获取此世荣耀；但我想表明的是，提高人的荣耀需要削弱上帝的权威，败坏神意历史，同时否定对来世福祉的追求。②

然而，马基雅维利的政治生活（vivere politico）并没有为了激发

---

① 我在引用马基雅维利最主要的著作时，依据的版本是 Niccolò Machiavelli，《李维史论》（Discourses on Livy），Harvey C. Mansfield 和 Nathan Tarcov 译，Chicago：University of Chicago Press，1996；Machiavelli，《君主论》（The Prince），Harvey C. Mansfield 编译，Chicago：University of Chicago Press，1998。对于神圣历史，有许多不关注马基雅维利的影响的其他方法。有的学者强调莎士比亚对内在性（interiority）的发展受到新教关于良知的看法的影响。就 Robert Hunter（《莎士比亚与上帝审判的奥秘》[Shakespeare and the Mystery of God's Judgments]，Athens：University of Georgia Press，1976）的观点而言，新教对莎士比亚的内在性的发展是必要的，但并非充分条件。另参 Martha T. Rozett，《拣选教义与伊丽莎白时期悲剧的出现》（The Doctrine of Election and the Emergence of Elizabethan Tragedy），Princeton：Princeton University Press，1984，她也认为，信徒对神之选择的强烈关注，以及加尔文教徒在确定性方面的缺乏，是形成伊丽莎白时代戏剧的内在性的重要原因（页38）。John S. Wilks，《文艺复兴悲剧中的良知观》（The Idea of Conscience in Renaissance Tragedy），London：Routledge，1990，他将莎士比亚戏剧置于文艺复兴时期的道德剧以来的近代悲剧不断发展的进程之中。Shell 在《莎士比亚与宗教》中说道，宗教道德在莎士比亚的戏剧世界中占有一定的位置，但它"还不算主要的叙述框架"。其他的说法则更多地将托马斯·莫尔定位为莎士比亚的教育者（Charles A. Hallett 和 Elaine S. Hallett，《莎士比亚与莫尔爵士之间的艺术联系》[The Artistic Links between William Shakespeare and Sir Thomas More：Radically Different Richards]，[New York：Palgrave Macmillan，2011]），或者强调其他人文主义的、修辞术的和塔西佗精神的影响。下文将会更多讨论这个问题。

② 关于具体语境的研究，主要思考的是莎士比亚笔下如何使用马基雅维利。举例而言，Hadfield（《莎士比亚与共和主义》，前揭，页10）提醒我们，在伊丽莎白统治下的四分之三时间内，王国中有两位王后；在《莎士比亚与文艺复兴时期的政治》（前揭，页36-77），通过在对"真实和虚假的主权"的身份的怀疑语境中考察德性问题，哈菲尔德重新探讨了"马基雅维利式德性究竟是什么"的问题。

政治行动者而简单地否定神圣的事物；相反，马基雅维利以神意论为修辞，使他的计划更具吸引力。① 我认为，莎士比亚所理解的马基雅维利对历史的研究，不仅仅是用武装人员取代马基雅维利所谓的"手无寸铁的天堂"，而是要代之以一种新的推崇积极公民的政治宗教，或者用"武装的天堂"取代"手无寸铁的天堂"。②提前透露一下这一论证：马基雅维利意识到，把此世彻底世俗化地描述为必然与机运之间的相互作用，这不会激发政治行动，于是，他将此世人性化（humanizes），我们不妨举一个使人难忘的例子，他将命运拟人化（personifying）为一位可以且应当被征服的女人（《君主论》，第二十五章，101）。尽管关于世俗化进程的主流研究并未系统考察马基雅维利的著作，③但这不应妨碍莎士比亚的读者去考察莎士比亚对马基雅维利的看法，并追问，我们视之为严肃政治思想家的莎士比亚，是否认真审视过马基雅维利对神意历史的挑战。

为了探究莎士比亚笔下对马基雅维利主义批评性的处理，我们首先必须回答一个问题：如果说，马基雅维利是自由主义者和现代

---

① 对于一种同我的观点有些相似的关于"政治领域"的阐述，可参看Erskine Hill，《诗歌与政治之域》（*Poetry and the Realm of Politics*），前揭，页5。就标志着主要关注政治生活而非宗教或伦理生活的 *vivere politico* 而言，可参 Maurizio Viroli，《马基雅维利与共和政治观》（Machiavelli and the Republican Idea of Politics），收于 *Machiavelli and Republicanism*, Gisela Bock, Quentin Skinner 和 Maurizio Viroli 编，Cambridge：Cambridge University Press，1990，页152 – 161。

② 参施特劳斯，《关于马基雅维利的思考》，前揭；Vickie B. Sullivan，《既非基督徒又非异教徒》（Neither Christian nor Pagan：Machiavelli's Treatment of Religion in the *Discourses*），载 *Polity* 26, No. 2 (1993)，页259 – 280；Sullivan，《马基雅维利笔下的三个罗马》，DeKalb：Northern Illinois University Press，1996。

③ Charles Taylor，《世俗年代》（*A Secular Age*），Cambridge，MA：Belknap Press of Harvard University Press，2007；Michael Gillespie，《现代性的神学起源》（*The Theological Origins of Modernity*），Chicago：University of Chicago Press，2008（［校按］中译参张卜天译本，长沙：湖南科学技术出版社，2012）。

自由主义政治学的创始人,那么,我们对他的理解是否正确呢?几个世纪以来,马基雅维利的共和主义(republicanism)一直是学界争论的焦点,著名人士比如卢梭就为马基雅维利辩护,称之为杰出的共和主义者,与此针锋相对的是那些反马基雅维利人士,比如教皇英诺森三世(Innocent Gentillet)和弗里德里希大帝(Frederick the Great),他们提出了通常但也并不总是受宗教影响的观点。晚近数十年,马基雅维利对共和主义的贡献,已成为剑桥学派辩护公民共和主义(civic republicanism)、共和不干预(republican noninterference)或共和不支配(republican nondomination)的基石。① 波考克(J·G·A Pocock)的基本观点是,"所有公民人文主义"的"亚里士多德式"的范本,是马基雅维利对古典共和的复兴,虽然这一复兴导致了德性的"军事化",因为马基雅维利认为,没有这种尚武精神,现代共和的公民身份就无法促成或保证充分参与的生活。② 与早期现代先驱尼达姆(Marchamont Nedham)和哈林顿(James Harrington)

---

① J. G. A. Pocock,《马基雅维利时刻》(*The Machiavellian Moment: Florentine Political Thought and the Atlantic Republican Tradition*), Princeton: Princeton University Press, 1975, 页333-360([校按]中译参冯克利译本,南京:译林出版社,2013); Quentin Skinner《马基雅维利》(*Machiavelli*), Oxford: Oxford University Press, 1981; Quentin Skinner,《自由主义之前的自由》(*Liberty before Liberalism*), Cambridge: Cambridge University Press, 1998([校按]中译参李宏图译本,上海:上海三联书店,2003); Philip Pettit,《共和主义》(*Republicanism: A Theory of Freedom and Government*), Oxford: Oxford University Press, 1997, 页28-29。[校按]中译参刘训练译本,南京:江苏人民出版社,2006。

② Pocock,《马基雅维利时刻》,前揭,页213。但参看 Vickie B. Sullivan,《马基雅维利瞬间消逝的"马基雅维利时刻"》(Machiavelli's Momentary "Machiavellian Moment": A Reconsideration of Pocock's Treatment of the Discourses), 载 *Political Theory* 20, No. 2 (1992), 页309-318;以及 Christopher Nadon,《亚里士多德与共和范式》(Aristotle and the Republican Paradigm: A Reconsideration of Pocock's Machiavellian Moment), 载 *Review of Politics* 58, No. 4 (1996), 页677-698,两篇论文中都可以看到对 Pocock 的马基雅维利和亚里士多德研究的批判。

等一脉相承,斯金纳(Quentin Skinner)的新罗马观认为,正是马基雅维利恢复了免受君主统治(in potestate domini)的古代自由观。①因此,剑桥学派内部的马基雅维利研究者认为,现代的马基雅维利式共和主义以罗马法规定的奴隶与自由民之间的法律区别为基础,这种共和主义提供了一种方式,不仅能普遍享受消极自由,也享有免受统治的自由这一共和主义的核心价值。②

在其具有开创性又颇有争议的著作《关于马基雅维利的思考》中,施特劳斯依据一个国家实现安全与稳定的能力,来阐释马基雅维利的自由主义,这种能力倾向于但并不必然是共和主义(《关于马基雅维利的思考》,前揭,页288)。施特劳斯写道,"倘若人们把共和政体或共和主义视为《论李维》的唯一(甚或)最重要主题",那么,"人们就误解了马基雅维利对李维的描述"(页317,注释51)。相反,在马基雅维利对"所有党派和所有人尽其所能获取权力的中肯建议"中,马基雅维利本人超越了共和派或君主派的成员身份,成了两派的老师,而这种在[政制]形式上的模棱两可,正是现代自由主义政治所独有的。③马基雅维利[政制]形式的暧昧,抹平了有罪的僭主与无罪的僭主的区别,也抹去了"共和政制的大公

---

① Quentin Skinner,《自由主义之前的自由》,前揭,页36-47。Pocock(《马基雅维利时刻》,前揭,页40-41)认为,男性公民美德可以塑造命运,恰如形式之作用于质料,而公民们通过行动将自己变成了"自己本来就是,且生来就应该成为的"政治动物。Quentin Skinner(《共和主义的政治自由观》,前揭,页293-309)质疑了"需要服务于某种社会来成为最完全的自己"这种悖谬的说法。作为对Skinner的基本思想的发展,Philip Pettit 认为,共和主义的核心要素是非统治的消极自由,这是被Pettit 描述为能直视权威人物的"自由之丰富的旧观念"(Pettit,《共和主义》[*Republicanism*],前言,页viii,页49)。

② Skinner,《共和主义的政治自由观》,前揭,页37,页39。

③ Harvey C. Mansfield,《马基雅维利的德性》(*Machiavelli's Virtue*),Chicago: University of Chicago Press, 1996,页293。

心创建者与僭政的自私创建者"的区别（页272-273）。此外，这种暧昧也无需公民充满公共血气的"内心转变"——我们期望从公民共和主义者（或基督徒）身上看到这种转变（页281）。

但是，如果他不是出于一种爱国主义或共和主义的计划，马基雅维利为什么要写这些著作来促进政治自由主义？施特劳斯认为，马基雅维利的目的是"最高自由"和"最高荣耀"（页267-268，244，282，286-288）。在施特劳斯的马基雅维利解读中，"最高自由"是"最优秀之人"的自由，这种人依靠关于"'世界'的知识"而不再受制于偶然性的力量。拥有第二种"最高自由"的人独领（uno solo）新政治秩序的风骚，这正是马基雅维利对有野心者明确的鼓励（《论李维》，第一章，9，28-30）。前一种自由表达的是想象力的最广阔野心，并使写作伟大政治哲学著作的欲望变得有意义，后一种自由则表达出那些渴望直接领导众人的人的实际野心。

在莎士比亚的英国历史剧中，对思想家们最高尚的自由和领导者们的野心勃勃的自由之间紧张关系的描写，比马基雅维利的作品表现得更为明显。虽然莎士比亚和马基雅维利都承认，对于更高自由的渴望通常会被用于实现"安全"这一很平淡的目的，但只有莎士比亚直接地对这种安排的公正性提出了质疑。"真正的、完全独立、令人满意的"且"只有通过观察'世界上的事物'才能得到"的马基雅维利式的自由，是"唯一真正值得拥有的自由"，对于这一看法，莎士比亚虽然从未直接批判，但是，马基雅维利式的政治自由还是在历史剧中受到了批判，因为这种政治自由声称自己最了解这个世界，但其实它并非完全了解。①对马基雅维利来说，了解"世

---

① 譬如《论李维》，II. 1 和 III. 43；Harvey C. Mansfield，《施特劳斯笔下的马基雅维利》（Strauss's Machiavelli），载 *Political Theory* 3, no. 4 (1975)，页372-384；施特劳斯，《关于马基雅维利的思考》，前揭，页263。

界上的事物"不仅指了解自然界中的比特和原子,"国家和宗教,或是有别于简单个体的'混合体'(即'自然体')也被包含在'世界上的事物'这一范围内"(《关于马基雅维利的思考》,页17)。但马基雅维利对复杂社会世界的阐述太彻底,或许也太直白,因为他赞美人们追求荣耀的行为,即使这种对荣耀的追求会招致疲劳、损伤、重负和死亡,对此,莎士比亚对马基雅维利的阐述明确地提出了批判。正如普劳(Avery Plaw)所言,在莎士比亚笔下,马基雅维利式的"现实主义"在消耗生命而非充实生命。①

莎士比亚对政治自由主义的贡献,在于以非马基雅维利的方式明晰地关注野心的原因和目标,尤其是关注马基雅维利对较高和较低的自由的故意混淆。在下文的解释中,在我挑选的英国历史剧中最重要的段落里,莎士比亚笔下最马基雅维利式的人物——理查三世,戏剧化地呈现了马基雅维利式自由主义背后的矛盾。莎士比亚笔下丑化的、迷失本性的理查三世,不惜以"全世界都灭亡"和"全世界都消失"为代价,也渴望统治他人(《理查三世》,I. ii. 119,232)。莎士比亚让这位声称能亲自教导马基雅维利的人亲口说出这些台词(《亨利六世》[下],III. ii. 181)。莎士比亚将理查明确定义为马基雅维利的竞争者,并让他说出那些厌世的台词,这样,莎士比亚指出了马基雅维利主义中的"实践(performative)冲突":那些渴望统治世界的人们,同时也希望否定或拒绝世界。这种对马基雅维利的确有些古怪的描述,难免让人疑惑,马基雅维利是否能够成功地研究并了解人情世故?(《君主论》,第十五章,61)难道

---

① Avery Plaw,《哈利王子:莎士比亚对马基雅维利的批判》(Prince Harry: Shakespeare's Critique of Machiavelli),载 Interpretation 33, No. 1 (2005),页 21,26,40。[校按] 此文中译见杜佳译,收于《莎士比亚笔下的王者》,刘小枫、陈少明主编,北京:华夏出版社,2007。

莎士比亚笔下的理查实际上并不了解世界？难道马基雅维利本人也没能做到这一点？

当然，人们可以说，"莎士比亚是个诗人，是个虔诚的人，而且，混乱的是他对理查的马基雅维利式野心的陈述，而非马基雅维利式野心本身"，人们当然可以以这种说法简单地驳回这些质疑。人们也可以说，这种对马基雅维利主义的天真表述，其语调只适用于受中世纪预言和终末论教导的读者，甚至可以说莎士比亚歪曲了这些观念，以便满足戏剧或韵律的要求。然而，这些草率的解释不仅轻视了莎士比亚的智慧和写作技艺，还忽视了诸如理查三世和亨利五世这类角色之间自我展示与自我认识的差异，也难以认真看待莎士比亚的历史反思。他们提出这些草率方案的最充足理由，也不过是莎士比亚的媒介是戏剧而非论文。相反，任何富有理解力同情心的读者都应该问的是，莎士比亚为什么要刻画这种具体的人物形象，并对其进行这种具体的批判。[1]如果想在此给出一个足够有分量的解释，答案或许是，马基雅维利式的理查表现为无法充分考虑对荣耀的欲望是否合理。莎士比亚的批判认为，现代的、马基雅维利式的人文主义最终将混淆自由的本义。

关于马基雅维利对莎士比亚的影响是我们要面对的问题，莎士

---

[1] 当然，我们也不可否认，对公民人文主义和基督教美德生活观都形成挑战的"国家理由"的论证，并非始于也非终于马基雅维利主义（Hadfield,《莎士比亚与文艺复兴时期的政治》，前揭，页4），我们也不能否认，论者可以关注塔西佗和怀疑论思想复兴，并以这种论证正确地提出另一种对早期现代世界的解释。同样正确的是，通过对马基雅维利名字的提及，莎士比亚也会承认这一事实：现在广泛称为"马基雅维里主义"的东西，却不被称为塔西佗精神或马西利乌斯主义（marsilianism），在这条推理链条上，马基雅维利当年极力为之的做法，当然要承担其中的责任（参Mansfield,《马基雅维利的德性》，前揭，页276；《论李维》，III.6.1，页218）。

比亚到底对马基雅维利有多少了解?①罗伊（Roe）和早些的维斯伯格（Weissberger）等学者认为，莎士比亚非常了解马基雅维利主义，但马基雅维利对莎士比亚的创作没有任何帮助。②其他人对此则更不确定。③然而，还有一些其研究方法与本文接近的学者，更关注两位思想家的政治理论之间的共同点与分歧，而不是莎士比亚对马基雅维利的接受史。④根据最后一种观点，有关接受程度和知识的问题不需要非常精确的答案。我们需要关注的重点，并不在于莎士比亚对马基雅维利的作品有多么了解，而在于莎士比亚是否在马基雅维利那里看到了试图真正取代神意论的东西。就如施特劳斯所言，马基雅维利对神意的"各种否认表面上看疑窦丛生"，但是，马基雅维利的主要作品必定能够解释其中不一致之处，因为如果没有一种连贯的推理链条，能够反对彼岸世界力量的权威，那么，马基雅维利对神意论的反对，"作为一个整体的政治教诲将毫无根据"（《关于马基雅维利的思考》，前揭，页203）。马基雅维利的计划是教导他人世界真正的运作方式，并试图让人们脱离迷信和徒然的黑暗，但是，如果不能通过论证反对

---

① 正如 Roe 认为，Gentillet 写于 1576 的著作《反马基雅维利》（*Discours Contre Machiavel*）的 1602 年的译本，可能是截止 1640 年代为止，马基雅维利主要著作的唯一英文印刷文本来源。但是，这当然并不意味着莎士比亚没有阅读过该书的意大利原文的概要或者翻译手稿（最早出现于 1584 年），或没有读过法语和拉丁文译本（John Roe,《莎士比亚与马基雅维利》[*Shakespeare and Machiavelli*]，[Woodbridge, UK: Brewer, 2002]，页 3 – 11）。

② John Roe,《莎士比亚与马基雅维利》，前揭；L. Arnold Weissberger,《马基雅维利与都铎王朝时期的英国》（Machiavelli and Tudor England），载 *Political Science Quarterly* 42, No. 4（1927）: 589 – 607。

③ Wolfgang Clemen,《莎士比亚〈理查三世〉论集》，前揭，页 62，注释 2。Clemen 认为，莎士比亚了解的是 Gentillet 版本的马基雅维利。

④ 参见 Paul Cantor,《莎士比亚笔下的罗马》（*Shakespeare's Rome: Republic and Empire*），Ithaca, NY: Cornell University Press, 1976）; Spiekerman,《莎士比亚的政治现实主义》，前揭，页 153 – 166。

神意或类似的东西，他的计划就必定失败，并会成为一种无用的启蒙希望，更不会成为启蒙运动的坚固基础。①无论我的推断是否为人所接受，我都认为，莎士比亚看出马基雅维利式的道德需要无神论的基础，他还看出马基雅维利的政治伦理是对神意论的严肃替代品。

拙文第二节提纲挈领地概述莎士比亚英国历史剧中的自由。我简要勾勒从理查二世到理查三世时期之间的大事年表，并借此说明自由作为一种"独立"的主题是如何得以深化的，具体来说，就是通过这两部戏剧和《亨利五世》之间的对比，而《亨利五世》恰好处于这两部四联剧的中间位置。第三节聚焦于理查——用马基雅维利的话来说——渴望独自（uno solo）统治的戏剧形象，由此探讨莎士比亚如何呈现马基雅维利主义对独立的渴望。第四节介绍的是，关于基督教在霍布斯所谓"外部领域"（in foro externo）中的呈现，②莎士比亚有着尖锐的批判，同时，这一节借助著名的"求爱场景"（理查即葛罗斯特公爵，向被杀的威尔士亲王的遗孀安妮求爱），分析基督教会削弱了自由政府并促成僭政的主张。

目前，我想要表明的是，尽管马基雅维利和莎士比亚都批判基督教，但他们都承认基督教拥有强大力量的事实。最后，第五节考察的是，莎士比亚区分自然良知和宗教良知，由此批判马基雅维利在良知方面的教导。这一节分析的是，莎士比亚认为，马基雅维利

---

① 马基雅维利关于卢克莱修的《物性论》的手稿以及他的亲笔批注，参Chauncey Finch,《马基雅维利对卢克莱修的模仿》（Machiavelli's Copy of Lucretius），载 Classical Journal 56, No. 1 (1960)，页29-32，另参 Alison Brown,《马基雅维利笔下的哲学与宗教》（Philosophy and Religion in Machiavelli），收于 John Najemy 编，The Cambridge Companion to Machiavelli, Cambridge: Cambridge University Press, 2010，页162-167。Brown 的著作中解释了这一批注，并赞成"马基雅维利非常看重古代唯物主义"这一假设。

② ［校按］外部领域对应内部领域（in foro interno），在自然状态中，自然法只在内心有作用，也就是内部领域，外部领域指人和人之间的关系。

断定宗教良知可以还原为自然良知。总而言之，拙文认为，莎士比亚对马基雅维利式自由的批判，呈现出独立的渴望与现代公民自由之间的紧张关系，而这一点有助于加深我们对现代自由主义的理解。

二、英国历史剧和对自由的渴望

具备政治头脑的莎剧读者会将这两部四联剧解释为报应式的神意历史，或者马基雅维利式策略教训，或者对当时政治的评论，或者颠覆或维持政治意识形态的尝试。如上所述，这一节只讨论前两种解释：作为神意历史的英国历史剧、作为马基雅维利式"历史范本"的英国历史剧。

《理查二世》中，冈特的约翰（John of Gaunt）的"权杖之岛"演讲，很好地把握住了神意论的两种不同方式之间的分歧。冈特的演讲歌颂了"这国王的御座，这权杖之岛，这片威严的土地，这战神的席位，这新的伊甸园，这地上的天堂……这幸福的国土，这个英格兰"（II. i. 41-67）。这种对历史的严格神意论的阐述，将王国后来的困厄解释为"惩罚篡夺神明授予的国王皇冠的行为"。支持这种解释的是，莎士比亚业已表明，挑战神圣权利的做法在政治上和道德上都会产生严重的后果：当神圣权利被阻断时，国家内战肆虐，参与篡权者也会为自己的良知所困，比如以亨利四世为例，他承诺到耶路撒冷朝圣，以弥补自己的道德过错。

另一方面，莎士比亚的戏剧背景将"这个英格兰"与理查二世时期真实的英格兰作了鲜明对比。就如莎士比亚笔下的理查二世所认为的，政治行动无法"抹去一位受膏君王身上的油膏"，然而贪婪、过度的宽恕和法庭上奉承者带来的压力，更令英国极其贫乏。在莎士比亚笔下，理查二世最终被勃林布鲁克（Henry Bolingbroke，后来登基为亨利四世）黜免的事，看上去既是一种政治僭越，也是一种政治解放。

同样，在理查二世糟糕的统治期间以及统治结束之后，英国都遭受过惩罚，这似乎意味着返归到过失发生之前的境况，或者上帝意志的不可预测。

如果上帝是出于英国犯下的某个特定过错而对其施加惩罚，那么，莎士比亚却没有做出任何尝试，以图澄清这一点在模棱两可的《理查二世》中是否准确。出于上面提到的原因，将对神圣意志的强调解读为第一部四联剧——《亨利六世》的三部戏和《理查三世》——中的导引线索的做法，或许就更让人信服了。剧中王国的混乱无序状态，可以被解释为不敬虔篡权的直接后果。连续几任兰开斯特国王都犯下了这一罪过，直到后来理查三世这位"上帝之鞭""行刑者"和"刽子手"（莎士比亚笔下的亨利六世的原话）实施诡计，声称自己是"天赋圣职"，为都铎王朝的开辟打下全新的基础。

在这一解读中，篡位者亨利四世在历史剧中处于一个道德低点，而亨利五世与他父亲相比有着很大的进步，在马基雅维利主义者理查三世治下的英国呈现出一片错乱景象之前，亨利五世曾为英国带来"巅峰辉煌"的时期。①当然，对戏剧的这种解读导致的问题是，

---

① 正如 Paul Cantor 所说，亨利五世是一位完美的马基雅维利式君王，尽管他无法掌控自己的命运并早早死亡了（Cantor,《莎士比亚的亨利五世》[Shakespeare's *Henry V*: From the Medieval to the Modern World]，收于 *Perspectives on Politics in Shakespeare*, John Murley 和 Sean Sutton 编，Lanham, MD: Rowman and Littlefield, 2006, 页 13, 28）。如果本文的观点成立，那它也适用于明显更为成功的亨利五世。而有关在展现亨利五世的故事的过程中，莎士比亚的意图的问题，也可能取决于亨利五世的"更加成为自己"究竟意味着什么这一问题（III. 2. 93 亦参 Graham Bradshaw,《误读：莎士比亚与唯物主义者》[*Misrepresentations: Shakespeare and the Materialists*], Ithaca: Cornell University Press, 1993, 页 112-124; Terry G. Sherwood,《早期现代文学中的自我》(*The Self in Early Modern Literature*), Pittsburgh: Duquesne University Press, 2007, 页 126-127）。Montaigne 讨论了"了解该如何归属于自己"的价值，而"成功政治生活与从属自我之间的张力"或许正是《亨利五世》的主题（蒙田,《论独处》["Of Solitude"]，

在第二四联剧中因为过分虔诚、缺少谋略而一直受到批判的亨利六世，并没有因自己的虔诚而受益，反而深受自己谋略欠缺之害。如果莎士比亚想表明的教训是一种神意论式的解读，那么，反兰开斯特的"上帝之鞭"对虔诚与否似乎都同样报以蔑视，但是，这观点若能够成立，只能以莎士比亚下述看法合理为前提，即理查二世之篡夺王位极其恶劣，甚至令亨利四世、五世和六世都沾染上不可磨灭的污点。

对这两部四联剧还有另一种"马基雅维利式"的解释。根据这种解释，一个有过错的君王（理查二世）偷窃了他的臣民的祖传财产，就像爱德华四世一样，君主偷了他的臣民们的女人（《亨利六世》下篇，IV. iii. 36–40；《君主论》，第十七章，页67）。理查二世的失策行为扰乱了王国，并激起了由被放逐的勃林布鲁克领导、由帕西（Henry Percy）辅佐的贵族联盟的反抗，这形成了亨利·勃林布鲁克通往成功的"阶梯"。莎士比亚对亨利四世统治的后续描述，勾勒了[当时英国的]的力量对比和宗派冲突的总体情形，该冲突始于亨利四世与帕西家族（Percys）之间不可避免的争执，后者将亨利四世扶上王座后，发现自己也可以夺权。这场冲突的胜利者是强大的亨利四世和他强大、奸诈的儿子，这个儿子将真实的自己隐藏在放荡的面具背后，只在机会成熟时才显示自己真正的政治才能。在亨利五世忙于"冲昏的头脑/伴以[不断的]外交争执"的辉煌统治之后，他的早逝以及亨利六世短暂统治期间的纷争，导致了法国的沦陷、护国公葛罗斯特的被害和内战。权力空缺时期，爱

收于《蒙田随笔全集》［*The Complete Essays of Montaigne*］，Donald Frame 译，Stanford，CA：Stanford University Press，1965，页178）。自我造就是否与一个单一的卓越模式、荣耀，以及父辈的指导相一致，是莎士比亚所提出的关键性问题。

德华四世上台当政，他因为被欺骗而处死了自己的兄弟，而他的另一个兄弟理查，则借此机会杀死了他所有的竞争对手，直到自己成为最后几乎唯一存活的人。这一英国历史剧的简史表明，对取得和维系权力的马基雅维利式见解是成败的关键，以及通常的马基雅维利式策略（使用自己的武器，以压倒性的力量从内部统治领土）才是有效的策略。

如果我们以马基雅维利的方式（"历史作为谋略"）来阅读第一部四联剧，那么，莎士比亚对玫瑰战争的阐述，可以解读为对狭隘和粗鄙的自我利益为中心的个人主义的控诉。在其父剑桥伯爵理查叛国后，约克公爵企图确保自己的地位；亨利六世背后的实际掌权者萨福克公爵是热切追逐统治权的叛逆者；红衣主教温彻斯特（Henry Beaufort）则以与护国公葛罗斯特之间的个人恩怨为出发点；而"拥立国王者"沃里克令被拥立的国王身处这样一个国家——支持和维持政治野心的良好理由都要让步于个人事物的安排。

反讽的是，有着众所周知的马基雅维利式的理由拒绝这些竞争要求，其方式即消除血统和严苛的手段。但是，目前我们还不清楚，莎士比亚笔下的玫瑰战争展现的，究竟是马基雅维利主义带来的结果，还是马基雅维利式的操作手段被误用，甚至未被充分利用的案例（《君主论》，第三章，9；第八章，37-38；第十七章，65）。

随着英国从莎士比亚笔下的冈特描述的诗意统一转向衰败，在受到了亨利五世的短暂阻遏后，英国国内充斥着玫瑰战争时期无政府主义政治的动荡不安，所有的忠诚和政治承诺都为党争所左右。①

---

① 我对忠诚度和对马基雅维利主义对不可避免的党派政治的洞察的关注，从一种对《李尔王》肯特的辩论中得到十分有趣的发现。肯特表示自己是十分忠诚的臣下，如果李尔王离开了，他的内心简直无法忍受（也不会随时代变化）；而在一种修正主义的解读下，肯特则是一名背叛者、颠覆者，参 Michael McShane，《肯特费解的行动》(Kent's Obscured Course: A Covert Coup Attempt in 2.2 –4 of Shakespeare's *King Lear*)，载 *Interpretation* 38, No. 3 [2011]，页 205–242。

在比这些英国历史剧更早的时候，莎士比亚曾描述过一个王国，如《亨利四世》（中）里王室首席法官所言，这个王国能给那些言行举止"充满荣耀/由自己的灵魂公正地领导着"的人们保留位置。新登基的亨利五世，也就是曾对那位首席法官施以身体虐待的人，则在服从曾被自己伤害的首席法官时声称，应该以一种"大胆、正义和公平的精神"来执行正义。但随着戏剧的进程，个人欲望和恐惧似乎使人虽效忠于国土，或是效忠于兰开斯特党、约克党或任何派别，却没有任何安全感。《理查三世》结尾的局面是，不可能有任何潜在的合法联盟，也不可能参与一种合法的政府，面对如此局面，理查的唯我主义似乎显得情有可原了；而关于政治秩序的崩溃，莎士比亚似乎提出了一种彻底世俗化的、政治性的阐述。

然而，莎士比亚在好几处暗示说，政治实践与个人幸福无法调和，借此，他严正批判了马基雅维利认为政治体（city）比灵魂优先的观点。①在玫瑰战争的糟糕日子里，父子之间的政治冲突广为人知，这导致了《亨利六世》下篇中父子相残的非自然事件的发生（II. v. 55–124）。

最重要的是，当莎士比亚笔下的角色最后必须正视自己生活的全部价值时，面对此景他们感到的是犹豫不决和遗憾。以《亨利四世》中篇的霍茨珀（Hotspur）和《亨利六世》下篇中的沃里克这两个人为例，他们痴狂于政治的诱饵调包手法，在这种手法中，人们追求荣耀和统治，不惜放弃自己的生命。以亨利四世为例，他痛苦地赢得皇冠，但这场胜利似乎只带来了更多的痛苦（《亨利六世》中篇，V. iv. 194–222）。以沃里克为例，这位拥立国王者所得到的

---

① "我认为一个人所能够做到的最好的、最能令神欢喜的事，便是为自己祖国所做之事。"（Machiavelli，1527年4月16日书简，转引自 Mansfield，《马基雅维利的德性》，前揭，页344，注释42）。

土地只如其"自己身体的尺寸"大小。①同样,在亨利五世著名的庆典演讲中(IV. 1. 281–335),他赞美了那些白日工作、能睡个安稳觉,且"从未见过可怕夜晚"的日工们的生活(《亨利五世》,IV. i. 329–31)。在所有这些演讲中,莎士比亚都表明,那种最终导致权力稳定平衡的动因,即追求统治的欲望,给心灵和肉体带来的痛苦要多于快乐。在莎士比亚笔下的所有角色中,理查二世恐怕是最难以完全保证其统治意义的人(《理查二世》,III. ii. 83–88),他一语道出人类的野心和局限之间难解的紧张关系:

> 和你一样,我的生活中也需要面包,
> 会感受到欲望,品味悲伤,需要朋友:
> 那么,你还怎么能说我是一位君王呢?(III. ii. 175–77)

如果说,这并不是对共和主义自治的确切论证,那么,它无疑也会使我们怀疑,把主权托付给一个弱小的个人是否正当。它同马基雅维利式的历史观恰成对比,因为马基雅维利强调说,他所有渴求权力的读者都应有足够的审慎与精力。莎士比亚在戏剧中所呈现的,不仅有获取的渴望,还有反对任何政治占有行为的、有道德且审慎的思考(《君主论》,第九章;《论李维》,第一章,58,117–118)。

我们从英国历史剧中可以推断,政治自由并非只在于权力的攫取和维持。如果说,在马基雅维利看来,政治史是能够且应当应时而变的行为模式的交替更迭,那么,莎士比亚想强调,马基雅维利所赞扬的[历史]过程将付出过高的人性代价,成为马基雅维利所赞赏的人也要付出同样的代价。那么,莎士比亚的戏剧世界中的自由,绝不是

---

① "啊,什么又是辉煌、统治和主宰呢?还不是一片尘土?"(《亨利六世》下篇,V. ii. 27)

这样的自由：成为一个"永恒共和国"中承担非人工作的有用工具。①当"繁华"（ceremony）的虚伪繁荣带来不竭的疲惫哀叹，莎士比亚提醒他的读者，我们在占有时的快乐是有限的。由此，他还提醒读者注意，权力的获取中也存在着非马基雅维利式的局限。②对于那些思维简单或庸俗的马基雅维利主义者，莎士比亚问道：当我们阅读和理解了马基雅维利主义之后，我们对"世界上的事情"能了解多少？在下一节中，我讨论的是，莎士比亚认为自己的政治理论同个人灵魂中的幸福与安宁息息相关。③不过，我还是认为，他对马基雅维利的批判是一种内在的批判，因为马基雅维利洞察到控制政权的派系更迭周期很有必要，而莎士比亚的目的在于，在马基雅维利的洞见之内，或至少在不远处，他能够提供对灵魂的观照。

---

① 《论李维》，III. 17，22；Mansfield，《马基雅维利的德性》，前揭，页 56，121。在有关永恒共和国的主题方面，Mansfield 写道："在马基雅维利的系统中，一个国家是可以永存的，但它的整体是能够永存的，因为马基雅维利预见到了其所有成员的不同命运或时运。"（同上，页 121）

② 这种批判使人回想起，在卢克莱修《物性论》中著名的"人类学"说法中，伊壁鸠鲁派对渴望"身着紫衣"的欲望的批判。参见卢克莱修，《物性论》（*On the Nature of Things*），Cyril Bailey 译，Oxford：Clarendon，1936，卷五，行 317-333。［校按］《物性论》中译参见方书春译，北京：商务印书馆，1981。

③ 人们可以将莎士比亚对个人幸福的重要性的修辞言论描述为"柔和的"，并将马基雅维利对自己和他人之间的竞争性的强调描述为"强硬的"。就区分 Manlius Torquatus 的强硬的言辞和 Valerius Corvinus 的柔和态度而言，可以参看《论李维》，III. 22，264-68 和 Christopher Nadon，《色诺芬笔下的君王》（*Xenophon's Prince: Republic and Empire in the "Cyropaedia"*），Berkeley：University of California Press，2001，页 21-23。

三、马基雅维利式的动机：独立

在前一节，对于外在于国家的直接进步的价值，比如心灵安宁，莎士比亚所作的思考表明，作为神意论历史的莎士比亚历史剧和作为马基雅维利式国家理性（ragion di stato）的莎士比亚历史剧之间的区别是有问题的。对心灵安宁的关注，对个人幸福的重视，可能会削弱马基雅维利主义所依赖的对荣耀和安全的渴望。至少，从霍茨珀自己的角度来看，他的死发人深省，而从《君主论》中博尔贾（Cesare Borgia）的角度来看，雷米罗（Remirro de Orco）的死从某种意义上来说却能增强力量。马基雅维利压制了莎士比亚对活跃的政治生活的批判。如果我们可以解释说，前面提到的莎士比亚式的例子说明了马基雅维利对政治生活的错误理解，那么，我们也可以说，莎士比亚笔下的理查的确能"将残酷的马基雅维利主义教授四方"。①在英国历史剧中，莎士比亚笔下的理查或许是唯一（the）最为全面地实践了自己对自由的渴望的人物，尽管他借助的是将自由解释成统治他人，而不是思考那种自由的意义和价值。

理查三世的马基雅维利主义，并非一种倾向于暴力和欺诈的"舞台上的马基雅维利主义"，而是对我们所谓的马基雅维利主义"世界观"的戏剧呈现。就莎士比亚的英格兰来说，马基雅维利更喜欢以遗产而非"父辈"作为其修辞的对象。②马基雅维利用来描述君

---

① 《理查三世》是莎士比亚对马基雅维利主义政治加以探讨的唯一明确的系统尝试。莎士比亚剧作中其他涉及马基雅维利之处，可参《亨利六世》上篇，V. v. 74（to Alençon）和《温莎的风流娘儿们》（III. i. 93）。有关 Alençon，可参 Erskine–Hill，《诗歌与政治之域》，前揭，页24，页47。

② Peter Platt，《莎士比亚与修辞文化》（Shakespeare and Rhetorical Culture），收于《莎士比亚指南》，前揭，页277–296。

王教育的"狐狸和狮子"的比喻，文艺复兴时期的观众十分喜闻乐见。①莎士比亚笔下的理查的性格特征甚至为"哲学磨坊"提供了更多的"谷物"。在《亨利六世》戏剧结尾处一场壮观的场景里，还是葛罗斯特公爵的理查首次阐述了他将如何实现自己"灵魂的欲望"，即获得英王的王冠：他的"黄金时代"（《亨利六世》下篇，III. ii. 143－144）。②正如本文开篇所言，理查乐观地认为，若想实现自己的世俗成就，就需要或至少取决于当下世界里的一个根本反转："我要得到王冠，实现自己的极乐梦想。"理查认为，"在我生活中的某些时候，世界对我而言只不过是一个地狱"（III. ii. 168－169）。莎士比亚笔下的理查认为，从他不知道该如何得到王冠的"痛苦折磨"中，他会"使自己获得自由"或"找到一条［他的］出路"。③在这个正反颠倒的世界，我们期待理查会要求得到自己应得（deserves）的位置；但是，在这个充斥着混乱价值和虚假国王的世界里，理查却声称自己（或许包括所有政治行动者）生活在人间炼狱之中，是类似于西农（Sinon）这样说谎的骗子，或是"不知"如何获得快乐的人。④

---

① Andrew Hadfield，《莎士比亚与文艺复兴时期的政治》，前揭，页81。

② 对"网上早期英文图书"的检索表明，"黄金时代"（golden time）可用于许多不同的情况，包括贞洁、一个幸运处境、青春盛期、救赎。另参《麦克白》中的"金圈"（golden round）（I. v. 29）；《亨利六世》中篇的"我追求的最高目标"（golden mark I seek to hit，I. i. 241）。

③ "而我——就像掉进了刺棘丛中／互相刺着／设法逃离，离开大道／找不到天空／费劲寻找，——／费尽心机夺取英国皇冠／我现在要从这场劳心费力中解脱了／我将用血迹斑斑的斧子为自己开道。"（《亨利六世》下篇，III. ii. 181－97）

④ 在Thomas North对普鲁塔克的《希腊罗马名人传》的伊丽莎白时代的译本中，阿尔喀比亚德被描述为一个"能够采纳任何国家的所有规矩、习俗或方式，并可以依照其意愿对其进行无论善恶的遵循、运用和伪造"的"变色龙"。

如果《亨利六世》下篇中的理查是野心勃勃的，但并非明显且如此合理的，那么，《理查三世》中理查的性格塑造则接续了莎士比亚对"释放了的野心看起来是什么样"的试探性考察。理查最早出现在这部剧第一场的第一幕，而且只有一个舞台方向，这样的开场在莎士比亚全部剧作中独一无二。① 在这部剧的第一次演讲中，理查再次重申了他曾在《亨利六世》下篇中说过的观点：既然他无法去"爱"，那么他"注定了要证明自己是个恶棍"。但正如一位评论家所质疑的，他是因为什么事或什么人而注定的呢？②因为神意或必然，还是由于观众或他自己的野心？人们可能会认为，正是他那畸形的、不自然的本性"决定了他将报复"自然，因为自然对他犯下了罪过。③但是，正如理查对爱德华四世的行为和"等级"错乱的控诉为叛乱提供了机会和借口，我们只有些许言语来证明理查的畸形程度。明智的读者会注意到：有关"等级"崩坏的争论常常

---

① 这里可能本来应该是"*Rex solus*"，这个词指的是独自的国王（King alone），而非16世纪30年代之后位于议会中的国王（King–in–parliament），对此可以参看G. R. Elton 编，《都铎王朝的政制》（*The Tudor Constitution*: *Documents and Commentary*），第二版，Cambridge：Cambridge University Press，1982，页14。在莎士比亚的文集中，会有角色单独上场或独自（solus）在舞台上表演，特别是当他们必须做或说一些不受监控的话语时（比如理查二世在《理查二世》V. iii 关于命运的奴隶的狱中演讲）。"1681年的上演于公爵剧院的《李尔王史》：N. Tate 改编重演"（The history of King Lear acted at the Duke's theatre / reviv'd with alterations by N. Tate）在演出开始时安排了私生子爱德蒙（the Bastard Edmund）的演讲的变体，在此剧中，舞台指示表明他是独自一人的。McGrail，《莎士比亚笔下的僭政》也指出了《理查三世》独特的开场。

② Harry Berger Jr.，《〈理查三世〉中的良知与同谋》（Conscience and Complicity in *Richard III*），载 *Richard III*: *Authoritative Text*，*Contexts*，*Criticism*，Thomas Cartelli 编，New York：Norton，2009。

③ McGrail，《莎士比亚笔下的僭政》，前揭，页65。

是针对一位竞争者的合法性及其头衔的党派攻击。①同样，理查在第一次独白中谴责了自然秩序，这样观众便不太倾向于认为，理查本人应当为自己的罪过负责。理查的主题是独自的自我引导，但他的实际作为却是不断地操纵他人，可能（为什么不呢？）还操纵观众。

贯穿全剧，理查被描述成与代理人和盟友行动，或是借由他们来行动，但他总是为了自己的目的。他只是把别人作为临时手段，而不认为他们的利益和目的有任何基本的尊严。即使是作为理查"另一个自我"和"议会法院"（IV. ii. 150）的白金汉也无法与理查的步调一致，这导致了白金汉的叛乱及最后被处死（IV. ii. 43）。这也就是说，在白金汉拒绝成为理查在塔里用来处死两位王子的工具之前，理查曾将他视作自己的"另一个自我"，但白金汉依然确信他能获得赫里福德的土地。在谋杀亨利六世之际所发表的一个宏伟演讲中，理查说了下面的话为自己辩解并鼓励自己：

> 我是个毫无任何怜悯、爱，以及恐惧的人……
> 我是无兄无弟的，我和我的弟兄完全不同；
> 老头们称作神圣的"爱"，

---

① Hall 声称，爱德华四世有可能实现和平统治，如果没有理查的干预的话；但是，莫尔和莎士比亚都提出了一些反对爱德华的统治的正义性的主张，参见 Edward Hall，《兰开斯特和约克两大家族的结合》（*The Union of the Two Noble Families of Lancaster and York*），Richard Grafton 编，Ann Arbor, MI：Scolar，1970。亦参《发表于议会的爱德华四世的王位资格》（Edward IV's Title to Throne Declared in Parliament）（November 1461）以及《关于理查三世加冕的法案以及他的异议，顺附一份关于其资格的摘要》（An Act for the Settlement of the Crown upon Richard III and his Issue, with a Recapitulation of his Title）（January or February 1484），这两份文件谴责了爱德华四世的统治，说他"以固执和快乐来统治这片土地"。这些文件被重印，作为 Mortimer Levine，《都铎王朝的问题：1460—1571》（*Tudor Dynastic Problems*，1460—1571）的附录（New York：Allen & Unwin，1973，页 132-133，135-137）。

也许人人都有，人人相同，

可我却没有什么爱，我一向独来独往。（《亨利六世》下篇，V. vi. 68 – 83）

莎士比亚笔下的理查否认爱、自然和友谊。马基雅维利笔下的独裁野心藏匿于追求荣耀的世俗、社会性的目的之中，但是，世俗的目的和社会性的目的是类似的。在马基雅维利的主要著作中，他强调了作为一名唯一奠基者的重要性（uno solo，《论李维》，I，序言，I. 9，《君主论》，第二十三章）。① 马基雅维利本人已经"决定要走一条任何人都未曾走过的路"，他劝告其笔下的奠基者们"应该设法独自执掌权威"。对那些依靠自己的人们，他则写道："只有依靠你自己和你的德性的防卫方是好的、确定的和持久的。"（《君主论》，第二十四章，97）拥有并把别人当作工具来使用是一回事；但依靠他们在政治上是危险的。马基雅维利笔下的独裁者们想要实现政治的自行裁断，以便自己为所欲为而不受干预。因此，《君主论》第 15 – 19 章所描述的"新的方式与秩序"，以及成为"十足的坏蛋"的意愿（《论李维》，第一章，27.1，62 – 63）都是马基雅维利式的发现或发明，他将这些发现或发明作为通向真正类型的独立的方法

---

① 也请参看《论李维》III. 35 和其他提及之处（请参看《君主论》和《论李维》这两个版本著作的术语表）。Pocock（《马基雅维利的时刻》，前揭，页 187）不认为这个概念有 Strauss 和 Mansfield 所认为的那种含义。John of Florio 发表于 1578 年的有关 Antonio Guevara 的格言集，简洁地阐明了马基雅维利主义的要点："不久后他在祈祷时说：'我承认，我坦白，有且只有一个上帝创造者，因为祂创造了世上的一切……人都只应崇拜唯一的上帝，因为作为世人的你经由这唯一者所创造，这样所有生物都应当崇拜这唯一者：因为作为一位君王的你不会认为另一个人应当在其王国中被称作君王，于是上帝也不会认为任何别的上帝都应在世上的一切中受到崇拜。'"（Florio，《产生熟语，乐谚，谐句和金玉良言的初献》[First Fruits, which yield Familiar Speech, Merry Proverbs, Witty Sentences, and Golden Sayings]，London，1578。）

推荐给他的读者。马基雅维利笔下最为精神镇静的君王,甚至也没有能力承担一个完整的政治重建,正是由于这个或者恰恰无视这个事实,马基雅维利着意强调了"独自"这一主题。马基雅维利既声称博尔贾做的任何事都正确,也(更为微妙地)声称博尔贾只是教会及其父亲的工具(《君主论》,第七章,27,29,31.46)。马基雅维利本人鼓励领导者们去取得属于他们的荣耀,甚至还鼓励他的读者去实现他所筹划的"永恒共和国"(perpetual republic)。

正如马基雅维利使得现代性成为更具吸引力的人文主义,假如莎士比亚证实了马基雅维利笔下的现代性奠基视角,那么,莎士比亚算不算马基雅维利诸多对话者和宣传者中的一员呢?莎士比亚更为坦率地提醒他的读者自由和幸福之间的鸿沟,而马基雅维利却把这一鸿沟隐藏在对罗马德性、意大利爱国主义,以及渴望政治自由的传统诉求背后。莎士比亚所描述的成功者与他们自己的欺诈难脱干系,虽然他对沃里克和霍茨珀这样的角色一笔带过;不过,人们注意到,马基雅维利没有让博尔贾直接向读者说话,相反,马基雅维利告诉我们,博尔贾原本可以通过想象自己父亲的死亡,通过进一步控制教会,从而超越他自己。这就是说,马基雅维利告知了我们如何看待博尔贾的政治教训提供的机会,以及如何更好地利用这个机会(《君主论》,第七章,28;《论李维》,第三章,222)。

马基雅维利笔下的残忍争论者就像艾略特(T. S. Eliot)笔下的"侍臣"一样,足以"在需要推一把时起点作用",[1] 但这些争论者也向马基雅维利的读者暗示说读者可以做得更好,而在莎士比亚笔

---

[1] [译按] "侍臣"(attendant lord)和"在需要推一把时起点作用"(swell to progress)出自艾略特的《普鲁弗洛克的情歌》(*The Love Song of J. Alfred Prufrock*)。参见《艾略特诗选》,赵萝蕤译,山东大学出版社,1999,页15。

下，马基雅维利主义者们暗示政治生活中缺失了一些东西。这种缺失的东西，会不会是马基雅维利操控但并不信仰的宗教生活呢？

四、现代世界的弱点

外部领域的宗教：对安妮的求爱

在前两节中，《理查三世》和英国历史剧提供的证据所针对的是将莎士比亚解读为一名在政治上成功或失败的庸俗史家。莎士比亚将他的全部历史剧表现为与马基雅维利控制全部政制这一企图的批判性交锋，在这些历史剧中，个体有权代表自己说话，而且这么做是为了反对政治生活的优先地位。① 在下一节中，为了考察莎士比亚笔下的理查是否受到基督教信仰的约束（或鼓励），源自《理查三世》的著名求爱场景被解释为反映了基督教信仰。

在第一幕的场景二中，在理查杀死爱德华及其父亲亨利六世之前，戏剧向我们介绍了安妮，她嫁给了爱德华。在这个莎士比亚所虚构的（而不是从他的原始素材那里借用来的）著名求爱场景中，莎士比亚对基督教提出了一种似乎非常尖锐的批判。② 在我看来，理查和安妮之间对话的重要性首先在于，其提供了已成为传统的"作

---

① 一个显而易见的、被排除的选择是极其复杂的人物福斯塔夫（Falstaff），他本人也是一名 Lollard（Sir John Oldcastle，正如 Ellen Caldwell 在《抛弃全世界》[" 'Banish All the World': Falstaff's Iconoclastic Threat to Kingship in Henry IV"]，载 *Renascence* 59 [2007]，页 219 – 247) 中所说，也是一名造成了霍茨珀的死亡的欺骗者，还是一名从自己的假死中复活了的人。而且在由布鲁姆（Harold Bloom）和许多其他人所指出的对比中，他实际的死亡场景与苏格拉底有明显的相似之处。

② 正相反，Roe 认为这些场景主要是有关对无法控制的本能的操纵（《莎士比亚与马基雅维利》，前揭，页 17 – 29）。

为政治软弱根源的基督教"这一论证的一个版本（《论李维》，II.2，278）。① 理查将利用基督教来获得他希望得到的东西，这意味着那些真正的信徒用以征服信徒的谦逊、仁爱的道德取向。事实上，这正是发生在安妮身上的事。莎士比亚表明，理查意识到他可以借助宗教来怂恿信徒，这使得他从一个喜欢舞刀弄枪的人，转变成一个确实愿意向他随后所杀害之人放下武器的人（正如他对安妮，以及后来年轻的约克公爵所做的）。正如马基雅维利本人那样，莎士比亚笔下的理查意识到宗教修辞可用于获得诸如安全这样的政治利益（goods），而不是用于支持中世纪世界牧师权威的野心（《君主论》，第十八章，70）。

"夫人，你全不懂仁恕之道，"理查责备安妮说，"讲仁恕就要以善报恶，以德报怨。"（I.ii.66 – 67）理查的责备带来了一个难题：鉴于已经说过的，所有人都应该仁恕吗？在理查的解释中，基督教的仁恕法则与宽恕理查的恶行是一致的。但即使是理查也感到惊讶，自己竟成功赢得了安妮的爱。他的演讲有个令人难忘的开头："何曾有女子是这样地让人求？何曾有女子是这样地求到手？"他认为安妮完全有理由拒绝自己，而且理查本人可能也会尊重这些理由。但理查自豪地断定，他可以得到安妮，就像他会得到自己未来的皇冠那样："全世界对我来说都是小菜一碟！"② 安妮从一位悲伤的妻子变成了一个"仁慈的"愚者，最终变成了理查的妻子，这种夸张的转变实际上"促使"理查认为，他所拥有的改变人们的想法和动机的力量要比先前他可能想到过的还要强大。接下来的几句话——"闪耀吧，美丽的太阳，直到我得到一块玻璃/让我

---

① 有关基督教对之寻求辩护的这些弱点，参看加尔文对伊壁鸠鲁学派提出的抨击（*Institutes* III.19）。

② Ellen Caldwell 按照本文主题的诸多方面出现在《亨利五世》的顺序进行了探索。在《抛弃全世界》一文中，她认为（福斯塔夫所思考的自己对哈尔[Hal]的重要性）是一种对虚假的"兰开斯特王朝君主制的肖像学"的宗教改革主义的谴责（Caldwell,《抛弃全世界》，前揭）。

能看见自己走过时的影子"——使得读者想到了柏拉图《王制》中影子的低等知识论等级,但同时也让读者想到了(在这个特定情况中)影子的说服力。修辞学上的影子戏法起效了。理查的成功求爱,使他从一个士兵转变成了一个说谎的神父,这位神父能让人们去做其所希望之事,只需他命令即可,此时其在宗教的幌子下,诉诸那些人们并不打算承认的更真实的动机(即虚荣、恐惧、对获益的渴望,或者安全)。①

由于允许力量被欺骗所统治,言辞颠倒世界的能力在这个求爱场景中得到了进一步的考察。在对理查到底是不是杀害爱德华、威尔士王子、亨利六世的凶手的争论中,理查对安妮说,"你的美丽导致了那一结局",这意味着谋杀,是美丽导致他梦想着"全世界的死亡"(I. ii. 119, 121)。作为一个基督徒,安妮认可了理查"没有杀害"(她的丈夫及其父亲)这种观点,也就是正如她嘲弄地回应的:他们还以某种方式活着(I. ii. 87)。她相信,正如基督教经文所宣称的那样,拯救会打开通向新生活的大门,她还承认理查有可能悔悟并且已经变得谦卑了。但或许在王室斗争期间,她才是最渴望获得非凡保护的人?我们可以无情地断定,世界可被意愿改变,正是她的这一信念或希望成了理查能在世上"大闹一番"的前提。

为了总结出这一马基雅维利式的观察,《理查三世》中的那些"弱者"角色接受了一些其他角色强加的机会。②比如,理查要求迎娶伊丽莎白女王(她的两个儿子已经被理查杀害)的女儿(I. iii. 15-16;《论李维》III. 12)。理查认为,伊丽莎白女王应该像桥下

---

① 请大体上参看他的先驱者们:《亨利六世》中篇(I. i. 258-261)的大主教 Scroop 将"起义变成宗教"。同样,《亨利六世》上篇(I. i 和 III. i)中的温切斯特与约克和葛罗斯特的野心和欺诈匹敌。

② 参见《论李维》I. 7 中"给予"的必需品。施特劳斯,《关于马基雅维利的思考》,前揭,页 246-253;Mansfield,《马基雅维利的德性》,前揭,页 55-56。

的流水那样忘掉儿子们被害的事，并且反过来应当注意她幸存女儿的安全。伊丽莎白的回应是："我难道要忘记自己的本性吗？"（IV. iv. 435，强调是作者所加）而理查的回答是"是的"，这个回答翻转了哈尔王子根据高者来重塑其低级自我的决定。对于弱者角色而言，其所要接受的正是这些必然之事，而不是选择将让自己身处这样一种境况：他们可以获得一个人所能获得的最大幸福。这种对软弱的批评的最高点是亨利六世，这位软弱的国王最终被理查所杀。

亨利六世在谋求统治过程中坚定不移的虔诚和（某种形式的）节制的不合时宜并没有使他成为冷酷无情的形象。但正如一个史家所言，玫瑰战争并非关于王朝的继承问题，而是关于一位坏国王的软弱：玫瑰战争时期引发的王权争夺并不早于那场战争，而且"不义的篡位者"若有"一半称职"的话，或许就可以将他的统治维持下去。① 莎士比亚强调了亨利六世虔诚但无用的统治，在让亨利惊人、突兀地决定退出政坛之前，莎士比亚甚至还让亨利举出了他那些可爱德性（包括怜悯、温和、仁慈、节财和节制）的自我辩白清单（《亨利六世》下篇，IV. viii. 41–47）。亨利六世的这种退场和他此前的性格发展都被莎士比亚批评成一种软弱，这种软弱产生于对世界的残酷现实的无知，在这些软弱中，有些是怜悯、温和、仁慈，而其他"德性"则往往成为政治上的恶。②

总之，理查杀害了伊丽莎白的孩子，但他却建议伊丽莎白别再就此"喋喋不休"，因为"这已经过去了"（IV. iv. 285）。同样的观点也体现在理查向安妮的求婚之中，而安妮的丈夫和公公却是被

---

① Levine，《都铎王朝的问题》，前揭，页15，页24。
② Bardolph, Pistol 和 Falstaff 在《亨利五世》中的命运暗示了政治奖惩的不可避免，就如戏剧结尾处 Catherine 和 Henry 的结婚一样。也有一些其他的暗示性短文，比如《亨利六世》中篇中 Falstaff 对民兵成员的引入。

他杀害的。真正重要的是那些可以被改变的事。正如玛格丽特女王在《亨利六世》下篇中被迫所说的那样，"为无法避免的事情恐惧或哀叹的行为，是幼稚而无力的"（V. iv. 37 - 38）。但玛格丽特的还原论证让他们在她后来的痛苦中得到了惩罚，这就让读者认为，害怕重复犯同样的错误是否就是软弱，以及究竟是谁的"必然"被加到了"弱者"角色之上。人们可以用一种类似的怀疑精神质疑"强者"（而不是"弱者"）角色到底有多少自由。毕竟，理查，也就是葛罗斯特公爵理查的整个故事，不就是一个非常精明的人因希望得到可能的最大的幸福——他的"黄金时期"，而使自己陷入麻烦的悲剧故事？

预言：外部领域的宗教言辞

研究我们将会拥有多少、多久远的幸福这个问题的一种方法，是考察《理查三世》中预言和良知（conscience）的地位。良知和预言良知都能对我们行动的品质进行预测和反省。《理查三世》中最重要的神意预言便是玛格丽特的诅咒，其本身是对《亨利六世》下篇中约克公爵的诅咒的回应（I. iii. 186 - 232）。在玛格丽特的诅咒中，她预言了那些她声称伤害过她的人的悲惨结局：爱德华四世将死于"暴食"；威尔士王子将死于暴力；爱德华的妻子伊丽莎白王后将为她的孩子们长期哀悼并感到耻辱；里沃思、多赛特和黑斯廷被预言会"意外"夭折；而理查本人则将受"良知的蠕虫"的吞噬。在《理查三世》中，除了没有提到多赛特的死亡之外，所有这些预言都应验了。①

---

① Clemen，《莎士比亚〈理查三世〉义疏》（*A Commentary on Shakespeare's Richard III*）54。白金汉同样在死前宣称玛格丽特的诅咒应验了，尽管玛格丽特只是向白金汉警告了理查所导致的危险。《亨利六世》下篇的舞台指引——其意味着在玛格丽特的儿子爱德华死时，里弗（Rivers），多塞特（Dorset），黑斯廷（Hastings）并不在场——质疑玛格丽特的诅咒的正义性。

在《理查三世》中还有其他一些重要的迹象和预言，莎士比亚赋予了它们同角色行动的可靠关联，我们在这里将提到其中两个预言。第一个是在戏剧开始时理查引入的预言，目的是说服他的哥哥爱德华四世国王因禁他们的弟弟克拉伦斯公爵乔治（"上帝会让他被剥夺继承权"）。在葛罗斯特公爵理查杀害了爱德华四世的儿子们并篡位后，这个预言便成真了。预言成真的另一个有力案例是斯坦利勋爵梦见自己将被野猪（指理查）杀害。斯坦利察觉到自己身处险境，于是他选择派遣一位信使向黑斯廷描述该信使所谓的他的"梦境"，借此向这位潜在的盟友讲述了那一险境（III. ii. 16）。在莫尔的《国王理查三世史》中，黑斯廷粗暴地回应称："相信这种梦境纯粹是巫术。"莎士比亚则更为审慎地让黑斯廷惊讶于斯坦利居然相信"不安宁睡眠的愚弄"（III. ii. 25）。莫尔的社论性评论也很贴切："无论是听取对他应已避免之事的警告，还是听取对他无法避免之事的预兆，都是很令人震惊的。"①莫尔可能是想说，即便那些"迹象"在严格意义上不能被视为"证据"，它们也应该能引发思考。尽管莎士比亚没有提出自己的社论性评论，但他也表明了斯坦利的"灵魂"多么正确，黑斯廷多么容易受骗，因为后者以为自己拥有国王的欢心，也因为他忽视了一些相反的迹象。

如果上述例子表明梦境和预言在莎士比亚的世界中有意义，那么，对良知的呼求也能产生政治影响。比如，国王爱德华想在死前看到兰开斯特派和约克家族的团结，于是他要求伊丽莎白女王派宣誓对约克派的"全然之爱"（II. i）。这一言辞完全无效，但当白金汉在叛乱中被抓获时，他指出自己之所以垮台是因为他破坏了向爱

---

① Thomas More，《耶鲁版莫尔全集》（*The Yale Edition of The Complete Works of St. Thomas More*），卷二，《国王理查三世史》（*The History of King Richard III*），New Haven：Yale University Press，1976，页50。

德华四世所发的誓言（V. i. 12 - 15）。在监狱中，克拉伦斯受到他自己在一段令人难忘的言辞中的负罪良知的折磨，他在这一言辞中宣称自己的罪行还会通过可怕的梦境在"死后延续"，他将自己投入理查也自认会居于其中的"地狱"里。

在《亨利六世》下篇中，克拉伦斯的确和兰开斯特派站在同一方，因而他违背了自己的诺言；但是正如悔悟的爱德华四世在克拉伦斯被处刑后所说的，克拉伦斯的罪行是一种"思想"之罪而不是行动之罪。在一个人与自己或与他人的本着良知的对话中，违背誓言会带来很大的影响，即使该誓言还未强大到足以产生主动的自我约束。因此，我们可以推断，梦境、预言和迹象就像诅咒（有时）那样，在心理上是重要的。如上所述，弱者角色们都承认，他们的失败意味着玛格丽特的诅咒成真了。此外，弱者角色们也试图去预言和诅咒，而且他们似乎还企图审判那些还在他们控制之外的人们。温和的安妮诅咒了理查。在一个关于理查命运的冗长预言的中间，亨利六世被理查杀死了。

启蒙运动意图消除早期现代对预言、诅咒等等的信仰，但莎士比亚明显的包容、允许，甚至可能是对诅咒、预言、梦境、鬼怪的反启蒙修辞的传播的坚持，却使得启蒙运动的意图成了问题。①正如研究该时期预言的一位史家所注意到的，预言具有价值和效用：它就像历史一样被制作成诗。②当加博（Marjorie Garber）提出这一观点

---

① 有关对莎士比亚的修辞术的其他讨论，可以参看 Joseph A. Porter，《言语行为的戏剧：莎士比亚的兰开斯特四联剧》（The Drama of Speech Acts: Shakespeare's Lancastrian Tetralogy），Berkeley：University of California Press，1979（关于第二四联剧）；Dzelzainis，《莎士比亚与政治思想》，前揭，页 101 - 102；以及 Platt，《莎士比亚与修辞文化》，前揭。斯金纳（Quentin Skinner）近期的著作也提出了这一要点（《莎士比亚与修辞性虚构》（Shakespeare and Rhetorical Invention），Clarendon Lectures Hilary Term，2011。

② Sharon L. Jansen，《亨利八世治下的政治抗议与预言》（Political Protest and Prophecy under Henry VIII），Rochester，New York：Boydell & Brewer，1991，页 15。

时，他写道：在理查三世的世界中，绝对排斥非理性事物是一种致命的错误判断。①尽管莎士比亚不认为历史、预言与基督教信仰是相同的，但他似乎认为所有这些都与政治生活相关，因为政治生活受到由共享图示（iconography）所传达的信仰的驱动，而该图示的范围远比我们如今在公共理性范围内所容纳的东西更为广泛。② 正如上面提到马基雅维利时所指出的那样，社会世界是十分复杂的，而预言和神意论的叙述也或许可以归入"'此世'的事物"中。

五、反马基雅维利主义的动机：内部领域的良知呼唤

如果我们推断莎士比亚尽管谴责了马基雅维利式的"头脑混乱"（confusion of brain），但也肯定了马基雅维利对这一无所不在的混乱的洞察，那么便可以将莎士比亚对宗教迹象的政治后果的讨论的诸多线索关联到一起。通过戏剧化，而不是忽视或总体上否认对良知的呼唤，莎士比亚提供了一种更好、更节制的方式来解释我们对自由的渴望，这种解释考虑到了我们如何受到良知呼唤的折磨。

---

① Marjorie Garber，《莎士比亚笔下的梦：从隐喻到变形》（*Dream in Shakespeare: From Metaphor to Metamorphosis*），New Haven：Yale University Press，1974，页195。

② Mary Bonaventure Mroz，《神圣的复仇》（*Divine Vengeance: A Study in the Philosophical Backgrounds of the Revenge Motif as It Appears in Shakespeare's Chronicle History Plays*），New York：Haskell House，1941；E. Pearlman，《莎士比亚的历史剧》（*William Shakespeare: The History Plays*），New York：Twayne，1992。顺带提一下，或许可以注意到，莎士比亚历史剧中没有在平等、普遍法治之下对公民身份进行理论化的任何尝试，这样莎士比亚的论证就可以部分回应"共和主义"（Hadfield，《莎士比亚与文艺复兴时期的政治》和《莎士比亚与共和主义》）。Alvis 还指出了英国历史剧中议会的意外缺席，Spiekerman（《莎士比亚的政治现实主义》，前揭，页169）则指出了约翰国王的大宪章的缺席。

当我们分析马基雅维利对唯一创建者（the sole founder）的自由进行辩护时，我们需要剖析马基雅维利有关宗教、道德、良知、自由、德性、运气和必然性这些通常难解的论证。当作为一个整体看时，马基雅维利认为宗教和道德这个"不太重要的主题"的特点是"头脑混乱"（《关于马基雅维利的思考》，页232，208，217；《论李维》，III.6，228–29）。① 马基雅维利并没有将良知描述为由"奖惩之神"灌输的歉疚感，相反，他将良知描述为共享的知识和对阴谋者的恐惧，他借此传达了他那复杂教诲的一个重要部分。在详述马基雅维利笔下的一个罗马人（非基督徒）的例子时，施特劳斯指出，反对罗马人的拉丁阴谋家们已经"意识到（coscienza）他们（拉丁人）做了许多违背罗马人意愿的事"（《关于马基雅维利的思考》，页194）。拉丁人

  无所畏惧，这并不是因为罗马人对他们最不公正，也不是因为他们相信自己的事业是正义的，而是因为他们一方面意识到了（conscientia）自己的力量，另一方面也意识到了罗马人的力量。（《关于马基雅维利的思考》，页195）

施特劳斯将这两种意识都归在"良知"这一题目下，其意在表明，马基雅维利笔下"人们独自判断什么是其应做之事"的良知等同于理性恐惧和理性信心的声音。② 在马基雅维利的教诲中，这种良知性的警示需要不受对任何外部权威的敬畏的影响，无论这种权威是神还是人，因为那些声称自己说着一种不同的高级语言且因此而值得这种敬畏的人都在撒谎。所有值得恐惧的事物都因人类理性的自由运用

---

① 《哈姆雷特》，IV. vii. 127–128 中有一些相似的描述。
② 施特劳斯的解读使人联想到海德格尔在《存在与时间》第2篇对良知的分析。参《关于马基雅维利的思考》，前揭，页193–195，203，以及海德格尔，《存在与时间》，Joan Stambaugh 译，Albany：State University of New York Press，1996，页250–278。

而为人类所理解。

一旦将这种对马基雅维利的解释运用于《理查三世》,我们便可以推断,莎士比亚笔下的理查三世在博斯沃思战役(Battle of Bosworth)中之所以失败,是因为他未能使人民听从他反抗里士满(Richmond)伯爵亨利·都铎的命令来调动人民。帕西的军队静观作战,而斯坦利的军队则不为他而战。理查未能正确贯彻马基雅维利的"你需要使他人真正成为你的一部分"的教训。这并不令人感到奇怪,因为正如布朗特(Blunt)所言,理查的周围只有那些恐惧他的人,而且,尽管在君王和臣民的关系中,恐惧可能要比爱更加可靠(《君主论》,XVII),但理查未能很好地掌控这种恐惧(V. ii. 20)。尽管理查也已经尝试过了——例如通过利用爱德华四世对克拉伦斯的恐惧、黑斯廷对女王派的恐惧,以及最明显的为了获得斯坦利在博斯沃思的忠诚而将乔治(斯坦利的儿子)抓为人质——但无论是通过公开的还是私下的处刑,理查都无法仅仅通过恐惧来实行统治,也无法让他的威胁代表"有效"真理(《君主论》,VII. 29–30;XV. 61)。理查还是在扮演一个(欺骗人的)爱人时更成功些,尽管戏剧刚开始时他还疑虑要不要这么做。

这一失败似乎表明,理查根本不是一个好的马基雅维利主义者,而且他还未能十分彻底地执行马基雅维利的计划。① 但这种"马基

---

① 在 Holinshed 看来,理查向他的部队和同伴们演讲时承认了一种"邪恶可憎的行为"(Raphael Holinshed,《莎士比亚的霍林舍德》[*Shakespeare's Holinshed: An Edition of Holinshed's Chronicles*],1587,Richard Hosley 编,New York:Putnam,1968,页263),但他声称理查已经对此做出了补偿;里士满是一个脆弱的威尔士人;以及理查带领着一帮弱小的法国人和不法分子。相反,里士满强调自己的事业是正义的(页265),并且认为这会使人们在战争中转变阵营。与没有记录里士满要求一匹马相反,Holinshed 让理查拒绝一匹迅捷的马以便让他远离战役(页268)。莎士比亚的叙述与 Holinshed 的类似,都让理查反对良知,尽管理查认为良知的权威和他的政治意图是一致的。

雅维利式"的批判风格,由于其不仅意味着我们只应去找到一位更好的君王来效仿,而且还意味着一切事物实际上都是可知的、可操作的,故而这种批判与莎士比亚对理查独裁(uno solo)的敏锐批判相互冲突。换句话说,在某些情况下或为了某些目的,我们或许可以充分地说理查原本可以借由别的事情,或者在别的事情中彻底实现自己的计划,比如立即处死白金汉公爵,或以虚假友谊使其消除敌意,还有凶残地杀害斯坦利的儿子,或是以别的某种方式敷衍地回应斯坦利的疑惑。① 但是,理查三世所执行的马基雅维利式计划的最终价值,必须根据所执行的计划的品质来加以判断。如上所述,我们并不确定马基雅维利式的计划是不是一个好计划。②

最为清晰地呈现莎士比亚反马基雅维利式干涉的关键原文,就位于对理查自我冲突(automachia)的叙述之中(借用和莎士比亚几乎同时代的古德温[George Goodwin]的说法)。③ 当理查发现自己确实孤身一人时,他充满了一种令人惊讶的坏良知(或者被其附身)。他并不只是默默地或深虑地承受他可能的失败,萦绕在理查脑际的还有鬼魂——这几乎会让人产生疑问:理查究竟有多么孤独?在剧中最精彩的一场演讲中,理查喊道:

> 理查热爱理查。也就是说,我爱我自己。
> 这儿有一个杀人犯吗?没有——其实是有的,就是我。
> 那么逃走吧——什么,从自己这儿逃走吗?这是很有理

---

① 因此,亨利五世在阿金库尔战役中杀死法国俘虏的类似决策似乎使他与理查三世不一样。
② McGrail,《莎士比亚笔下的僭政》,前揭,页59。
③ "I sing my SELF; my Civil Warrs within / The Victories I howrely lose and win." (Goodwin,转引自Sacvan Bercovitch,《美国自我的清教起源》[*The Puritan Origins of the American Self*],New Haven, CT: Yale University Press, 1975,页19。)

由的：

> 免得我复仇。——什么，我自己向自己复仇？
> 呜呼，我爱我自己——为什么呢？为了
> 我对自己所做的所有好事？
> ①(V. iii. 161 – 67)

在理查的自我谴责中，他唤来使徒保罗来见证他的恐惧，虽然莎士比亚也以模棱两可的方式说"千百人的严厉谴责"对有罪良知进行了谴责，仿佛是控诉者的数量而非品质才使得这个控诉具有决定性。② 当理查发现自己弱小到几乎没有任何能力继续下去时，他呼唤耶稣的救恩代祷（salvific intercession），耶稣会宽恕他所做的一切，即使他在做这些事时满怀信心，同时具备关于其后果的完整道德知识。③ 当读到理查的言辞时，人们会认为莎士比亚通过表明只有对宗教的敬畏才能限制残暴的意志，从而为宗教进行辩护。但在这些语句中，莎士比亚所表现的理查是一个有些令人同情或悲剧性的人物，而不只是一个因恶人已经受到惩罚从而使我们对其命运打

---

① 参《哥林多后书》7：11，以及 Rozett，《拣选教义与伊丽莎白时期悲剧的出现》中有关自我复仇的主题。正如 Rozett 所提到的，《哥林多后书》7：11 中所描写的忏悔的最后阶段，是对某人自身的报复。她还引用了 Bradbook 来表明复仇者有时对自己复仇时讽刺地扮演了上帝的角色。

② 早些时候，理查曾向圣彼得请求帮助（III. iv. 81, I. i. 138; I. ii. 34, 39）。这一改变可能并不意味着什么，亦或许这反映了理查逐渐加深的基督教责备感。(见脚注2：保罗把责备视为忏悔者改变信仰的舞台。同样还可参看 III. ii. 75 中的誓言"凭着神圣的十字架"，这可能反映了关于痛苦惩罚的担忧。) 加尔文引用了良知的"千万名目击者"作为一个"古老的谚语"。参见加尔文，《基督教要义》（Institutes of the Christian Religion），Henry Beveridge 译，Grand Rapids，MI：Eerdmans，1989，页141。

③ "可怜可怜我吧，耶稣，耶和华！——我多么梦想温柔！/胆小的良知啊，你是如此地折磨我啊！"（《理查三世》，V. iii. 194 – 195）。

消疑虑的人。与打消疑虑相反，理查的担忧导致了关于理查的上帝的正义和宗教良知的价值这一实实在在的问题。作为莎士比亚的读者，我们都清楚要避免陷入理查所遭遇的那类内部争论和内战中，但什么才是莎士比亚提出的对良知的恰当理解呢？

将马基雅维利的斗争目的等同于亚里士多德--基督教传统，这有助于正确理解莎士比亚对马基雅维里主义的批判。根据这一传统，基督徒的自由具有双面性：一方面如保罗在《罗马书》7：4中所认为的，它是一种免于世俗法律的自由；另一方面，它也给出了服从此世的世俗权力的理由：人们常常引用的是《罗马书》13。① 在解释了上帝权威与人的自由之间的这一紧张之后，施特劳斯认为，马基雅维利正在维护一种在德性和邪恶的实践之间灵活、"自然的"选择，这反映了"不存在上帝权威"，以及遵循绝对的宗教戒律标志着"头脑混乱"这一有用"事实"。与加尔文对良知的态度相反，马基雅维利式的对良知的呼唤不过是呼唤人们在必要之处恐惧他人。② 加尔文于是写道："因此，人们都说法律应当约束良知，因为法律不用看到人，或者考虑到人，就能约束个人。"在施特劳斯对马基雅维利关于良知的教诲的总结中，他认为马基雅维利对自然良知的解读的特点是一种"与单纯对世俗利益的算计无法区别的审慎"。③ 正如《罗马书》2.14 – 16所认为，良知可以原谅或可以指责，而马基雅维利的意图

---

① 关于基督徒的自由，参看1457年颁布的第39条教规，尤其是第10条，以及加尔文的《基督教要义》，III. 19有关"不同的国王和不同的法律都可以统辖"的"两个世界"概念（页141）。

② 加尔文，《基督教要义》，前揭，页142；施特劳斯，《关于马基雅维利的思考》，前揭，页240 – 41。

③ 参《关于马基雅维利的思考》，前揭，页196；Mansfield，《马基雅维利的德性》，前揭，页26。

就是要原谅那些必然的罪过（sin），指责那些只是非政治性的罪责（crime）。① 通过将良知的本义改为"留意可怖的现世危害征兆"，马基雅维利间接反对亚里士多德式的自然和基督教的唯意志论（voluntarism），他所借助的是原谅必然的罪过和谴责不必然的罪过，不论这些不必然的行为是诸如被不恰当地使用（improperly used）的残忍这样的"邪恶"行为，还是诸如误用大度（liberality）和慷慨（generosity）这样的"德性"行为。如果可以完整表达的话，那么这种资产阶级的良知将宣告亚里士多德式的道德品性和基督教良知的灭亡。

莎士比亚无法完全满意的正是这种政治化的和资产阶级的良知。他的批判在理查三世那里达到了顶峰：这是一个彻底马基雅维利式的角色，这严格地说是因为他未能执行哲学公民的真正计划。尽管我们很难确切证实莎士比亚构思公民身份的方式，但对莎士比亚而言，公民身份显然并不意味着孑然一人，易受攻击，也不希望以你的俗世王国来交换畜生（《理查三世》，V. iv. 7－13）。这不是说成为别人的计划和需要的工具，也不是要否定人们终究还是会受其折磨的宗教良知的作用。为了使莎士比亚并不完全赞成的理论语言，马基雅维利提供了一种对唯意志论的新解释，这种解释此时倾向于可朽之物而非彼岸之物——意志的唯物论取代了意志的唯灵论。与此相反，在英国历史剧中，莎士比亚用两种方式传授了一种对渴望自由的更审慎的改革。首先，莎士比亚暗示，马基雅维利所提出的反神意论计划不能证明其所宣称的人类行为的唯一目的是政治上的成功。其次，莎士比亚提醒诸如理查这样愿意"让生命孤注一掷"

---

① Wilks，《文艺复兴悲剧中的良知观》，前揭，页15。正如沙利文在《既非基督教亦非异教》一文中注意到的，马基雅维利所说的不够残忍的罗马人可以从基督教信徒那里学习被善加利用的残忍。

的野心勃勃之徒如下证据：通过直接的政治行动而实现对运气的控制的做法其实软弱无力。莎士比亚对马基雅维利的批判是否基于一种灵魂学说，是否基于对自然法的接受，这依旧模糊不清。①相反，《理查三世》中所戏剧化的乃是一种对启蒙的犹疑的认可，这种启蒙暴露了鲁莽任性的危险，也暴露了走自己的理智之路，即"对全世界不屑一顾"的吸引力。

六、结论：一个审慎而现代的莎士比亚

在理查三世这个角色身上，莎士比亚论证了英国历史剧中的两个重大主题：宗教与政治。莎士比亚笔下最为马基雅维利式的角色，让神意论历史的观念符合他自己对政治必然性的认知，以此来回应传统的神意论历史。他鼓励人们要实现他们的真实自我，这意味着低级的自我。这种有序的自由观是现代自由主义计划一个可识别的方面，但在任何纯粹的意义上说，它都不是共和主义式的：它并非基于统治中可识别的共和主义元素，比如轮流任职或法律之下臣民之间平等的自由，或者说其不基于诸如尊严或人民的呼声优先这类民主价值（《论李维》，I. 58）。

相反，整套政制平稳的维持乃是通过可控的犯罪，或者是更往后的麦迪逊在《联邦党人文集》第51篇所描述的以野心"对抗野心"。在马基雅维利的阐述中，这种竞争性共和主义的形成依赖于对政治生活的摒弃，从而相信任何高于政治生活的生活。在马基雅维利式的拖网中，哲学生活只是作为另一种形式的"野心勃勃的懒散"

---

① 理查对自然正当的否认迫使自己寻求一种解放了的"自我"，而不是以拥有一种意识到其自身在宇宙中的位置的理性灵魂而感到高兴，关于这一论证，参McGrail，《莎士比亚笔下的僭政》。

而被捕获(《论李维》,I 前言)。在对这些竞争性的生活方式的摒弃中,马基雅维利主义就像一个想象的王国,一个人工岛屿,或者是一个为了政治自由而将灵魂和精神的生活工具化的"又一个罗马"。①虽然如此,现代的取向还是可以被描述为自由,因为自由的确提供了对公民安全最方便和最稳定的认识,这甚至是沉思生活的必要条件。自由的生活方式要求后来霍布斯所谓的"理性的恐惧"(rational fear),要求解读各种迹象的怀疑能力,以及什么是人类通常所渴望之事物的见识。这种生活方式会原谅许多我们出于邪恶而似乎也会做出的行为,而不是将这些行为与诸如利益和荣誉这样的可理解动机关联起来。这种生活方式还使得邪恶为属人的明智所理解,不论这种邪恶是多么悖理或血腥,因此,一旦这种生活方式揭示了人类动机,它也就暴露了在诸如玛格丽特这种角色的愤怒,或者诸如安妮这种角色的希望背后丑陋但太人性(all‑too‑human)的各种理由。

莎士比亚在历史剧中似乎对神意提供了两种互为竞争但同样合理的解读。在其中一种解读中,报应主导了那些违背上帝意志之人的行为和良知,导致了终结于亨利七世登基的一连串屠杀。在竞争性的解释中,人类报应乃是作为义人(right man)无法以正确的方式进行统治的结果。莎士比亚对马基雅维利的批判澄清了神圣正当和自然正当之间的不确定性,其方式是表明马基雅维利主义是一种企图智胜宗教权威并且以自主个体的名义拒绝自然等级制的精致尝试,这样的自主个体辩护性地宣称要进行统治,只是因为他看透了神职人员的自负,并能根据自己的精神明智地组织自己的力量。如果我对英国历史剧的解读是正确的,那么莎士比亚认为,独立这一

---

① 施特劳斯,《关于马基雅维利的思考》,前揭,页 255;Sullivan,《马基雅维利笔下的三个罗马》(*Machiavelli's Three Romes*),页 9。

最高自由（freedom）就无法用马基雅维利式的方式来实现。只有思考中的思想者、哲学诗人或者哲人才能实现自我的自由（liberation），而那些积极的人——他们的尘世野心要求杀死所有人，包括他的自我——都无法实现。① 通过政治来寻求自由，这似乎反而会导致对自己和他人的僭政。

就上面的自由理论的危害以及对其历史渊源的理解而言，大多数思想家关于现代自由主义基础的著作，似乎都忽视了莎士比亚的政治理论。莎士比亚从未系统地出现在标准的政治思想史中，更令人惊讶的是，莎士比亚从未出现在那些对自主性和自我发展的最重要的阐述中。② 这一点让人倍感惊讶，因为我们如此之多的语言和伦理取向都是莎士比亚式教育的产物。

我已经在上面关注了作为政治问题的最高自由。但如果本文中提出的解释具有说服力的话，那么莎士比亚在《理查三世》中严肃阐述了个人自主性和我们那累人的自我的局限性。的确，我们可以在作为一个整体的莎士比亚的全部作品中将这种对自我的关注视作一个主导性主题。几个简短的评论便能证实这种说法。正如麦克白所说："只要是男子汉做的事，我都敢做/没有人比我更大胆。"

---

① Stephen Greenblatt（《莎士比亚笔下的自由》[*Shakespeare's Freedom*], Chicago: University of Chicago Press, 2010）认为，莎士比亚的目标是一种艺术性自律而不是思想独立。这个看法在我看来太谦虚了。一个真正获得解放的诗人似乎当然可以且应该享受艺术性自律和自由思想。关于一位诗人具有将对世上事物的知识和解脱自由相结合的能力，而且这可能是他结合思想自由和艺术性自律的唯一（现实的）方式，参施特劳斯，《古今自由主义》（*Liberalism Ancient and Modern*），Chicago: University of Chicago Press, 1995, 页85。[校按]《古今自由主义》中译参马志娟译，南京：译林出版社，2012。

② 参Charles Taylor，《自我的起源》，前揭；Jerome Schneewind，《自主性的发明》（*The Invention of Autonomy*），Cambridge: Cambridge University Press, 1997。

(《麦克白》，I. vii. 45–46）。麦克白认为自己是"整体的"和"坚如磐石的"，但是他很快就发现他可以破坏"磐石"从而突破这些限制。一个即使不最具思想，但却更为有趣的莎士比亚式角色允诺要"站立着/就好像一个人是他自己的作者"。这一引用并非来自《理查三世》；这句话是科利奥兰纳斯（Coriolanus）所说，他被要求在民众面前"站在自己的位置上"，展示他站在民众肩上获取个人权威时留在反讽意图中的伤疤。但是，科利奥兰纳斯只能让这种关于自主存在的思想在戏剧中维持不到六行，在他发表承诺的十六行之内，他便对自己的女主人屈膝下跪了。①这些莎士比亚式的对个人主义的反思，确实是令人感到惊讶的"警告"和"标志"。当莎士比亚来到这个文艺复兴的人文主义、怀疑主义、政治动荡和宗教改革已经从根本上改变了公民、人类与政治共同体之间关系的时代，他对马基雅维利式独立的根本批判是为了提醒我们要为自己思考。通过提醒我们对属人的善的了解是多么贫乏，莎士比亚削弱了貌似权威的马基雅维利式陈词滥调，而且他这么做的时候，并没有以一种世界观来替代另一种。这正是被"莎士比亚神话"这一称呼所讽刺的教育的核心。

---

① 《科利奥兰纳斯》，V. iii. 36；Greenblatt,《莎士比亚笔下的自由》，前揭，页109。

思想史发微

晚清语境中的荀学解释

孙大坤　撰

　　荀子乃儒家八派之一，与孟子平分秋色。荀学自先秦流传，直至晚清，始终对于各朝代的学术走向产生着重要的影响，其发展亦与各个时代变迁的脉络相联动。

　　两汉时，荀孟并称，荀学影响又在孟学之上。至于唐宋，韩愈提出"道统"之说，尊孟而抑荀。其时经学衰微，理学兴起，韩愈道统说为理学家所普遍接受，其学说延续孟子一脉发展，荀子地位下降，直至被排除于道统之外。至于清，朴学兴起，清初学者不满理学，提出重新回到经典本身，于是以考据为主的乾嘉学派兴盛一时，并由此开始新一轮的字句训诂工作，诸子学复兴，荀学尤于其时得到极大发展。后来今文经世之风兴起，荀学遇到了自己在清朝的对手——公羊学。以此为肇端，晚清学术界掀起了一场"排荀"与"尊荀"的波澜。今文经学派的梁启超、谭嗣同和夏曾佑与古文经学派的俞樾、章炳麟等人各执一端，就荀学展开了论战。

这场论战爆发于晚清,当其时,中国面临西方外部势力的入侵,国家境况日益危急,而中国思想界更是一片混乱,接连而来的军事失败一方面引发了严重的社会危机,另一方面亦在国人的思想中掀起了巨大的波澜,内与外,新与旧,传统与现代,保守与维新等等相互对立的命题被提出,并逐渐成为时人思考的核心范畴。如此背景之下,这一场"排荀"与"尊荀"的思潮,自然不免受到时代脉搏的牵动。本文想要明确的是,这场看似在学术领域内的争论,其辩论双方所坚守的立场,其时都已不仅仅只限于纯粹的学理范畴,无论是对荀学的批驳,抑或辩护,皆与当事人本身的政治目的发生着关联。本文试图通过分析"排荀"与"尊荀"两方观点发生之过程,引出这样一个核心的关切,即论争到了最后,命题的真伪、意见的深浅已经不再重要,切旨与否无关论战的成败,因为所有的论说都在力图指向一个离题的疑问——文化能否或者该如何对历史负责?这个疑问,已经超出了这场所谓论争所能回答的限度,这一点,将会被历史证明。

一、晚清有关荀学解释争议的由来

梁启超是晚清思想界的大家,同时也是时代思潮的领潮人。按照梁启超的说法,他和夏曾佑、谭嗣同,在晚清发起了一场"实有元气淋漓的景象"的"排荀运动"。[①] 这样的描述提醒我们注意在晚清语境中曾经发生的一场有关荀学的是非争论。在这一思潮中,梁启超、夏曾佑、谭嗣同和唐才常等人,与其同时期的章太炎及稍早的俞樾等人针锋相对,就荀学问题展开了激烈争论。这场争论不仅

---

① 见朱维铮校注,《梁启超论清学史两种》,上海:复旦大学出版社,1985,页69。

牵涉今古文经不同的学术信仰，还同时由于特殊的时代形势，始终在学术和政治观点中摇摆夹杂。想要清晰地理解和省查当时的这一场思潮，首先需要我们厘清双方所争论的焦点所在。梁启超作为非议荀学的主将，他对于排荀理据的叙述，可以作为我们梳理这段思想史的入手。对于他所掀起的这场"排荀运动"的动机，梁启超在《亡友夏穗卿先生》中是这样告诉我们：

> 清儒所作的汉学自命为"荀学"。我们要把垄断当时学术界的汉学打倒，便用"擒贼擒王"的手段去打他们的老祖宗——荀子。①

梁启超的这一判断，显然包含了两方面的前提预设。一是清儒所作的汉学该打，二是清朝汉学的祖宗是荀子。然而这一判断究竟是基于学术史的考量，还是虚晃一枪、另有所图，则需要仔细的分析与考察。关于第一点，在梁启超那里，清朝的汉学被称为垄断清朝学界的"正统派"。那么"清朝的汉学"是什么呢，究竟是不是清朝学界的正统？

事实上，在清朝之前并没有"汉学"的说法，到了清朝之时，"（汉学）乃由于宋学对峙而来"。② 周予同先生所用"对峙"二字，背景在于清朝自康熙皇帝起，将程朱理学定为官方的意识形态，以期达成思想控制的效果。后来后继帝王，雍正、乾隆继续奉行了康熙重视宋朝理学的思路。在钦定政策的推动下，以程朱理学为核心

---

① 梁启超，《亡友夏穗卿先生》，见《饮冰室合集》文集之四十四上，北京：中华书局，1989，页21。
② 周予同，《周予同经学史论著选集》（增订本），朱维铮编，上海：上海人民出版社，1996，页323。

的宋学在清朝获得极大发展,以至于"理学之言竭而无余华"。① 正在此背景下,乾嘉时期,汉学作为与宋学"对峙"兴起。按照章太炎在《清儒》里的说法,乾嘉汉学可分为吴皖两派:"一自吴,一自皖南。吴始惠栋,其学好博而尊闻。皖南始戴震,综形名,任裁断。此其所异也。"②

清朝汉学与理学的对峙,可算作两派学者对于朝廷钦定的"正统"派的一种回应。按照朱维铮的说法,③ 吴派不叛"道"而离"经",在对经典的研究中,否定朱熹一派关于四书五经的诠解,原因是不满朱子不合服虔、郑玄传授的古意。皖派追求"明道",讲求知行合一。戴震"做得讲理学一书"的《孟子字义疏证》,把人的自然权利作为判别"理"之真伪的标准,或如章太炎所说,确有揭露满洲君主以理杀人的隐衷。由此可见,汉学与官方意识形态之间存在张力,并非所谓"正统"。另外,就影响范围而论,汉学的辐射面其实相当有限,囿于长江中下游江浙诸省少数书香门第的"精英"知识分子之中,并未形成全国范围的思潮。

综上可见,梁启超视汉学为清学正统,实为谬见。

那么梁氏的第二点预设,即所谓"清儒所做的汉学自命为'荀学'",又是否属实呢?

关于这点,朱维铮亦有考证,告诉我们梁启超的判断并不符合事实。④ 荀子是秦汉之际多数经传的传授者,可算作两汉经学教父,故而从董仲舒到刘向、刘歆对他总是褒扬。也由此,后世的汉学研

---

① 章太炎,《訄书重订本·清儒第十二》,见《章太炎全集》(三),上海:上海人民出版社,1984,页155。
② 同上,页158。
③ 朱维铮,《晚清汉学:"排荀"与"尊荀"》,见《求索真文明》,上海:上海古籍出版社,1996,页336。
④ 同上,页337-338。

究者会对荀子予以格外的关注。《荀子》最初乃为西汉刘向所校《孙卿子》，唐杨倞据改为《荀子》。照唐时韩愈"道统"说，其学乃是"大醇小疵"。到了宋代，由于"孟子升格运动"，《荀子》地位下降，倍受冷落，直到18世纪的清朝才重新被注意。《四库全书总目》和先期刊行的《简明目录》，仍然依据了韩愈"大醇小疵"之评，对《荀子》进行了肯定。其中写道："卿之学源出孔门，在诸子之中最为近正。"语中不乏钦定之气。这样，反宋学的汉学家们重估《荀子》之门便被打开了。

至清朝汉学家，初由吴派负责勘定。经卢文弨、谢墉，相继订陋本为善本。其中义理的部分，再由钱大昕的肯定，终令荀与孟同列为"大醇"。后来扬州怪杰汪中做《荀卿子通论》，照其考证"荀卿之学出于孔氏，尤有功于诸经"。19世纪20年代皖派戴震后学有郝懿行，放言《荀子》"其学醇又醇"，"颇怪韩退之谓为大醇小疵"。以后，经鸦片战争与太平天国运动，吴、皖两派的故乡陷落。然而后起的名家也有不少喜欢以考证荀子来显示学问。比如王先谦注《荀子集解》，李慈铭曾署斋名"荀学"，孙诒让用笔名"荀潓"。可见，清朝汉学家固然在荀子研究领域做了许多工作，但或为个案，或不出正常的研究范围，并未形成气候。也许因为这些学者的名气较大，梁启超才产生了误会。

综上所述，从学术史的角度看，梁启超发起"排荀"，其判断所基于的前提和预设并不成立。关于这场运动的真正目的，则需要我们通过具体考察来获得。

二、"排荀运动"的展开——从夏曾佑、谭嗣同到梁启超

由夏曾佑首先倡导的"排荀"运动大致发生在1895至1898年之间。1895农历甲午年中日战争的失败，是晚清思想界开始狂飙突

进的导火索，夏曾佑的发难也始于此。而到了1898年，戊戌变法失败后，谭嗣同罹难，梁启超流亡，夏曾佑消沉，"排荀"运动也就随之终结。

甲午战争中惨败于晚近发展起来的日本，实在对晚清中国思想界产生了巨大震动。这不仅仅在于作为战败后果的巨额赔款和割地通商，更在于对手并非领先的西方诸强，而竟是身边同处东方的日本。日本和中国一样，18世纪中叶被列强的坚船利炮敲开国门，然后开始改革。正经历洋务运动的中国筹建新军，本已显示出了"中兴"的气象，然而面对无论军队装备还是指挥素质都逊于自己的日本时，竟然还是溃败得一塌糊涂，并被迫签订奇耻大辱的《马关条约》，这实在不能被当时的知识分子所接受。海面上战局的失败掀起了思想界的滔天波澜，知识分子们开始检讨导致中国失败的原因。所谓的"排荀运动"也正是在此时展开，但"运动"中这几位在中国近代史中极有名望的学者，居然将中国政制的失败与两千年前的荀子以及后学产生了关联，不得不让我们好奇地去探访他们究竟是如何思考这一问题的。

（一）夏曾佑：从宗教改革出发

夏曾佑属于近代思想史中著名的背景人物，他遗留下的作品并不算多，刊行的更是少见，以夏曾佑为主的研究亦是不多。不过夏曾佑在维新变法时期绝对称得是活跃人物，曾经创办《国闻报》，又同梁启超、谭嗣同交好，曾被邀主编《时务报》，以一己之力执南北两大刊物之牛耳，在维新势力中当属翘楚。晚清与荀学有关之思潮，便是由夏曾佑开启的。

事情要从夏曾佑和宋恕的书信来往谈起。在宋恕《六斋无均文集》中，收有写于1895年的《报夏穗卿书》，同时亦可见到夏曾佑给宋恕的回函,即周予同自博物馆中手抄出经朱维铮校正的稿件。①文中记载了夏曾佑与其的一番谈论,要"判长夜神州之狱",也就是弄清究竟何人使得中华神州万古长夜了。在通信中,我们可以看到的情况是夏曾佑归狱兰陵,康长素归狱新师,宋恕则归狱给了叔、董、韩、程四位"大魔"一并承担。也就是寻找祸首时候,夏曾佑划给了荀子,康有为划给了刘歆,宋恕则是董仲舒等打倒了一片。宋恕和康有为的分别,还可以放在今文经古文经的分野来看。但夏曾佑却和他们都存在分歧。

虽然号称"亦尊今文经",但夏曾佑并不认同康有为所推重的董仲舒,当然也不认同刘歆的古文经学。在他的眼中,汉时的董仲舒、刘歆都是荀子的弟子;相比于提倡"新学伪经"说的康有为,夏曾佑认为自己的同辈龚自珍、戴望才是正宗,而无论董、刘及其后学,其实都是"荀学"。夏曾佑这样的立场,与后来谭、梁基于康有为大同小康的孟荀划分是不同的,只有通过站在宗教改革立场上来才能理解他的含义。

在夏曾佑宗教改革的观点中,儒教乃中国的"经世之教",然而自孔子后,则不断衰退。孔子自己行"经世之教",其弟子中"全闻者知君主之后,即必有君民并主与民主,故道性善,而言必称尧舜","半闻者"则是荀子一派,"言性恶而法后王"。又由于李斯乃荀子弟子,而汉时叔孙通、董仲舒又都是经由荀学传授,结果就是秦朝"大行其学,焚坑之烈,绝灭正传,以吏为师,大传家法",汉时又"中国之各教尽亡,惟存儒教,儒教之大宗亦亡,惟存谬种,已两千年于此矣"。②

---

① 朱维铮,《神州长夜谁之咎——析夏曾佑与宋恕的通信》,见《音调未定的传统》,杭州:浙江大学出版社,2011,页146–148。

② 同上,页147。

归结夏的主张，可以简化为两点。一为荀子主张性恶，提倡"法后王"，导致了"专制之法"，秦始皇及后来的历代统治者都是"本孔子专制之法，行荀子专制之旨"。由此构成"性恶"—"法后王"—"专制"的框架；二为理学的源头出自荀学，同样把荀学与理学强扯在一起，构造了一个儒学演进的简单框架：孔子—荀子—濂洛（一周二程）。总之，儒教之败坏起于荀学。

但夏曾佑对时局并不绝望，依据循环往复的天道"更化"观念，他告诉我们：

> 然而天道循环，往而必返。观有儒教以来，素王之道渐于兰陵，兰陵之道渐于新师，新师之道渐于伪学。剥极于有明，其变已穷。于是而有顾。阎、戴、惠诸君讲东京之学，而于是又有庄、刘、龚、戴诸君讲西京之学。昔之往而益远者，今之返而益近，于大道之行，三代之英，将在此百年间矣。（同上，页148）

从中所见，一是晚清已是穷通往复的"更化"之朝，大道将隐而复行。二则是"桃源在西方"，清朝自当学习西方，维新改革。

（二）谭嗣同：未及悔改的误会

夏曾佑之后又一排荀健将乃是谭嗣同，他的代表作《仁学》之二十九、三十两章便是对荀学的批判。

按照谭嗣同的说法，孔学"其学数传而绝，乃并至粗极浅者，亦为荀学搀杂，而变本加厉，胥失其真乎！"本来孔学两支，一传孟子，一传庄子，可惜都绝灭了。"荀乃乘见冒孔之名，以败孔之道。曰'法后王，尊君统'。"① 由此之后中国的历史，就一面君王术之

---

① 谭嗣同，《仁学》，北京：华夏出版社，2002，页95。

于上，一面贼子术之于下。他的结论是："故常以为两千年来之政，秦政也，皆大盗也；两千年来之学，荀学也，皆乡愿也。"①

显然，在谭嗣同那里，荀子被武断地与封建专制关联了起来。孟荀之区别，不仅只是他所援引的康有为《大同书》中提出的大同小康之区分，更是一个道术上的差异。孟学代表了仁义之道，而荀学则被当成对立面的厚黑之术。在关于历史的评论中，谭提到"至唐一小康矣，而太宗术之于上""至宋又一小康，而太宗术之于上"。

谭嗣同关于荀学的判定，只是结论，而少论证。推其缘由，大概只是为了反对君主专制。立起封建帝王作为靶子，不免要涉及他们的帝王师。荀子作为秦汉之际的主要传经者，又有李斯这样的学生，被谭嗣同推出来当作帝王师的祖宗，也不算奇怪。但显然，这是谭嗣同的斗争策略，并非历史和学术的评价。另外值得注意的是，谭嗣同不排挤董仲舒，可能是怕冒犯以"春秋董氏学"传人自称的康有为。

后来的谭嗣同，对于自己早年关于荀学的看法，曾有悔悟。1897春末谭嗣同给唐才常的通信中，称自己斥荀子为乡愿有失偏颇，要"且俟异日而持平论之"。并且称自己并非受学于康有为，"迩闻梁卓如述其师康南海之说，肇开生面，然亦有不敢苟同者"。② 但由于1898年戊戌变法的失败，谭嗣同英勇就义，没有了再为自己更正的机会。也正是由此，他的声名更盛。《仁学》也随之为时人所推重，其中"排荀"言论也自然获得了更大的影响。

---

① 谭嗣同，《仁学》，北京：华夏出版社，2002，页95。
② 谭嗣同，《谭嗣同全集》增订本下册，蔡尚思、方行编，北京：中华书局，1981，页529。

(三)梁启超:远儒而近法,作为儒家异端的荀学

在"排荀运动"中,名声最大的无疑是梁启超。作为康有为的学生,梁启超对于荀子的批评,则需置于19世纪末晚清的今古文经之争的背景下,方可理解。

晚清以降,面对异国势力的入侵,清廷遭遇一连串的挫败,治下中国出现了严重的政治和社会危机。当是时,有志之士纷纷喊出变革维新的口号,希冀变法,力图富强。面对强大且顽固的政治保守势力,同时亦为了寻求变法在思想上的正当性,作为晚清今文经学家的康有为,立足于古典学问的着眼点,试图从儒家的古典学问基础中寻找出新的可能。康有为找到了着眼点春秋公羊学,从中提炼出三世说的法理,认为孔子微言大义,是有维新变法的思想传统的。在康有为的三世说中,据乱世、升平世为荀之小康,而太平世为孟之大同。要进入大同之境的太平世,就必须舍弃荀子的小康之学,而这也正是变法的缘由。康有为认为,"孔门后学有二大支:其一孟子也,人莫不读《孟子》,而不知《公羊》正传也;其一为荀子也,《穀梁》太祖也"。①

梁启超沿袭了其师康有为的说法,认同孟子传孔学之大同之学,荀子传孔学之小康之学。"大同之学"的特征是"天下为公",小康之学的特征是"天下为家"。如同康氏,早年的梁启超同样追慕"大同"的理想世界。但不幸的是,自汉以后,所流传实际是荀子所传之小康之学。正是基于这样的判断,梁启超写道:

---

① 康有为,《桂学答问》,见《万木草堂口说》(外三种),北京:中国人民大学出版社,2010,页146–147。

> 人好其私说，家修其旧习，以多互证，以久相蔽，以小自珍，始误于荀学之拘陋，中乱于刘歆之伪谬，末割于朱子之偏安，于是素王之大道，暗而不明，郁而不发，令二千年之中国，安于小康，不得蒙大同之泽，耗矣哀哉！
>
> 吾中国两千年来，凡汉、唐、宋、明，不别其治乱兴衰，总总皆小康之世也。凡中国两千年先儒所言，自荀卿、刘歆、朱子之说，所言不别其真伪精粗美恶，总总皆小康故也。①

正是基于这样的"大同""小康"之判，梁启超同样把"荀学"划成了"二千年之中国"不蒙先生大同恩泽的缘由。与此相应，梁启超对于儒学史的也做出了并非历史的估量，他告诉我们：

> 小康之义，（孔子）门弟子皆受之，而荀卿一派为最盛，传于两汉，立于学官，及刘歆窜入古文经，而荀学之统亦篡矣。②
>
> 自汉以后，名虽为昌明孔学，实则所传者，仅荀学一派而已，此真孔学之大不幸也！③

梁启超说孔学所传仅荀学，这当然并非实情，更多是一种修辞策略。在此，梁启超的潜台词是将荀学当作了之前两千年中国的统治之术的代表，并以此区分，将其作为治理之道的孟学相对待。梁启超认为，表面看学术上是孟学不彰而荀学昌明，但实际上是国家治理依"术"而不靠"道"，才导致了现今中国之困境。因是之故，欲变法维新，在思想上首要"排荀"。然而在具体的行动上，梁启超

---

① 康有为，《礼运注叙》，见《康有为政论集》，北京：中华书局，1981，页193。
② 梁启超，《南海康先生传》，见《清议报》1901年12月21日版。
③ 梁启超，《中国学术思想变迁之大势》，见《饮冰室合集》文集之七，北京：中华书局，1989，页48–49。

的老师康有为确是颇多犹豫的,但他的追随者比如学生梁启超则坚定地以此为据,攻击荀学。

梁启超是否真诚服膺康有为的三世说,抑或只是借此为幌来表达其革新变法诉求,我们不得而知。但是,他据此对荀学的批判确可以引出我们更深的思考。

在康有为关于荀孟的区分中,其理论只是大致对照了小康和大同两个概念,并附会出与三世说相对照的内涵,整体的表述是相当粗陋而有破绽的。自先秦以来,荀孟之学始终处于一种张力关系之中,一方面他们都是儒学的重要组成部分,另一方面,在谁才继承了道统的问题上,又处于尖锐的对立之中。李泽厚讲道:

> 孔孟以"仁义"释"礼",不重"刑政";荀则大讲"刑政",并称"礼""法",成为荀学区别于孔孟的基本特色……同样是所谓"修身",与孟子大讲"仁义"偏重内在心理的发掘不同,荀子重新强调了外在规范的约束。①

加之荀学本身所言的"王霸并用",这些都容易为荀学招来成为专制意识形态的口实,从而引发后来的攻击。

至少在梁启超这样的荀学攻击者眼中,荀学并不只是儒家之学,荀学作为儒家的异端,非但没有传承孔子的精义,反而扭曲了儒学的道统。在其看来,荀学远儒而近法,带有很浓的法家意味,而且由于荀子本人也是韩非、李斯的老师,于是则又有了法家以荀为宗的说法。梁启超写道:

> 自荀卿受仲弓南面之学,舍大同而言小康,舍微言而言大

---

① 李泽厚,《中国古代思想史论》,天津:天津社会科学院出版社,2003,页99-100。

义,传之李斯,行教于秦,于是孔子之教一变,秦以后之学者,视孔子如君王矣。①

荀卿之学,辨析名实,综明度数,故李斯韩非传之,流为法家一派。②

荀子生战国末,时法家已成立,思想之互为不影响者不少,故荀子所谓礼,与当时法家所谓法者,其性质实极相逼近……荀派所言之礼,则其机械性与法家之法何择?③

通过对师承关系的追溯,梁启超将儒家"异端"荀子定位成了法家的开山祖师。荀子讲"礼",也不再是儒家"礼乐"框架中,明序而和乐的仁义秩序,而是成为辨析综明的现实度量,由此而失去了价值的维度,沦落成了机械性的现实功利道具。然而,我们要知道"礼"和"法"的关系始终是复杂而存在张力的,梁启超轻率地将荀子所谓之"礼"与法家所谓之"法"关联等同,显然有失偏颇,同时这样的看法,不单大大简化儒学内部的复杂问题,同时也简化了先秦儒学与其他诸子相牵涉的复杂情况。

有了上述的思想背景,我们也就是不难理解梁氏对于《荀子》的看法,他说:

《荀子》全书提其纲领,凡有四大端:一、尊君权。其徒李斯传其宗旨,行之于秦,为定法制,自汉以后,君相因而损益之,二千年所行,实秦制也,此为荀子政治之派。二、排异说。

---

① 梁启超,《新学伪经考叙》,见《饮冰室合集》文集之二,北京:中华书局,1989,页61。
② 梁启超,《史记中所述诸子及诸子书最录考释》,见《饮冰室合集》专集之八十三,北京:中华书局,1989,页13。
③ 梁启超,《先秦政治思想史》,天津:天津古籍出版社,2003,页117-118。

荀子有《非十二子》篇，专以攘斥异说为事，汉初传经之儒，皆出荀子，故袭用其法，日以门户水火为事。三、谨礼仪。荀子之学，不讲大义，而惟以礼仪为重，束身寡过，拘牵小节，自宋以后，儒者皆蹈袭之。四、重考据。荀子之学，专以名物制度训诂为重，汉兴，群经皆其所传，龂龂考据，浸成马融郑康成一派，至本朝（清）而大受其毒，此三者为荀子学问之派。①

相较于夏曾佑仅仅从宗教改革的立场出发，以及谭嗣同仅仅从反君权反专制的角度批驳荀子。梁启超在"排荀运动"中的响应显然更为立意广大，他通过对于荀子的非议，所要表达的是，既要反对政治上的专制，又要反对学术上的专制；既有对古之学问的不满，又有对今之现状的批评。尤其最后对清朝考据之学的批判，更是让我们看到，可能梁启超的出发点，确是在今而不在古，高举打倒古人的大旗，所做的其实是对于今人的批判。

三、尊荀：章太炎的辩护

就在晚清公羊学诸生对于荀学进行非议之时，古文经学家章太炎扬起"尊荀"的大纛。并对非议荀学的诸种说法一一做出了回应。

其实总结当时"排荀"的理由，可归之于两点：一曰荀学只传小康之道，不讲大同；二曰荀学为中国二千年封建专制之渊薮。

对于第一点的论证，章太炎本着自身古文经师的身份和学术背景对公羊学进行了批判，倘若今文经学本身即是虚诞不经之言，那

---

① 梁启超，《论支那宗教改革》，见《饮冰室合集》文集之三，北京：中华书局，1989，页57。

么今文经学家们基于康有为三世说而对荀学进行的非议则自然不攻而破。

章太炎对公羊学的责难首先来自其对董仲舒的批判。康有为是极推崇董仲舒的，他曾在《春秋董氏学》自序中言道："所发言轶荀超孟，实为儒学群书之所无。若微董生，安从复窥孔子之大道哉！"章太炎的态度则截然相反，他认为董氏虽为公羊之师，然"其言凌集巫史，实兼习阴阳家说"，而且"九流之衰，仲舒群伦当任其过"。①

而对于康有为三世之说，大同之言，章太炎则根本就不相信，认为只是康有为之杜撰：

> 春秋三统三世之说，无虑陈其概略，天倪定分，固不周知，岂有百世之前，发凡起例，以待后人遵其格令者？故知通经致用，特汉儒所以干禄，过崇前圣，推为万能，则适为桎梏矣！②

章太炎自身治学严谨，讲求实事求是，不认可微言大义旗号下的凭空议论，反对神秘主义，也就顺理成章地反对今文经学家因时所用而发出的对于经典的诠释。

针对第二点，即认为荀学为中国二千年封建专制之渊薮。章氏的回应同样明确。

首先，章太炎指出专制的原因在于"君不专制，臣必擅主"：

> 春秋之后，大臣篡弑者多，故其时论政治者，多主专制，

---

① 章太炎，《与柳翼谋论学书》，见《章太炎政论选集》下，北京：中华书局，1977，页764。
② 章太炎，《与人论朴学报书》，见《章太炎全集》（四），上海：上海人民出版社，1985，页154。

> 主专制者，非徒法家为然，管子老子皆然，即儒家亦未尝不然。盖贵族用事，最易篡夺。君不专制，则臣必擅主，是故孔子有不可以政假人之论。①

在章太炎看来，专制并不独是法家所持之论，先秦时代的管子、老子、儒家亦主此说，其在当时的目的，乃是为防止贵族篡权，故君主专制有特定的历史背景。而关于专制之效果，章氏又有这样的论述：

> 秦汉以降，政虽专制，非无宪章著于官府，良治善法足以佐百姓者，亦往往而有。②

通过对历史实际的考察，相比梁启超等人对于专制的彻底否定，章太炎表现出了截然不同的态度。专制在章太炎那里，是有其具体的社会历史缘由的，同样，专制的实际效果并非如果梁启超等人所言，使中国陷入两千年的黑暗，否则何以解释历史上曾经出现的太平盛世。

而关于他人对荀子不崇先王而法后王的看法，章氏《尊荀》一文，已明白显示出他赞同荀子的法后王的说法：

> 孟子法先王，而荀子法后王。无荀子不能开三代以后之风气，无孟子而先王之道几乎息矣。今将为荀子之徒欤？西学具在，请就而学焉；将为孟子之徒欤？……愿与诸君子共勉也。③

---

① 章太炎，《诸子略说》，见《国学讲演录》，南京：凤凰出版社，2008，页224。

② 章太炎，《革命道德说》，见《章太炎全集》（四），上海：上海人民出版社，1985，页276。

③ 章太炎，《訄书初刻本·尊荀第一》，见《章太炎全集》（三），上海：上海人民出版社，1984，页7。

在章太炎处,"法后王"意味着能够根据现实对于当下的制度进行损益,这直接关系着晚清政局是否要且是否能向西方学习的问题。牵涉到具体的器物和制度的借鉴吸收,仅凭"法先王"是难以进行的,这也是章太炎在晚清社会改革的大背景下之所以将尊荀作为《訄书》开篇第一的可能所在。

关于梁启超言荀子"远儒而近法"作为儒家的异端,在《帝韩》《商鞅》等文中,章太炎则表露了对法家的偏向:

> 后世之有律,自萧何作《九章》始,远不本鞅,而近不本李斯。张汤、赵禹之徒起,踵武何说而文饰之,以媚人主,以震百辟,以束下民,于是乎废《小雅》。此其罪则公孙弘为之魁,而汤为之辅,于商鞅乎何与?
>
> 悲夫!以法家之骛,终使民生;以法家之刻,终使民膏泽。而世之仁人流涕洟以忧天下者,猥以法家与刀笔吏同类而丑娸之,使九流之善,遂丧其一,而莫不府不罪于商鞅。嗟乎!鞅既以刑公子虔故,蒙恶名名于秦,而今又蒙恶名于后世。此骨鲠之臣不所以不可为,而公孙弘、张汤之徒,宁以佞媚持其禄位者也。①

章太炎对于法家和刀笔吏做出了区分,同时认为法家于世有益却被人误解。而荀子作为商鞅、李斯的老师,自然应当被肯定。

结合之前的论述,可见章氏似乎有新法家的态度,所以纵使荀学含有王霸掺杂的思想成分,站在现实效用的立场,章氏仍对之采取赞同的态度,甚至认为荀子为儒门正宗。

再到后来,谈及对公羊学的批判,章太炎展示了自己更深层的

---

① 章太炎,《訄书初刻本·商鞅第三十五》,见《章太炎全集》(三),上海:上海人民出版社,1984,页79-82。

态度。正如古文经学家的普遍共识，章太炎认为孔子乃是述而不作，其整理诗书礼乐等诸典籍，却未在其中添加一字。并且，他赞同清初章学诚"六经皆史"之观点，认为经书皆历史，孔子亦为史学家。由此，他这样阐述公羊学之流弊：

> 方余之有一知半解也，《公羊》之说，如日中天。学者煽其余焰，簧鼓一世。余故专明《左氏》以斥之。然清世《公羊》之学，初不过一二人之好奇。康有为倡改制，虽不经，犹无大害。其最谬者，在依据纬书，视《春秋经》如预言，则流弊非至掩史实逞妄说不止。民国以来，其学虽衰，而疑古之说代之，谓尧舜禹汤皆儒家伪托。如此惑失本原，必将维系民族之国史全部推翻。国亡而后，人人忘其本来，永无复兴之望。余首揭《左氏》，以斥《公羊》。今之妄说，弊更甚于《公羊》。此余所以大声疾呼，谓非竭力排斥不可也。①

时值民国二十二年，公历1933年，章太炎已至晚年，这段话透露出他作为古文经学家的最深切的忧虑。相比之下，康有为胡说了什么并不重要，重要的是国人历史感的丧失。公羊学不依史实而惶遑议论，导致民众开始怀疑作为一个整体的经典的权威性。知识精英不再像章太炎等古文经学家那样，相信曾经存在一个尧舜禹文成武德化治天下的三代，而我们后人所要做的即是回到那个政治清明、社会和谐的三代，途径就是经由对于经典的研习以修身成圣人，进而平定天下。民国时期的中国人不再相信曾经存在这样一个美好的传统封建时代，而这意味着以往今文和古文经学家甚至是儒家所做的一切都变得无甚意义了。思想的谱系不再成为评价其价值或者真

---

① 诸祖耿，《记本师章公自述治学之功夫及志向》，见《章太炎学术年谱》，姚奠中、董国炎撰，太原：山西古籍出版社，1996，页443。

理的主要标准,而现实的社会效用却成了引人关切的重点。

对于晚期的今文经学家来说,严重的问题是他们的学说是否真正与西方经验相合,他们研究今文经学的目的与普通儒生不同,普通儒生只是想知道他们的圣人说的究竟是什么,而他们则要弄清今文经学的教义是否是真理,如果是,他们才能成为真正的儒者。①

与之相照应的是,晚年的章太炎依然坚持着排满,却不以"尊荀"为尺度了。而梁启超也在1902年的一篇文章中,告诉他的读者没必要去关心经典的真伪问题了,其中的潜台词是:大家只要向西方学习就好。

四、结论

结合上述诸人在这一"运动"中的言论,可以看到,无论"排荀"还是"尊荀",其中的社会意识都明显大于学术意识。正如章太炎所讲:"而今之为术者,多观省社会,因其郑俗,而明一指。"②康有为的今文经学固然有其荒诞不经之处,而荀学也万万担不起两千年封建专制渊薮的罪责。论争的背后,乃是当时知识界面临汹而来的西方现代意志,在立足中国古典传统资源还是亲近西方现代资源的选择中,摇摆不定而缺乏自我决断的能力与魄力。这种混杂性经验表征既表现在含混的修辞和自相矛盾的逻辑中,同样也表现在

---

① 列文森,《儒教中国及其现代命运》,桂林:广西师范大学出版社,2009,页73。
② 章太炎,《訄书重订本·原学第一》,见《章太炎全集》(三),上海:上海人民出版社,1984,页134。

某种幼稚的文化归谬主义中。

《论语·泰伯》言"士不可以不弘毅，任重而道远"，这固然表达了儒家知识分子的宏大理想，然而也很容易导致过分强调理想对于现实的作用。在晚清"三千年未有之大变局"中，儒家知识分子就表现出将理想的再造与现实的需要相混同，并不能厘清其中界限的缺憾。这场"排荀"的运动便是如此。面对甲午战争的惨败，知识人没有或者没能力去检讨当事人在具体的运筹帷幄中的利害得失，没有从中汲取经验教训，反而抓住莫须有的"荀学"做文章，试图从整个儒家中拎出一个荀学，作为国家现实失败的替罪羊。本该基于理智的冷静分析，变成知识分子在言语和情感上的双重暴力，即为了达成批判专制与推动改革之目的，策略性地将某个前人变成稻草人，使之成为众矢之的。

尽管我们应该给予梁启超、谭嗣同、夏曾佑这些维新运动的中坚力量给予某种同情和理解，但是，作为当时晚清知识分子中的翘楚，梁启超们毕竟曾经亲近中枢，按理相较一般在野的知识分子知悉更多见闻和拥有更开阔的视野，也更担负有传承本国古典学问的职责。然而令人失望的是，作为时代思想的先驱和青年知识人的模范，梁启超们在检讨现实国事时，非但不能从具体的制度安排讨论入手，反而转向了心性的探寻。扬孟而抑荀，将一切归咎于帝王国师的阴暗内心，不得不说这场晚清所谓的排荀运动在很大程度上开启了后来现代新儒家心性革命的滥觞。如果我们参看后来熊十力对于荀孟的评价，以及判神州长夜之狱的尺度，定会感叹于其与梁、夏等人内心的相契。只是现代新儒家走得更远，直接将孟子变成了西方民主自由的啦啦队。

晚清的这场有关荀学非议和辩护的论争，最后也如同当时的其他许多论争一样，变成了历史的尘埃。但这场在晚清曾经存在的荀学论争毕竟给了今天思考。相较于晚清，我们今日依然处在亘古未有之大变局中。尽管已经确立起了相对稳固的国家政制，但中国依然面临着如何定位自身文明的世界秩序问题。在此基础上，对于当时论争中所涉及的主题，亦可有助于我们理解中国从过去到现在和从现在到未来的走向。比如"法后王"的议题，当今学界的关注点就可以不再仅限于传统孟荀对比中"先王""后王"的争议，我们可以对于"王"有更为深刻的理解，作为"主权者"的"王"处于不可被规定的例外状态，可以成为新时代的立法者。而晚清作为"三千年未有之大变局"，正是"先王"之礼法常规状态之所不能及处，故而需要"后王"在此例外状态的重新立法。

同样，在关于荀学引发的"专制"讨论中，批评者基于"大同理想"而反对专制，正是"人民民主"理想的体现，但后来毛泽东对于"人民民主专政"的发挥，其实又是在此基础上立足中国现实国情的推进。由此，我们可以看到，作为思想讨论的晚清语境中的荀学解释，尽管在当时并没有对现实产生当下的影响，但确证作为某种尽管不成熟但毕竟存在的先声，为后来的社会发展做了舆论和思想上的垫脚。

旧文新刊

春秋穀梁傳條指

江慎中　撰
李誠予　點校

叙

　　昔班固氏有言："孔子沒而微言絶，七十子喪而大義乖。"別微言於大義而專屬之孔子，其説必有所受。蓋大義者，大要之義；而微言者，精微之言也孔門論學有大義、微言之異，猶其論治有大同、小康之異，大與小對，則大廣而小狹，大與微對，則大粗而微精，言各有當也。大義之著於六藝者，七十子之徒，類能傳之；至微言則函自聖心，非德行如顔閔、文學如游夏，莫能窺見矣。

　　然非聖人立教，顯判兩途，其見淺見深，實視學者之自得何如耳。六藝皆孔子手定，而《春秋》為晚年之作，用意尤深，舉其大要言之，則明是非也，決嫌疑也，別善恶也，诛暴乱也，辨华夷也。如斯之类，中材可以研究，熟而得其大凡。若乃微言之所寓，则有出于言语思议之外者矣。孟子但言其义窃取者，散文通也。

传《春秋》者三家。左氏以事释经，大义最明，而微言不著。惟公羊氏之学，见于董仲舒、何休所述者，于微言颇有发明。每怪《榖梁》与《公羊》同出子夏。《公羊》家所传，有张三世、通三统诸大指。治《榖梁》者，乃慨无之，意颇不能无惑。又以榖梁氏之书，文义简奥，猝不易通知，必尚有精意，为诸儒所未及觉者，沈潜反覆，历更寒暑，然后豁然省悟。

《榖梁》所述微言，较《公羊》尤为明备，而与《公羊》指趣各殊，良由源远流歧，遂生差异。而一则溢出传表，一则具见传中，知《公羊》多后师附益之文，《榖梁》则原本师授，而著之于传，其说尤为可信也。余初为《榖梁条例》[①] 十余万言，略仿刘逢禄氏《公羊释例》之体，欲举《春秋》微言大义，悉萃于一编之中。曾以其书质诸当世之深于经学者，皆不以为谬，尊周、亲鲁、故宋之说，

[①] [校按] 成书于光绪二十三年（1897年），十卷三十二篇，由叶昌炽、俞樾作序。原书今不复见，《国粹学报》1901年第68期"绍介遗书"栏目仅存其纲要及二序。据研究者检索，晚清以来数种重要公私书目皆无著录，推定已佚。参见文廷海，《清代榖梁学研究》，成都：巴蜀书社，2006年，页289。江慎中，生卒年不详，大致在咸光之间，字孔德，号蠢覃，今广东廉江人，清光绪十四年（1888年），中戊子科举人。又，本文原载《国粹学报》，1901年，第68–73期。文中小五楷体系作者原注，页下注释则为校注者所加。原文每节末尾有"右通论"、"右论通世变"等字句。因版式及阅读习惯变化，现将此类字句全部前置为节标题，并删去指代前文之"右"字。

尤為時所稱道。

德清俞曲園先生樾，許為獨得精義，而長洲葉鞠裳太史昌熾，且有懸諸國門一字不易之譽。余雖深愧其言，而以絕學久微，吾斯未信，獲諸君之許可，未嘗不援以自壯也。

曲園先生又勸余別為《穀梁》作注，而績溪程蒲孫秉釗、嘉應饒輔星軫、臨桂龍松岑繼棟諸君，尤慫恿之。余遂欲勉就此專家孤業，以副諸君之期望，因草創為《穀梁箋釋》一書 仿阮氏《曾子注釋》之體。

昕夕覃研，續有開悟，以箋釋繁重，脫稿未知何日。欲更增改條例，加密其說，以備遺忘。尋復以世變王正諸端，正所謂微言之函自聖心者，宜有專編，闡明理要，但以雜之日月名地之列，未免紐倫，遂盡析而出之，揭十指為目，易用論說之體，詳加推論，究極其意，先成《穀梁條指》二卷 諸說既由創通箋釋未成，無所依藉，自非詳說不明，異日尚當改訂也。

凡所論述，皆發魏晉以來諸儒所未發，雖義由創立，而根據傳文，未嘗有字之增綴也。數十年來，新理絡繹，自西徂東，每與此經，符合無間，今亦惟即經傳中所有者，疏通而證明之，不敢有一語之遷就也。治此經者，恆發膚淺。

近儒鍾文烝氏，最號精密，然亦惟詳大義而畧微言。以余之陋，乃能抉其幽隱，而盡宣之，其中若有默相者焉，而非始願之所逮矣。竊歎吾國學術，如《易》與《春秋》，皆經緯人天之絕詣，往者綴學之士，神泊糟粕，形滯筌蹄，不明聖人之德圓用神，存乎理想，言《易》者拘牽於物象，言《春秋》者圈圍乎事例，遂若先聖制作，皆祝史所優為，不特微言非其所知，即於大義亦不遑究，是吾學不振之由也。《易》道包孕，尤為無窮，天之未喪斯文，當必有身任其責者，若《春秋》微言，則茲編所述，已具大意，或遂可當擁篲清道之一役乎？

光緒丁未（1907）二月石城江慎中自識

卷　上

通　論

孟子論《春秋》有事其文其義之別，而以義為孔子之所取，則言《春秋》者，宜以義為重矣。然太史公之言曰："七十子之徒，口授其傳指。"① 董生書有十指之篇，何休有三科九指之說，皆不曰義，而曰指，何也？羣者渾舉之大名也。意之所在，謂之指，則義所歸宿也。治《春秋》者，苟得其指，則二百四十二年之事，皆筌蹄矣。

董生十指，語類寬泛，後世無述焉。何氏三科九指之說，則大為學者所宗。近世《公羊》盛行，其說幾風靡天下，而自來治《穀梁》者，皆惟循文訓義，罕究微言。所謂《春秋》之指，從未有能舉之者，其為《公羊》所掩，固無足怪。竊嘗以為聖人經世之學，具於《春秋》，必有非常異義，振示萬世。穀梁子既游卜氏之門，不宜絕無所聞，徒以其書文簡義微，兼為晉唐諸儒所汩亂，故無心知其意者耳。天牖愚衷，幸獲端，旁通曲證，燦然大明，今特表

---

① 《史記·十二諸侯年表》。

而出之，以告學者。

　　《公羊》、《穀梁》同出子夏，所授微言，其始必重規疊矩，而後師傳襲，不免謬參臆見，遂至烏焉。三寫屢變離宗，如兩傳皆有三世之說，而時限各異，《公羊》謂以《春秋》當新王，《穀梁》則謂《春秋》振無道於無王，《公羊》謂《春秋》王魯、新周、故宋，《穀梁》則謂《春秋》尊周、親魯、故宋，此非所謂貌同心異者耶。雖見仁見智，其言皆有所受之，而彼此互衡，純駁要不能無辨，又如撥亂反正之文，本出《公羊》，而《公羊》但傳其語，《穀梁》能推之，以釋全經。至貴民重眾，則《公羊》所未傳，而《穀梁》所獨得也。每謂《公羊》家說，附益者多，如三世之義，彼所最重，而其傳但有所見所聞所傳聞之語，而無據亂、升平、太平之文。三統之義，亦所最重，而其傳亦但有新周二字，王魯、故宋，且無顯證，因知非盡出《公羊》本意也。《穀梁》諸說，本傳悉有明文，詞理秩然，不待添綴，何休乃反以《穀梁》為廢疾，識者宜辨之矣。

　　何氏所述《公羊》九指，既有漏略，且不可通於《穀梁》，今約《穀梁》之說，定為十指。十指者，一曰推世變 此《春秋》之通指，統貫全經者也。二曰託王正，三曰立伯統，四曰異內（外）① 此三者，《春秋》之大指，亦彌綸一經者也。五曰尊周，六曰親魯，七曰故宋，八曰崇賢，九曰貴民，十曰重眾。此六者，《春秋》之要指，各明一義者也。以此十者，檃括全經之義，若網在綱矣。其理奧賾，非卮言所能盡，今析論之如下。

---

① 圓括號內補正原文所闕文字，下同。

經　篇

論推世變

　　推世變者，即公羊家所謂張三世也。《春秋》為推言進化之書，三世者，進化之次序也。顧按其程度，皆循途漸進，可以三世差之，而論其功化，則月異日新，當以世變目之。聖人盡舉前後古今紛紜萬變之象，納諸二百四十二年之中，借其事以明進化之公理，使若隱公以前猶是太古，比諸未開化之時代。隱元年，《傳》曰："邾之上古微"，是目春秋以前為上古。入《春秋》乃漸進化，而託隱、桓為進化之初級，推定、哀為進化之極端，此非可以事實求者也。夫子與子游論大同曰：大道之行，有志未逮；而又自言志在《春秋》，即有志未逮之志《禮運》鄭注誤。乃聖人之理想也。惟其未逮，故以理想託之《春秋》焉，所書之事，特假之以為標識符號而已，非十二公之編真有此無窮之變象也。

　　桓十四年《傳》曰："立乎定、哀以指隱、桓，隱、桓之日遠矣。"此明以隱、桓為遠世，定、哀為近世也。然則隱、桓以後，定、哀以前，自莊至昭，皆《春秋》之中世矣。《公羊》以所見、所聞、所傳聞為三世。何休云："所見謂昭、定、哀，己與父時事（也）；所聞謂文、宣、成、襄，王公［父］① 時事（也）；所傳聞謂隱、桓、莊、閔、

---

① 方括號內訂正原文別字，下同。

僖,高祖、曾祖時事(也)。"① 此即董生有見三世、有聞四世、有傳聞五世之說。《楚莊王篇》

然董生又云:《春秋》"殺隱、桓以為遠祖,宗定、哀以為考妣"《奉本篇》,則與前說不合。董生書每兼採《穀梁》說如桓無王之義本《穀梁》說,《公羊》所無;其解紀侯大去其國,直用《穀梁》義,與《公羊》違異。此條或亦取之《穀梁》歟。惟《公羊》亦以隱、桓為遠,又言定、哀多微辭,以定、哀並舉而不及昭,其哀十四年《傳》曰:"《春秋》何以始乎隱?祖之所逮聞也。"逮聞者,僅及聞之之謂何休以所聞為王父時事,所傳聞為高、曾祖時事。曾祖者,王父之所見,不得謂之逮聞而已。

以董生後說推之:考妣者,己之所見;由祖而上,至曾祖、高祖,則己之所聞也;高祖而上,謂之遠祖,則祖之所逮聞,而己之所傳聞也。其意蓋以至近者為所見,稍遠者為所聞,極遠者為所傳聞,遠祖考妣特大概比附而言耳。此說自較前說為順,似兩傳三世之義本無不同矣其與前說不合,或由家法之異,《繁露》已多竄亂,非復原書,疑董生前說乃後人據何氏義以改之者。

哀七年秋,公伐邾;八月己酉,入邾,以邾子益來。《傳》曰:"《春秋》有臨天下之義焉,有臨一國之言焉,有臨一家之言焉。其言來者,有外魯之辭焉。"此《傳》特舉前後內外之異,以明世變也。範圍所及曰"臨"。臨一家之言,據遠世言之,隱桓之世,內同姓而外異姓異姓小國不卒,異姓大夫不氏,是外之也。獨卒滕、曹及同姓皆稱公子,是內之也。所謂家

① 此句引文據《春秋公羊傳註疏》(隆慶二年重修刊本)改訂。

族主義也。臨一國之言，據中世言之，自莊至昭，皆內本國而外異國內魯外列國，內中外夷狄，皆以此統之，一家一國皆傳之便文，不可拘泥一字。所謂國家主義也。臨天下之言，據近世言之，定哀之世，遠近大小若一，不復分別內外，所謂世界主義也。既已著治大同，無人我夷夏之異，故雖魯亦可外也世變之義，非內外可盡，傳止就一端言之耳。國家天下是古人通用名辭，故孟子曰："人有恆言，皆曰'天下國家'"，① 《大學》亦以"齊家治國平天下"為序。惟孟子、《大學》所言皆就空間說橫說。此《傳》所言則就時間說直說。要其為由近而遠、由狹而廣之義，則一也。自徐邈、范甯、鍾文烝解此傳，語皆謬誤今亦不復辨駁之。於是《春秋》世變之指千載不明。苟知所謂家國天下者，為以文化所及之遠近、廣狹言之，推之全經，無不六通四辟矣。

公羊家有據亂世、升平世、太平世之說，而其傳無明文，蓋治《春秋》者相承，有此義而彼襲用之，非盡彼一家也。以《穀梁》義推之，遠世為家族主義時代，規模偏狹，國體未成，是據亂也。中世為國家主義時代，經制畫然，國度日進，是升平也。近世為世界主義時代，畛域盡化，天下大同，是太平也。兩義相比，若合符節，若何休舊說，則牽強殊甚以譏二名為太平尤可笑。益知非公羊一家之義矣。

《春秋》雖析分三世，而三世之中又各自有別。如隱、

---

① 語出《孟子·離婁上》："人有恆言，皆曰'天下國家'。天下之本在國，國之本在家，家之本在身。"

桓同為臨一家之言，而隱篇但是成立家族，桓篇則已成專制家族，由專制家族遂一變而為專制國家矣。自莊至昭同為臨一國之言，而莊、閔、僖為專制國家，文、宣成為貴族國家，襄、昭則為平權國家，由平權國家遂一變而為平權天下矣。定、哀同為臨天下之言，而定篇猶是平權天下，哀篇乃成大同天下，其變象無窮，固非一端可盡也。桓、莊、昭、定實為家國天下交接時代，所謂遠世、中世、近世，不過舉其大要耳。

論臨一家之言①

上古之世，社會未立，先有家族，家族立而世及之禮成，後世相沿，遂為定制。三王以下，文化日進矣，而封建世官猶是家族世及之餘習也。《春秋》以此義為偏私狹隘，不盡合公理，故託以為進化之最初級焉。隱三年，尹氏卒。直稱氏者，起隱、桓為家族主義時代也。諸侯列為邦國，卒宜從正，且不得以族稱，無所取義，而天子之大夫視諸侯，可舉之以例上下，故特於尹氏之卒略名稱，氏以顯之也_{昭篇兩稱尹氏則為舉族之辭，與齊崔氏同義。以彼時，尹氏宗族強盛，貪為大夫者非一人，故稱氏以見之。據《左氏》所載，有尹摰、尹辛、尹固則立朝奔楚，非止一人明矣，不可通於此。}《公羊》以稱尹氏為譏世卿，說亦未嘗不是，而失之淺矣。《春秋》終於獲麟，且欲

---

① 此節以"論推世變"為題，詳述"臨一家之言"、"臨一國之言"、"臨天下之言"。原文較長，為便宜閱讀，據文意加小標題。

變家天下為官天下，豈特大夫不當世而已哉！

家族主義尤重同姓而輕異姓，故《左氏》曰："周之宗盟，異姓為後。"而孟子論卿，亦以異姓後於貴戚，蓋崇重家族之風，周人為尤甚焉。隱、桓之篇，小國皆不志卒，而獨卒滕、曹隱七年，滕侯卒；桓十年，曹伯終生卒。以其為魯之同姓，故進之也滕、曹而外，惟隱八年書"宿男卒"。《傳》曰："宿，微國也，未能同盟，故男卒也。"末讀本末之末，猶言略也。同盟即元年之盟，謂"宿，微國"，本不當卒，以其在未開通之時代，已略能親附大國與宋魯盟，故此男得卒也。此與隱十一年薛侯來朝而莊篇書薛伯卒同，皆特進之，以張開通之義。宿男適卒於隱篇，《公羊》家不得其解，而儕之於滕侯，誤矣。元年，盟宿。《傳》曰："宿，邑名也，當作宿國也。"淺人誤讀"未能同盟"為已未之"未"，疑其與八年傳違異，故妄改之耳。益師、彌彊皆稱公子，而無侅、俠直名不氏，以其為異姓，故略之也。臨一家之言，此其最著者矣。

《傳》於無侅、俠之卒，皆曰"隱不爵①大夫"。然"俠者，所俠也"。俠既氏，為所矣。何以謂之不爵命？蓋所謂"隱不爵大夫"者，謂《春秋》於隱篇著不爵大夫之義，非真謂隱於大夫不加爵命也隱不爵命大夫，猶言小國無大夫，豈可謂小國真不置大夫之官乎？《傳》又申之曰："隱之不爵大夫。何也？不成為君也。"所謂"不成為君"者，蓋寓意於家族初建，但以家長治事，君臣之體未立。使若隱猶是一家之長，未純同一國之君。一家之中，同姓可以相助為理，異姓皆其家僕，直無任事之權，故以"不爵大夫"見義，見國家未成以前，其情狀不過如此也。隱固明立為君矣，而

---

① 此處衍一"命"字，意雖通，但据隱八年、九年《傳》文，并比較後文，以删去爲宜。

謂之不成君，可知三世進化特《春秋》所託之義，而不可泥事實以求之矣舊解謂隱將讓桓，故《春秋》以不成君視之。其說非也。《春秋》方責隱之不當讓而讓，特於元年書正月以正之，豈得因其欲讓而視為不成君乎？

然桓篇亦臨一家之言。十一年，柔盟于折，亦直名不氏。《傳》但言隱不爵大夫，不成為君，而不及桓，何也？曰桓篇是家族、國家交接時代。凡用兵之事，非君將者，皆無大夫帥師之文。如二年，入杞；七年，邱咸焚；八年，伐邾；十二年，及鄭師伐宋；十七年，及宋人、衛人伐邾。皆無大夫之名。蓋家長專制之局已成，君體漸立，故不言不成為君，所以依違其事也。盟折，傳曰："柔者何？吾大夫之未命者也。"亦但言未命，而不言不爵大夫。既為大夫，安得未命？未命者，謂猶在未有爵命時代，未得稱氏耳。此《傳》所謂未命，蓋據桓之篇對莊以後而言，非據柔之身對臧孫辰之等而言也。《傳》特異其文，所以微異之於隱也。至外之異姓大夫自王朝外，其見於隱桓之篇者，如鄭祭仲是天子命大夫，既不稱名，不得去氏。宋督亦直名不氏，與內之無侅、俠、柔同范氏以督名為卑者，與宋萬同例。鍾氏申之曰："左氏稱督為太宰，宋六卿無太宰，則太宰非卿。"其說非也。《左氏》明言孔父為司馬，督為太宰，以太宰與司馬並列，豈得謂為非卿？六卿之長即可稱宰，不必泥《周官》冢〔塚〕宰之名也。鍾氏又謂督是公孫督。果公孫則弒君繫國，直與祝吁無知無異矣。督非取固國者，《春秋》正名，斷不若是之無別，知此說亦不足據也。此尤可見臨一家之言，但以家族張義，而非專屬之魯矣。隱八年，鄭伯使宛來歸邴。《傳》以名宛為貶，則宛是公子，貶而不稱，與內之翬同。

家族時代，首重父子之恩，尤隆親親之誼。如鄭忽立未踰年而出奔，不稱鄭子而稱名，其歸國也，不稱鄭伯而稱世子。以忽尚在喪，純是子道，未得為君。失國出奔，直是失其世子之位。《傳》曰："其名，失國也。"則其復國亦宜復其世子之位而已，此不能執莊以後之恆例求之者也。又如武氏子在喪未爵，桓王在喪，未行爵命，武氏子亦有喪，未得受爵。故不名而特著子稱。任叔之子父在代仕，則稱子而仍繫其父，蓋其時父子之義重於君臣桓五年《傳》所謂："微其君臣（而）著其父子。"即據家族時代而言也。

《春秋》別嫌明微，故其書法如此。至於母弟稱弟，《春秋》恆辭，然必兄在乃得稱之，苟其兄已歿，則仍稱公子而已。而隱、桓之篇有蔡叔桓十一年、許叔桓十五年、蔡季之文。許叔入許，蔡季歸蔡，猶可云舉其貴以明當立。蔡叔出會諸侯，別無異事，乃亦直稱其字，何也？三人者皆先君之母弟，而蔡叔又今君之叔父也或疑叔是桓侯之弟、蔡季之兄，先桓侯而卒者，然其時桓侯固在，何以不從衛黑之例稱蔡侯之弟某？據此知叔必非桓弟，不可因叔季之序偶合而謂為季兄。欲明親親之義，故特尊而異之，所以別於群公子也。《尚書大傳》稱周公之言曰"我文王之子，武王之弟，今王之叔父"云云。① 可見崇重家族，時叔父之尊且貴矣。自鄭世子忽而下，其文皆適見隱桓之篇。莊以後，無復有此等書法莊篇有紀季，似與許叔、蔡季同，然紀季實有兄而不稱弟，緣季以鄎事齊，已絕於紀，稱弟則無以見其離兄，而稱紀公子某，又無以見其為母弟，故變文示義。所謂美惡不嫌同辭也。《春秋》臨一家之言炳若日星矣，且其界限之明白如是，何休三世之分亦可不待攻而破也。

---

① 此句出《史記·魯周公世家》，與《尚書大傳》略有出入。後者為："吾，文王之為子也，武王之為弟也，今王之為叔父也。"

論臨一國之言

《春秋》臨一國之言，科條繁多，而莫著於諸伐我者之加言某鄙矣。隱二年，莒人入向。直言入向，而上下不言某鄙。言"入"雖是變文，然依莊以後書法，則當如"莒人伐我東鄙國都"之例，先言伐我某鄙，而後言入向。桓之篇亦但有來戰之文，而無伐我某鄙之文，彼方為"臨一家之言"。故特為此渾而不明之辭，使若國家未立，疆界未定也。至莊以後伐我者，無不言某鄙矣哀之篇直言伐我，則所謂"臨天下之言"。詳下。《傳》曰："其曰鄙，遠之也。"不以難邇我國也國，謂國都。蓋國以疆土為憑，各有疆土，則各有界限。鄙者，我國與他國之界限也。經為遠之之文，見彼來伐我，但能至我邊界，離我國都尚遠，則我之疆土，歷歷可憑。若不加言某鄙，則彼師若可直造城下，而由彼國至我國之界限不明矣哀篇大國之義，正取於化去畛域、不立界限，而非所論於中世國家成立時也。無界限即無疆土，無疆土即無國家，故國家主義首以畫明疆土為斷，內外之義，即起於此也異內外之指別有專篇，此不具論。

《春秋》所紀，自魯而外大小共十七國，如齊、晉、宋、陳、蔡、衛、鄭七國，皆以大國治之，曹、許、莒、邾、滕、薛、杞七國，皆以小國治之。秦、楚、吳三國，皆以夷狄治之。哀七年傳所謂"臨一國之言"，但取為國家張義，不可泥其文，而惟以魯當一國也即以內見外論，亦當兼內中國外夷狄言之。一國者對列國之稱，必先有列國，而後一國之名立。推而言之，魯固一國也，齊、晉之屬亦莫非一國也。大國初見即備志卒葬，小國、夷狄則以漸進之。宣十八年甲戌，楚子呂卒。《傳》曰："夷狄不卒，卒少進也。卒而不日，日少進也。"此《傳》明發小國漸進之例，而見之於楚子卒下，且目言夷狄者，以楚之漸進，悉與諸小國同例。楚既如是，則諸小國可推也秦至哀篇卒始書日，吳卒則皆不日，是夷狄不盡用此例。楚所以得從諸小國之例者，以莊篇以後，楚日強盛，進步甚速莊之篇，楚尚稱荊以州舉之。僖元年，伐鄭，則進稱楚人矣。二十一年，年會雩，直進稱子矣。二十七年，圍宋，楚遂主兵而列諸國之首矣。

成王已有主夏盟之勢，至莊王則儼然伯者，不可復抑也。文元年，楚世子商臣弒其君頵。所謂卒，少進也《傳》曰："日頵之卒，所以謹商臣之弒。"見頵本末得日，以罪商臣而書日。至莊王始從日少進也之例商臣，弒父之賊，不可進，故並其卒削之。楚之卒始卒自頵，始日卒則斷自呂始。以後遂無不日者，進諸純全國家之例矣小國、夷狄始卒皆不書葬，其葬亦從漸進之例。《傳》不言者，文不備耳。邾、滕、薛、秦四國皆至昭篇然後志葬，蓋昭為臨一國之言之，終故於此備進之也。曹既為王法所先及，明其為諸小國之首。許穆公又以死於王事，葬加一等，故始卒即葬。皆所以特異之。惟杞先於襄篇志葬始，以杞本王者之後，屢被黜爵，姑容由子復進為伯，故遂得備文歟。若楚吳以僭王，莒以無諡，皆不書葬，又例之變也。

楚以主夏盟而進，諸小國則以列於二伯之會盟而後進之，蓋必列於同盟而後視為與國，所以張天下之公義也。如許以幽之同盟進莊十六年，許男同盟於幽；僖四年，許男新臣卒；邾以北杏之會進莊十三年，邾人會於北杏，十六年邾子克卒；薛以戚、戲諸會進襄五年，薛伯會于戚；九年，復盟于戲；昭三十年，薛伯穀卒；杞之志卒，始於僖二十三年，前此雖未列同盟，而齊桓合諸侯以城緣陵，則已視為與國，故進之僖二十三年之杞子，左氏以為成公；襄六年，杞伯姑容卒，成公母弟也。莒為半夏半夷之國，以常附中國而不從夷狄，特引同諸小國之列，以踐土之盟進之僖二十八年，莒子盟于踐土；文十八年，莒弒其君庶其；秦不與中國之會盟，以其漸親中國進之文十八年，使術來聘；十八年，秦伯罃卒；吳以屢會中國而亦進之成十五年，會鍾離以後，又會善稻、會柤；襄十二年，吳子乘卒；惟滕、曹以同姓之國，隱桓之篇即得書卒詳上。而莊以後滕復從少進之例自隱七年後，歷桓、莊、僖篇，滕皆無卒者；莊十六，同盟於幽，有滕子即嬰齊也；僖十九年，被執，失國不得錄卒；宣九年，滕子卒，即繼嬰齊者也。曹則射姑繼終生而立即列幽之同盟，不得不遂卒之，而曹卒以不日為常曹既連接書卒，不得從漸進例，故自終生壽外，卒皆不日。不使純同大國也。莒、秦、吳三國，定以前卒皆不日，不使純同中國也哀三年，癸卯，秦伯卒，遂亦書日。近世臨天下之言，遠近大小，若一，不以秦而異也。莒、吳於時適無卒者，苟有卒者，亦必日矣。夫楚、莒、秦、吳皆夷狄也秦本非狄，貶之為狄，自殽戰始。楚能進化，故《春秋》進之，使與諸國等。夷莒、秦、吳雖漸染華風，而未能盡變夷俗，《春秋》則視之為半開之國。若夫滑也、小邾也，雖亦列於同盟滑伯見齊桓幽之同盟，小邾則屢會晉伯，而究是附庸，未能自立滑是鄭之附庸，小邾是邾之附庸。繒以外甥為子，更夷狄之如戚之會，繒序吳下。若是之類，《春秋》皆不以為國者也蕭、介之屬，終不能列於同盟者，更微乎其微，不得以國論。

莊十四年，《傳》曰："州不如國，國不如名，名不如字。"此合小國夷狄而總釋之。謂言荊不如言吳，言吳不如言邾黎來，言邾黎來不如言邾儀父也。邾、小邾、吳、楚，後皆進至於爵，而當其初見經時，則有此四等之異，見國度之有高下也。公羊氏合以氏、人、子三等，謂之七等進退之文，信之者遂謂此《傳》所言義有罣漏。其說非也。州、國、名、字為未進之稱，人、子為已進之稱，《傳》但據未進之初稱言之耳。若進至稱子，則固儼然一國之君，無待贅言矣_{小邾之志卒，以為邾所壓，終不能自立也}。若其國度，則非復蕭、介之屬可及。至於稱人者，在夷狄固為進_{荊人來聘是也}。而在小國則為貶_{邾人、牟人、葛人來朝是也}，《公羊》家既已混而無別。若稱氏者，則微小之夷不成為國，以為不過一種族云爾［耳］。稱氏而外，又有戎、狄、夷、蠻之屬。惟以號舉者，則更不成為國，以為不過一部落云耳_{種族已漸近家族主義，部落更下}。如《公羊》說，又可合稱號者以為八等乎？有國必有君，稱爵者純乎君者也。稱字者僅列於附庸，不純乎君也。稱名者但一酋長耳，未得為君也。稱州、稱國者，惟舉其地名，以為無君也。至於一種族部落，更不足道矣。凡《春秋》臨一國之言，必以成國為斷，其未成為國者則皆略之。

　　以上所論國家主義之表面也，國家表面在土疆，而其內容則在政體。自僖以前，無大夫帥師之文_{此據外事言之，彼時非真無大夫帥師者，《春秋》特略之，以成其義耳。然外大夫可以稱人，而內大夫則自桓篇著。專制家族之始，兵事不出主名外，其餘不容盡沒其名氏，此所以內外各明一義，而專制政體不得不於外事見之也}。見君主之專制也。文以後，政在大夫，貴卿帥師，接踵於策，遂一變而為貴族政體矣_{即上所言專制國家、貴族國家之異}。洎夫雞澤溴梁，大夫之張日甚，《春秋》特於襄篇痛抑之，而褒美趙武之臣恭以明大法，且於其時箸平等之公理，以破君主專制貴族擅權之迷夢，而立平權國家之政體焉。

顧《春秋》平等之義，自來無知之者《公羊》專制之學實無此義。近儒有強以譏世卿之說緣飾之者。然秦漢以來，卿之不世久矣，所謂平等安在哉。襄二年，晉師、宋師、衛甯殖侵鄭。《傳》曰："其曰衛甯殖，如是而稱于前事也。"范氏於此《傳》不得其解范云："初，衛侯速卒，鄭人入侵之，故舉甯殖之報以明稱其前事。不書晉宋之將以慢其伐人之喪。"案：范意謂伐喪當貶，甯殖以報復之故，得無貶也。然以惡報惡，《春秋》所惡伐喪，無道之尤。《春秋》豈貴其報復乎？且如范說，但當曰"報其前事"，不當曰"如是稱于前事"，"如是"二字竟成贅文矣。今案稱如銖兩恰稱之稱，即權其輕重使相等，比之謂也。前事即成二年楚師鄭師侵衛之事范說此不誤。此役鄭止稱師，而此役宋獨稱將，宜若不相稱矣。《春秋》特如是而等比之，見稱師、稱將之為平等也。於例，將卑師眾曰"師"。是凡言"師"者，皆以卑者將之。經意本以稱將等於稱師，寓大夫、卑者相為平等之義，因此役由彼役而起，故合前後而比之，稱師、稱將，以見其義。且以甯殖序晉師、宋師之下，而意愈明矣。師在將上是平等之義，卑者可先大夫顯而易見，故《傳》不論，而惟舉甯殖與前事之鄭師對言之。下，十四年，會吳于向，以鄭公孫蠆序齊人、宋人、衛人之下，衛稱人而鄭稱名氏，正與侵衛侵鄭兩役，鄭稱師而衛稱名氏者，相對成義，見彼此之無不平等。伐秦之役，則衛北宮括鄭公孫蠆並見名氏，而序於齊人、宋人之下，蓋以此結二國之事也。

《春秋》因衛、鄭二國之交綏，特取二國之大夫卑者，交互錯綜，以著平等之義。而侵鄭、會向、伐秦三事，適皆以少數大夫雜於多數卑者之間，故特以卑者序大夫之上，不惟以衛、鄭示義，且因而見國無大小，人無尊卑之無不平等焉。《春秋》將託平權政體於襄、昭之篇，故特筆以成此非常異義<small>襄十六年，伐許，以衛甯殖序宋人之上；二十六年，會澶淵，亦以鄭良霄序宋人之上。不用會向、伐秦之例者以伐許，諸國皆大夫，惟宋稱人。卑者非多數，不足以成義。澶淵之會，則魯君在焉，與大夫盟會，尤異，更不得以相例也</small>。范氏既誤解稱於前事之文，而會向、伐秦兩經之精意，遂並不可知矣。

　　自文公以下，政在大夫，君主不專制矣。趙武盟宋而後，大夫臣恭，貴族不擅權矣<small>自襄二十七年會盟于宋以後，迄於昭篇，大夫之會凡五事。會澶淵為救宋災，會郭申明弭兵之事，會厥憖為謀救蔡，會黃父為謀王室，會扈為戍周，皆會而不盟。蓋奉國命以行之者，非復專盟之比</small>。襄、昭之篇，人漸平等，不立階級<small>卑者可先大夫，是無階級</small>。國家政體完善美備，無復遺憾，升平之治，至是而臻極點焉。定哀之世，所以遂進至太平也。

論臨天下之言

　　《穀梁》以定、哀之篇為臨天下之言，而治《公羊》者亦謂定、哀之間文致太平，其義必有所受，乃何休於此無所發明，但以諱二名當之，可謂迂矣。鍾文烝以定十年及齊平十一年及鄭平兩事，為著治太平之實，深得其解<small>鍾氏《補注》罕及微言，惟此條獨標新理，與全書絕不相類，深可異也</small>。蓋所謂文致者，即以平齊、平鄭之文致之也。全經書平有六，而隱六年有輸平之文，宣四年有不肯之文，宣十五年宋楚之平以眾辭明上下同欲，其指深矣，而猶是外事無與於內太平之文，必合內外而後備。

昭七年，暨齊平。言暨更為不得已之辭，惟定篇兩平文，為內外相平之真能以道成者也。《鹽鐵論·備胡篇》云：「孔子仕于魯，前仕三月及齊平，後仕三月及鄭平，務以德安近而綏遠。當此之時，魯無敵國之難，隣境之患。彊臣變節而忠順，故季孫隳其都城。大國畏義而合好，齊人來歸鄆、讙、龜陰之田」云云。此說雖意在推尊聖人，然亦可見齊、鄭之平適當其時，為彼此欲之，兩無所迫，其事深合於太平公理也。其以此文致太平宜矣或謂自平鄭以迄《春秋》之末，魯、鄭無復搆兵之事，可謂真平。而哀之末年，魯復屢與齊相伐，則二國雖平而不平矣，不知所謂文致太平者，但以文致之以寓進化之指，《春秋》以二國之平合於公理，故以致其意焉爾。豈真謂定哀之世能致太平之化哉。

定五年，歸粟于蔡。《傳》曰：「不言歸之者，專辟也，義邇也。」鍾氏猶以此為伯者之事，謂經不列序諸侯，與城楚丘、戍陳、戍鄭虎牢畧同，其說非也。皋鼬之盟，明著內外，疑文以見晉之失伯。自是而後，晉遂不能復合諸侯，則伯統之亡實自上四年盟皋鼬始。歸粟事在其後，豈得復以齊桓晉悼為比耶？今案：《傳》所謂義邇者，義，即大同公義；邇，近也。言以散而無紀之諸侯，而能同心合力，為此救災恤患之舉，是於大同公義已漸近也。既於定篇著治太平，而僅謂之義邇者，齊鄭既平，太平之基始立，前此則猶是國家主義與世界主義交接時代，故定篇但由平權國家，進而為平權天下，未得遂為大同天下也。

宋辰叛而稱弟。《傳》曰："未失其弟也。"謂親者無失其為親，苟有可原辰為仲佗、石彄所強，是有可原。定篇兩書齊國，書帥師伐我西鄙，皆在未平齊、鄭以前，太平之化未成，故未得與哀篇一例宜曲全之，以俟其自愧也。趙鞅叛而書歸，《傳》曰："許誨[悔]過也。"謂大臣之有罪者，苟服其罪，則亦寬宥之，而予以自新也。此皆尚德緩刑之精意，雖以意如之惡，卒亦書日，所以滌瑕蕩穢、與民更始，太平之初步固當如是也。又如內諸侯例不書葬，而劉文公則書葬，見內外之漸為一體也。遠近大小若一之化，此其先路矣。妾子未為君，其母不得書卒。而定弋書卒，且備葬文，見妾婦之賤，亦莫不各得其所。《禮運》所謂"女有歸"者，此亦一隅也。① 凡定篇所書，皆太平基始之事，功化已隆，猶未造極，見大同之不易至也。

哀篇發揮大同之義，其要有三：一曰夷魯於列國也，二曰等小國於大國也，三曰進夷狄同中國也，董仲舒曰："微國之君，卒葬之禮，錄而辭繁。遠夷之君，內而不外。當此之時，魯無鄙疆，諸侯之伐哀者皆言我。"② 所說悉合《穀梁》義。魯無鄙疆云云，謂"八年，吳伐我"、"十一年，齊國書帥師伐我"兩文也。自莊以後伐我者，無不加

---

① 《禮運》大同之說："大道之行也，天下為公。選賢與能，講信修睦，故人不獨親其親，不獨子其子，使老有所終，壯有所用，幼有所長，矜寡孤獨廢疾者，皆有所養。男有分，女有歸。貨惡其棄於地也，不必藏於己；力惡其不出於身也，不必為己。是故謀閉而不興，盜竊亂賊而不作，故外戶而不閉，是謂大同。"

② 語出《春秋繁露·奉本篇》。

言某鄙。所謂臨一國之言，以疆域分助別內外界限也。哀篇既著治大同，則遠近大小若一，無復界限之可言矣，故不言鄙以化其畛域，見魯非內而列國非外，所以夷魯於列國也定篇兩書齊國，書帥師伐我西鄙，皆在未平齊、鄭以前，太平之化未成，故未得與哀篇一例。

所謂微國卒葬辭繁者，如《春秋》貶秦為狄，抑之在諸小國之下，故秦哀公以前卒皆不日，至"哀三年，癸卯，秦伯卒"，則亦進而書日矣。大國之葬有故則月，小國雖有故不月，簡之也此與卒日不言正不正，簡之也同例。小國之葬始於襄而備於昭，下歷定篇，無書月者。至哀篇之滕、隱、杞、僖，亦從有故書月之例，與大國無異，是等小國於大國也。

至於遠夷之君，內而不外，則指吳言之。夷狄之進吳為最後，定篇猶有反狄道之文，其進化之遲滯概可見矣。然《春秋》既於哀篇著大同之化，則吳雖荒遠，亦不得復有外文也。如中國戰敗之例，皆先言戰而後言師敗績，夷狄敗中國，則但言戰而不言敗此與"內不言戰，言戰則敗"之例同。鍾氏誤據晉楚邲戰之文，謂《傳》所謂"中國不言敗"者是言敗復言戰，不直言敗。其說非也。楚自成王以後已進同小國，莊王以後直進同大國，城濮、鄢陵、邲諸戰皆以中國相敗之例書之，豈復諸夷狄之比乎。令狐、河曲、長岸是也秦既貶之為狄，故令狐、河曲之戰，秦從夷狄例。楚既進同中國，故長岸之戰，楚從中國例。

若君、大夫見獲，則直言敗而不言戰，莘、雞甫是也。哀十一年，五月，公會吳伐齊；甲戌，齊國書帥師及吳戰於艾陵，齊師敗績，獲齊國書。案：此戰既有獲國書之事，自不得如令狐河曲但有戰文，然苟用夷狄敗中國恒辭，則當如莘及雞甫之例書吳敗齊師于艾陵，獲齊國書鍾氏謂不可直言公會吳及齊，故戰上加言伐，是也；其謂即加言伐齊而"直言及齊國書(战)，①無由辟以吳及齊之文"，則非也。若於公會吳伐齊之下書及齊國書云云，明是以內及外之常辭，豈復有以吳及齊之嫌乎？所以不用由內及外之例者，以此經意在進吳，若以內主之（例），則進吳之意不顯故耳。今不從直言敗以釋其獲之例，而用中國戰敗先言戰而後言師敗績之例，與宋、鄭大棘之戰無異，是亦進夷狄同中國之一端也。

十三年，公會晉侯及吳子于黃池。《傳》曰："黃池之會，吳子進乎哉？遂子矣。"案：此《傳》不直言吳，其稱子何也？進之也。而先目言黃池之會者，正解此經不從會又會以外之之例，而變文言會以"及"，見吳之進也。然艾陵之戰，吳雖進同中國，而仍以國舉，此則既備進文遂稱吳子，故曰遂子矣。此明以變文進吳為正義，而吳遂稱子，特由此推說以盡其意，故加言遂以著之。說者囫圇讀過，失其指矣。若范氏以書"及"為書"尊及卑"，則又誤之甚者。此經言"及"非由晉侯生義，乃由公會生義，故與"晉人及姜戎"之類迥殊，而與書及以會、（書及）以尊王世子、書及以②異陳袁僑可相比例。惟既不可與尊王世子同辭，而會下無盟文，又不得言及以及。若以晉侯、吳子列序，則是伯者主會，先大後小之常文，無以見其為特筆。

《春秋》於哀篇之末，方欲舉大小之等級，中外之界

---

① 此處衍一"亦"字，見鍾文烝：《春秋穀梁經傳補註》，北京：中華書局，2009，頁735。

② 原文此處衍"及以"二字

限，悉指而除之，故變文言會以及。使若晉為大國，吳亦為大國，公會晉侯並會吳子，不以晉加吳上，而以公之會及特異其文，所以平吳、晉之等，而渾夷夏之迹也。此《春秋》功化之極，不特遠近大小，畛域盡平，甚至中國夷狄程度如一，大同之治，至此蔑以復加矣。《傳》故於其事，反覆申論而為之詠歎不置也。

《春秋》終於獲麟，《公羊》家以為太平瑞應，其說大概近是。石渠禮議諸儒，曲學阿世，妄牽引《左氏》家制，作三年文成致麟之說，以汩亂《穀梁》，其背《經》反《傳》，可謂甚矣。細按傳文本自明瞭，讀者自不察耳。如《傳》首言："引取之也。"謂麟本非時而至，《春秋》特引取以為瑞應也。又曰"非狩而曰狩，大獲麟，故大其適也。"言"狩"是大獲麟，言"西"是大其適。

蓋以中國言之，則魯地偏東。以大世界言之，則中國之地偏東，其西荒遠而不可紀極，故渾言曰西，欲使大同之化，自東而西，溥徧及於無垠也。又曰："其不言來，不外麟於中國也。其不言有，不使麟不恒有於中國也。"麟非中國之獸本《公羊》，故以中國言之，諸凡言"來"者，外之也有鸜鵒來巢。《傳》曰："來者，來中國也"。言"有"者，不恒有也，有蜚、有蜮之屬，《傳》曰"一有一亡，曰有"是也。《春秋》既引麟為太平之嘉瑞，故不言麟來，若曰天下太平，麟自來應，不得而外也。不言有麟，若曰大同之化既成，則天下長治而不復亂，麟可恒有也。曰"不外"，曰"不使"，蓋聖人之理想如是，而麟在當時之為祥為異，皆可以不論，但引為瑞應，以明進化之極端，而《春秋》可以終矣。

以西狩獲麟表大同之化，至矣盡矣，然猶有深意存焉，不可不察也。大同之治，首重天下為公。公者，官天下而不家天下之謂也。《春秋》所紀者，列國之事，皆所謂大人世及以為禮者。欲張天下為公之義，萬不能以人事明之，故亦以獲麟寓其意焉。古人以麟為王者之瑞應，謂有王者則至，無王者則不至。《春秋》列國之局，無王久矣，今麟既見，是有王者出，而布大同之治於天下也然。而三王之盛不聞致麟，《虞書》有"鳳凰來儀、百獸率舞"之文，而《路史》言"帝堯即位七年，麒麟游于郊藪"，可知麟之為瑞，惟堯舜始能致之。堯舜官天下者也。孔子祖述堯舜，每舉以為大同之代表。《春秋》之意若曰：麟之見獲，蓋有如堯舜之王者作焉，變家天下為官天下，太平功成，故嘉瑞來應也。公羊氏於獲麟傳末，特稱君子之修《春秋》樂道堯舜之道，其言必有所受 公羊氏之學，往往但傳其語而未能推舉其義。如此及撥亂世、反諸正之文皆是也。

所謂堯舜之道者，大同之道也，天下為公之道也，而獲麟者，大同之實徵，即天下為公之代表也。自三代之治，天下皆不脫家族餘習，周人為尤甚，盡失天下為公之義。孔子意蓋非之，而不可以明言，惟於論樂以武為未盡善以微見其意，其論治則當以堯舜為宗。《書》始唐虞，特標揭之以為百王表率，推聖人之意，不特以封建世官有權并一姓之弊，即天子之世天下，亦不過沿家族之餘風，而非必不可易之公理。《春秋》為推見至隱之作，可特以生平欲首而不敢明言之意，悉寓於其中，故首為臨一家之言，見家族主義，僅可為進化之初級，既由家進而為國，由國進而為天下，又必易家天下之局為官天下之局，而後家族餘習陶汰無餘，不以天下為一人之天下，大同之治，乃無遺憾。此深中之深，微中之微，不可以事實求，不可以文字見者也，是在學者引申觸類，而心知其意爾。

卷　下

論託王正

《春秋》歲首之書"春，王正月"，在舊史亦必如是，其意但謂月者王之月，天子班朔而諸侯受之者也。《春秋》因之，則寓以王法正天下之義焉。所謂"我無加損焉，正名而已矣"。王法所及，必先正己而後正人，故首以"正隱治桓"開宗明義。隱無正而元年有正，《傳》曰"謹始也"，所以正隱也。桓無王而元年有王，《傳》亦曰"謹始也"，所以治桓也。鍾氏謂《傳》明《春秋》以"正隱治桓"，並為始是也。隱之無正，起於讓桓，桓之無王，成於弒隱，但以治桓為始，則其事不明，故欲於桓篇著無王之義，而以王治之，則不得不先於隱篇託無正之義，而以正正之。此《春秋》所以並始隱桓也。陳澧曰："孟子言世衰道微，邪說暴行有作，臣弒其君者有之，子弒其父者有之，孔子懼，作《春秋》。《春秋》，天子之事也。"又曰：

> 孔子成《春秋》而亂臣賊子懼，《春秋》之所以作，孟子已明之矣。《穀梁》隱元年，《傳》曰隱不正

而成之，將以惡桓也。桓元年，《傳》曰："元年有王，所以治桓也。"然則《春秋》之始於隱桓為惡桓弒隱，而孔子以王法治之，大義昭然矣。

案：陳說甚確，然徐邈已先言之，曰"孔子感隱桓之事為作《春秋》，振王道於無王"。作字勿泥，其意但謂孔子感其事，而以為《春秋》之始耳。與陳說脗合，而意尤賅括。振王道於無王一語，必非徐氏所創，殆《穀梁》師說而徐氏述之也。

桓無王之篇，既於元年書王以治桓矣，二年宋公與夷之弒，十年曹伯終生之卒，皆適接乎歲首，故特書王，寓以王法治外諸侯之義。《傳》曰正與夷之卒，正終生之卒，特在卒言卒耳。《春秋》將推舉新王法以普治天下，順借二君以示義，非必如桓之有罪也。諸大國惟宋為上公，舉以為例，而齊、晉、陳、蔡、衛、鄭皆可從同矣。諸小國以曹為大，且同姓，舉以為例，而許、莒、邾、滕、薛、杞皆可從同矣。正與夷、正終生又與正隱同意皆言正不言治，所以異之於桓。彼言正內，此言正外，彼言書正之義，此兼言書王之義，亦互相備也。《春秋》之義，即始可以賅末，舉一可以反三，推正隱治桓、正與夷、正終生以例其餘，而二百餘年之書王、書正，皆一以貫之矣。

所謂振王道於無王者，言王道已絕於天下，孔子乃立新王法以振起之也。孔子推論大同之治，極之盜竊亂賊而不作孟子所謂成《春秋》而亂臣賊子懼，即是此意。空文垂世，求得見諸實行，故但言懼耳。言太平世之功化也。然則據亂之世，必首以治亂賊為重矣。王道之所以絕，由於亂賊並興，故治亂賊，即所以明王道。亂賊之橫，至於天子不能定，諸侯不能救，百姓不能去，則是舉世不復知有大義。彝倫之斁，至此而極；三王之法，至此而窮；小康之治，至此而終；古先哲王，雖有良法美意，亦不可以治後世之天下矣。

《春秋》之作，別立法制，自成古今，不復與三代相沿襲，故《傳》者大其言極其敗即指天子不能定數語。明《春秋》之所以掃地而求更新也。《傳》言元年有王，所以治桓明天下實已無王。《春秋》之書王，是孔子以新王法治天下，非徒臨以虛號而已，顧《春秋》之新王法，乃公理也。而託之於書王者，以《春秋》為無王而作，既以公理振起王道，則公理即王法矣。公理一日不亡，即王道一日不絕，亂賊亦一日無所容於天下，固不必出於一王之所立制，而後得謂之王法也。

東遷以降，列國之局已成，非復一統舊制所能御。故《春秋》所立新法，如君民同欲、尊卑平等之類，皆三代之所未嘗有也。《公羊》家以《春秋》當新王之義，蓋猶於一統之舊，以天下無王無所統攝，遂欲以魯當之，其義不免狹隘，不如《穀梁》之說，以新王法統攝列國，無論大小遠近，雖各自為治，而舉不能出公理之外，迨涵濡浹洽之既久，而後天下為家。西狩獲麟，乃天下歸仁之象，而非可驟期也。明乎《春秋》之書王，為本公理立王法，以治列國之天下，則《公羊》家所稱大一統以書王為大一統，又與王魯不相比附、通三統，其說俱可不存矣。

公羊氏謂《春秋》"撥亂世，反諸正"，其理甚精。何休訓"撥"為"治",雖屬通訓,實未盡合,其指竊謂撥者撥而去之,反猶轉也。《春秋》所書,皆亂世之事,而君子則欲撥去其亂,轉亂為治也。平桓以後,天下無王,篡弒相尋,征伐四起,盜竊亂賊接踵於世,《春秋》據亂而作,貶天子,退諸侯,討大夫,一以正道裁之。至於定哀之間,著治太平,西狩獲麟,而天下悉歸於正矣,趙岐所謂以文反正者是也。《春秋》之義,莫大乎是,而其意實首於春王正月寓之,正隱、正與夷之屬,既有明文,而《傳》者釋經,有"正也"、"非正也"、"不正其"云云等語,亦莫非以撥亂反正為義。《傳》又每以"正也"、"惡也"及"正也"、"故也"為對舉之文。惡者斥其人,故者目其事,皆不正之大者,而為致亂之由有待於撥者也,故立貶之、絕之之法,以正其人,詳非之、惡之之條,以正其事。凡全經之人之事,無不可以此兩義櫽括之焉。撥亂反正之語,雖出於《公羊》,而《公羊》固未能推究其說經釋經如《穀梁》之詳密也。

論立伯統

孟子之論《春秋》,曰"其事則齊桓、晉文"。說者但以為大概之辭耳,而不知此言實括《春秋》紀事之要也。《春秋》既因無王而成列國之局,其會盟侵伐之事,不可以無統繫,故張齊、晉為二伯以挈之。齊桓創伯始於莊十三年,歷莊至僖,而晉文繼之。文之子孫主盟中夏者百有餘年,至定之四年盟皋鼬而晉始失伯。《春秋》前後二百四十二年,而齊、晉二伯之統,紀其年數,幾佔四之三。此百餘年，中國無一事非二伯之所主持也。謂"其事則齊桓、晉文"，非必虛也。但舉晉文，而襄靈以後可以賅之矣。

莊十三年，會於北杏。《傳》曰："桓非受命之伯也，將以事授之者也。"二十七年，同盟于幽，《傳》曰："於是而後授之諸侯也。"《傳》兩言"授之"，畢昇謂《春秋》以伯者之權授齊桓本鍾氏《補注》。特明《春秋》立齊桓為伯之義也。其後晉文繼伯，不復言授之者，既於齊桓見伯統之已立，則晉文之事，可以從同，故《傳》亦不復贅言矣。既以二伯統率諸侯，故凡附二伯者，皆與之，如諸小國列於會盟，則視為與國，而志其卒葬是也；其叛二伯者，皆貶之，如鄭伯逃歸、陳侯逃歸之屬，則以其去諸侯而以賤辭書之是也。他如鄭伯髡原未見諸侯，特言如會以致其志。平丘之同盟，公亦以不與見譏，鄭背晉伐許，則夷狄之成三年鄭伐是也。若是之類，皆所以明系統之所在而鞏固伯權也。

《春秋》於二伯屢有內之之文，如齊獻戎捷，《傳》以為內齊侯。新臣卒不言地，屈完盟特言來，《傳》皆以為內。桓師城楚丘、戍陳之屬，《傳》或曰專辭，或曰內辭是也專辭是內辭，本鍾氏。所以為此內文者，《春秋》之意，以為伯者能以公義提倡諸侯，使皆同心協力，漸去其畛域之見，可以合列國為一國也。所謂合列國為一國者，非若後世盡天下而郡縣之，但即列國分建之舊，因其政，齊其教，使之各自為治，主治者惟總其綱要，而立公共之善法以聯絡而維持焉，斯令不煩而政皆舉矣此與今世合眾國之例略相近。大同之治，即由此而推焉可也。

抑觀《禮運》之言大同，曰"選賢與能，講信修睦"，使其時無同等之與國，何講信修睦之可言？是可知聖人無兼併列國之意，惟大同之世，諸侯皆不復世及，而選賢能以為之耳。講信者，明約信以保公安也；修睦者，合大羣以謀公益也。大同之治，以講信修睦為始基，而聯合列國，實講信修睦之先路也。《春秋》特立內二伯之文，見列國之可以聯合而為一，此聖人覺世之深心，即推之以治全世界，其理亦不外是。而惜乎二千年來徒泥於一統專制之習慣，未有能推明其說者也。

莊十三年，齊人云云會于北杏。《傳》曰："其曰人。何也？始疑之。"十六年，會齊侯以下同盟于幽。《傳》曰："不言公，外內寮一，疑之也。"此齊伯之始事也。定四年，公會劉子、晉侯以下于召陵，侵楚。《傳》曰："地而後（伐），侵疑辭也"此是外疑。五月，公及諸侯盟于皋鼬。《傳》曰："一事而再會，公志於後會也。後，志疑也"此是內疑。此晉伯之終事也。夫齊之始伯，有內外疑之文，始疑而終不疑，諸侯之所以合也。晉之失伯，亦由內外疑之文，始不疑而終疑，諸侯之所以散也。此《春秋》書二伯事之一大條貫。蓋自會北杏而伯統立，至盟皋鼬而伯統亡矣。是故隱桓之世，天下無王，而定哀之世，天下無伯。天下無王不可以不有伯，天下無伯可望其復有王，故《春秋》終於獲麟以為將有官天下之王者作也。

論異內外

公羊氏曰："《春秋》內其國而外諸夏，內諸夏而外夷狄。王者欲一乎天下，曷為以外內之辭言之？言自近者始也。"自近者始，蓋謂自魯推之，必自魯推之者，以《春秋》據魯而作也。《春秋》之作，所以不據周而據魯者。東遷以降，一統之王政蕩然，已變為列國之局，隱桓之世為天下無王之始，周之天子久不能統治天下矣。魯既君子父母之國，又以守文秉禮為諸夏宗，故據之以紀列國之事，明以魯張治本也。記言諸侯宋魯，于是觀禮，而孟子言滕文公欲行三年喪，其父兄百官皆以宗國魯先君為辭，則魯為當時列國之所重可知，《春秋》之據魯，乃不得不然之事也。《公羊》家以為王魯，蓋韓子所謂"求其說而不得，從而為之辭"者耳。①

何休以內其國而外諸夏，屬之所傳聞世，以內諸夏而外夷狄，屬之所聞世，此說不特不可通於《穀梁》，即於《公羊》本意，亦未敢信為必然也。《春秋》內諸夏之義，本因外夷狄而生，如襄五年會吳于善稻，以仲孫蔑、衛孫林父並列，而中無會及之文，董生以為內衛是也何氏說反不同。然其實因會吳而後得內衛，苟非有夷狄之國在，則除內二伯外，其餘無特內諸夏之文，故使魯與夷狄為離會。如會戎于潛、會吳于繒之類，其文必與會諸夏無所區別，是文無諸夏，且不得外夷狄矣。然則文無夷狄，亦豈得獨內諸夏乎？此實因事見之，而不得以世別之者也。

---

① 語出韓愈之文《對禹問》："曰：'孟子之所謂"天與賢則與賢，天與子則與子"者，何也？'曰：'孟子之心，以為聖人不苟私於其子以害天下。求其說而不得，從而為之辭。'"

何氏斷自僖以前為所傳聞世，自文至襄為所聞世，《經》於襄篇殊會吳，莊僖之篇不殊會楚，故云爾。不知楚在莊篇未與諸夏會盟，無可殊之。僖篇楚已進同小國，二十七年圍宋直合諸侯而主兵，更不得殊矣。然楚雖無殊會之文，而始見稱州，非即外之而何？孔廣森說。不詳其國號，而略之曰荊，以為此荊州所屬之蠻夷也。斯外之之意，甚於會矣。楚始見稱州，而吳始見不稱州者。凡國家初立，交涉未繁，雖鄰近與國，亦存此疆彼界之心，況乎荒遠之夷，初通中國，必羣相驚詫曰夷也。聞其自荊州來，則目之為荊州之夷，并不暇不問其為某國，明人稱波爾都噶亞為大西洋，即其類也。至於相習既久，則紛至沓來，皆詳其國名矣。開閉情狀，古今一轍。《穀梁》之義，隱桓遠世，不治夷狄、外夷狄之文，至中世始有之。楚見於中世之初，吳見於中世之末，一稱州而殊會，外之之文雖異，外之之理畧同。何氏云云，殆未可用也。

《穀梁》內外之指，與世變相表裏。觀哀七年傳可見也即天下一國一家之文。然隱桓之世，雖曰內同姓而外異姓，而文化未開，自生分別，實不成為內外。哀之篇，魯無鄙疆，內外之迹皆化矣，彼時為外魯之文，特以衝決內外之藩籬，見無外之非內，亦無內之非外，所謂充類至義之盡，實無內外之可言也。惟自莊篇以後，定篇未平齊、鄭以前，伐我者無不加言某鄙，其時內外之辨，灼然著明，可知內外為國家主義中最要之義，而必以魯為緣起，即《公羊》所謂自近者始也觀《公羊》以自近者始一語，總釋內外，其非如何休之說，以世別之亦明。蓋內外之分，分於畛域；國與國別，有彼此而畛域生；有遠近而畛域愈生。故小別之為魯與列國，大別之則為諸夏與夷狄，範圍之大小雖殊，要其起於國別，則一而已矣。

《春秋》內外之指，傳文甚顯，與其他微文隱義有異，為人人所共知，可以不必深論。惟中世之事，所最當留意者，則存中國之說也。所謂存中國者，存中國之體統也。中國之體統何在？在其權利與義務而已矣。《春秋》以為中國者，中國之中國，自有權利，自有義務，斷不容與夷狄共之者也。莊以後，夷狄日強，競以干預中國為事。中國之權利義務遂為所侵，而中國亦幾自放棄焉。如會雩、會申、盟夷陵、滅傅陽、主會、主兵，皆夷狄為之，是中國無權利也。殺陳夏徵舒、殺齊慶封，討賊之舉，亦夷狄主之，是中國無義務也。失其權利，因其義務，則中國幾於不存矣。

《春秋》憫中國之雖存若亡，故亟亟焉思所以存之，如會雩執宋公、盟薄釋宋公，皆不直言楚，曰"不與楚專釋也"既不與專釋，則不與專執愈明，故上執無傳。宜申獻捷，不言宋捷，曰"不與楚捷於宋也"。上書楚人殺陳夏徵舒，而下書入陳，為內弗受之辭，曰"不使夷狄為中國也"。會吳于祖，遂滅傅陽，而中以月日隔之，使為異事，曰"不以中國從夷狄心也"致柤之會，使若公會諸侯而返，不與滅傅陽之事，與此同義。鄭伯髡原將會中國，其臣欲從，楚遂為所滅，則諱而言卒，曰"不使夷狄之民加乎中國之君也"。楚子虔連殺蔡之二君，則蔡友稱世子而不稱子，曰"不與楚殺也"謂不與楚得連殺中國之二君。蔡侯廬、陳侯吳無國而言歸，陳哀公、蔡靈公滅國而言葬，皆曰不與楚滅也。凡《傳》曰不以、曰不與、曰不使，皆明《春秋》之絕正其義，所以存中國之權利與其義務，即所以存其體統如此也。

然如蔡侯獻武之以歸，陳蔡之滅，鬍子髡、沈子盈、陳夏齧之死，皆夷狄縱暴中國之事，其為中國之辱尤甚矣，《經》皆絕無異文。何也？曰：上所云云，皆中國不能自存，而《春秋》以文存之者也。若陳、蔡雖為楚所滅，而平丘之會，終得復封，則伯者固已存之矣，故楚人縱暴之事，皆無所諱即如誘殺蔡侯般、執用世子友，皆直書其事，與執、釋宋公，不以楚專之者異。以既明著伯君之功於後，故不妨窮極其惡於後也楚自莊王以後，雖已進同大國，然於其縱暴中國之事，仍以夷狄視之。

常例中國不言敗，至君大夫見獲，則敗不可諱矣。韓之戰以民未敗而君獲為可恥，華元敗而後獲，則曰雖獲不病，況中國與夷狄戰而能盡其眾以救其君，不特敗不為辱，且益見其義勇矣。然獻武亦祇言以歸，而不言獲，亦存中國之一端也。若夫胡子髡、沈子盈、陳夏齧因為夷狄所敗而死於其事，此則中國莫大之光榮，雖亡若存，《春秋》直書其事，乃正所必以存中國，更不可得而諱焉。《春秋》存中國之義，即由內中國之義推而進焉者也，而其意尤深且苦矣公羊氏於此義似猶未達。

論尊周、親魯、故宋①

公羊家有通三統之說，謂三王之道若循環，終則復始，

---

① 原注曰："三事雖各明一義，而同條共貫，不可離析，故合論之，下貴民、重眾同。"

故《春秋》新周、故宋、以魯當王。又謂《春秋》變周之文、從殷之質，其說皆與進化之指，自相違異_{進化之說，二《傳》皆有明文，如《穀梁》言少進，《公羊》言漸進是也}。且其《傳》亦止有新周之語，王魯、故宋絕無明文。故宋，《穀梁》有之，而非《公羊》之所謂故宋也。蓋《公羊》所謂故者，新故之故_{對新周而言之}。而《穀梁》所謂故者，親故之故。成元年，王師敗績于貿戎。《傳》曰："為尊者諱，敵不諱敗，為親者諱，敗不諱敵，尊尊親親之義也。"尊尊謂尊周，親親謂親魯。《穀梁》之義，以為《春秋》尊周、親魯、故宋也。尊、親、故三者，為對文，與《公羊》家說蓋迥殊矣。孔子刪詩終列三頌，其序則先周、次魯、次商_{商者，宋也}，即尊周、親魯、故宋之指_{若如《公羊》王魯、新周、故宋之說，則宜先魯、次周、次商}。此孔門最要之微言，詩與《春秋》其意一也。

尊周、親魯、故宋，皆有廣狹二義。以周為天下之共主而尊之，此狹義也；以周為列國文明之祖而尊之，則廣義也。以魯為君子父母之國而親之，此狹義也；以魯為諸夏之宗國而親之，則廣義也。以宋為君子之祖母而故之，此狹義也；以宋為王者之後而故之，則廣義也。必兼此兩義者：由前之說，是人人共有之私意也。人情莫不各尊其政令所從出，莫不各愛其祖國，莫不各重其種系所自來。聖人亦猶乎人情而已矣。由後之說，則推私意以合公義，且因公義而益得申其私意也。如周雖共主，而苟非文明之祖，則亦不能虛尊之矣。魯雖父母之國，而苟非諸夏所宗，則亦不得獨親之矣。宋雖祖國，而苟非聖王之後，則亦不得私故之矣_{以後世之事證之。如漢以後儒者之稱述三代，日本、朝鮮、安}

南諸國之取法中國，泰西人之推重希臘、羅馬，是即尊周之廣義也。英吉利人自誇其國為憲法之祖，美利堅人自詡其國為民主之祖，是即親魯之廣義也。中國人自尊其為黃帝之裔，而印度、歐洲亦咸以亞利安故族相矜重，是即故宋之廣義也。是兩義本即一義，惟必推極之，而其說乃偹耳。

尊周之文，如書河陽以大天子，書及以會、以尊王世子，王師敗不言戰之類，皆所謂狹義也。志周之灾謂周為京師之類，則所謂廣義也。僖八年，《傳》曰"朝服雖敝，必加於上；弁冕雖舊，必加於首；周室雖衰，必先諸侯"云云。弁冕以喻天子為諸侯之元首，朝服以喻周之文明衣被天下也。古人以弁冕之義喻君為元首者多矣，未有以朝服喻天子者，知朝服之義，為取象文明，《春秋》之為尊周，實兼此義也。孔子憲章文武，嘗曰："周監於二代，郁郁乎文哉，吾從周。"蓋以三代文明至周而極，為天下後世所宗法也_{孔子祖述堯舜，以天下為公，為治道之極也，憲章文武，特法其文明而已。}

親魯有臣子之辭，有內辭。凡臣子之辭，皆狹義也，如魯君生稱公、葬加稱君、弒諱言薨、奔但言孫、殺大夫而曰刺之類是也。凡內辭，皆廣義也，如公之如至，夫人、內女之歸往，內大夫之卒，與夫郊、廟、蒐、狩、城、築、興、作諸事，皆偹志之是也。若乃親親之尤為明白顯著者，莫如諸稱我之文，則有如葬我君也，執我行人也，伐我某鄙也。凡舉國之辭，皆言我以見之，舊史於諸公之葬，必但曰葬某公，於大夫之執，必但曰執某人，於諸國之伐魯，必但曰來伐而已。加言我者，是《春秋》之新意也_{稱我之文，臣子之辭與內辭皆得兼之。}言我是親親之辭，當亦人人共曉之義，乃自來說此經者，皆未能見及，亦可異已。

至故宋之有二義，則《傳》尤有明文。如桓二年，及其大夫孔父。《傳》曰："其不稱名，蓋為祖諱也，孔子故宋也。"僖二十五年，宋殺其大夫。《傳》曰："其不稱名姓，以其在祖之位尊之也，此以尊祖國為義者也。"莊十一年，宋大水。《傳》曰："外災不書，此何以書？王者之後也。"襄九年，宋災。《傳》曰："外災不志，此其志。何也？故宋也。"兩《傳》互文見義，明為王者之後，志災即是故宋，是以為聖王之後為義也。宋者，孔子之祖國也，而在當時亦咸以其為聖王之後，而加敬禮焉，故孔子得因以申其尊祖之義《太史公書》末有《自序》一篇，深得故宋之指。范、楊諸子於此既不能比其前後，有所發明，而後儒遂有謂《春秋》非孔氏一家之書以駁《傳》者，真所謂夏蟲之見矣。

《公羊》家文質三統之說，後儒最喜稱述之。竊謂王者存二王之後與已為三，自是公天下之心，原無可議，然實不過三代相承之制度如此耳。必謂《春秋》以此三者為循環之道，周而復始，舉以垂法後世，斯不然矣。《春秋》之作，所以治萬世之天下也。後世之事，千變不窮，豈真能以此三者為限？而謂三者之外，別無治理哉。故《穀梁》尊周、親魯、故宋之說，意似私而理則公，《公羊》王魯、新周、故宋之說，詞雖廣而義反狹，是又不可不辨也。

論崇賢

莊二十六年，曹殺其大夫。《傳》曰："無命大夫而曰大夫，賢也，為曹羈崇也。"成十五年，葬宋共公。《傳》曰："葬共姬，則不可不葬共公也，夫人之義不踰君也，為貴者崇也。"此兩傳皆特揭《春秋》崇賢之指也。崇者加重之辭，謂增加其文，以崇重之。如曹本無命大夫，而稱殺其大夫，以賢者不可居無大夫之國，故增加其文。宋共公本不得書葬以共公卒而國亂，大夫出奔相殺故。緣夫人不踰君之義，不可獨葬共姬而不葬共公，故亦增加其文也。崇羈之賢，是以舉貴見義者，如公子季友、公弟叔肸之屬亦其類也稱季、稱叔、稱公弟，皆增加之辭。崇共姬之賢，是以特文見義者，如紀侯、潞子、孔父、趙武之屬皆其類也《春秋》詳錄紀侯，自元年至三十年前後，凡九事，與詳錄宋伯姬無異。潞子之滅書曰，並詳其餘邑甲氏及留吁，孔父之書，及其大夫趙武之"諸侯不在而曰諸侯之大夫"，皆所謂增加也。《傳》舉此二賢以見隅，而其餘皆可類推矣。

《春秋》所加意表章者，共十有四人：伯者一人，曰齊桓公；諸侯一人，曰紀侯；微國君一人，曰潞子嬰兒；內女一人，曰宋伯姬；內大夫二人，曰公子季友，曰公弟叔肸；外大夫八人，曰孔父，曰仇牧，曰荀息，曰叔武，曰趙武，曰曹羈，曰公子意恢，曰季札定四年，劉卷卒。《傳》曰："此不卒而卒者，賢之也。"句末"也"字當作"耶"字解，通下文至"此何以卒也"，並屬問辭，不得據彼文謂《春秋》賢劉卷。齊桓、伯姬、季友、叔肸之事，《經》《傳》甚明，季札事詳於左氏《公羊》，亦人人所知，無煩贅論，其餘則有尚須申說者，今分別論之如下：

一為紀侯之事。莊四年，紀侯大去其國。《傳》曰："大去者，不遺一人之辭也，言民之從之者四年而後畢也。"

此《經》此《傳》自來不得其解，大抵誤以"大去"為"奔"之變文，而不知為"滅"之變文也。凡國亡君死謂之"滅"，紀之亡，則君民俱死，故變"滅"而言"大去"，且不欲使齊得滅之，而以紀之自滅為辭，故曰"紀侯大去其國"也。大，猶盡也；去，即亡也讀如大事去矣之去。大去其國，猶言盡亡其國也。《傳》以不遺一人解大去，謂全國俱死，無有孑遺也。從之者，謂從紀也侯而死者也。畢，亦盡也，言紀民之從死者。自元年齊師遷紀、邢、鄑、郚至此而俱盡也。

董仲舒《繁露·玉英篇》云："率一國之眾，衛九世之主。襄公求之弗予，逐之弗去，上下同心而俱死之此即《穀梁》所謂"不遺一人"及"從者四年而後畢"之正解，故謂之大去。《春秋》賢死義，且得眾心也"① 云云，即本《穀梁》為說也董生知《公羊》賢齊襄復讐之說有背於道，故取《穀梁》說，別記於書以正之也。衛九世之主一語，特以斡旋其本傳耳。紀侯賢而得眾，合一國而同死於難，為自來亡國之所未有，經言大去其國，正見其全國之人，上下同心，甯可烟銷灰滅，同歸於盡，而終不肯改隸他人，為人奴隸，真可以驚天地而泣鬼神矣。紀之國民，可謂卓絕古今，無有倫比，不特見紀侯之賢而已也，其事為非常之事，故《春秋》亦以非常之文書之。莊三十年，齊人降鄣鄣，紀之遺邑也。距紀之亡已二十餘年，《春

---

① 語序有誤，應為"……襄公逐之弗去，求之弗予，……"，參見鐘肇鵬主編，《春秋繁露校釋》（補校本）（上），石家莊：河北人民出版社，2005，頁156。

秋》猶詳志其事此本當在外取邑不志之例，而紀叔姬以亡國一媵，屢見於經，《春秋》之為紀侯崇者，真有加無已矣。

一為潞子嬰兒之事。宣十五年，六月，癸卯，晉師滅赤狄潞氏，以潞子嬰兒歸。《傳》曰："滅國有三術，中國謹日，卑國月，夷狄不日。其日，潞子嬰兒賢也。"十六年，春，王正月，晉師滅赤狄甲氏及留吁。《集解》曰："甲氏留吁，赤狄別種，晉既滅潞氏，今又并盡其餘邑也。滅夷狄時，賢嬰兒，故滅其餘邑猶月。"凡微國滅、奔、以歸皆不名，略之也。潞子行進於中國，故以中國之法治之，從諸侯失國稱名之例。何休謂因其可責而資之，是也。甲氏、留吁皆在外，取邑不志之例，今特志之，又不言取而言滅，以賢潞子，故詳其事也。此皆舊解所未及，附識於此。案：《傳》以潞子為賢，而不詳其所以見賢之事傳文簡質，於曹羈、意恢、季札亦皆不詳其事。考《漢志》有《穀梁外傳》二十篇，當係記事之書，或諸事皆已見於《外傳》，故《內傳》從略也。《傳》亦有述事之文，但隨意舉之耳。

然觀經之辭繁而不殺，其賢之固無可疑也。《公羊》何休說，以為潞子慕中國而去其夷狄之俗，晉師伐之，中國不救，夷狄不有，以至於亡。君子以其去俗歸義亡，故憫傷進之。《穀梁》雖無明文，而《經》書潞子事，純用中國之例，不與夷狄同，則其說信矣《公羊》不以書日為進，而以稱子為進則非是。凡夷狄微國滅、奔、以歸，無不稱爵者，不獨潞子也。潞子去野蠻而就文明，雖不幸而亡國，其志可白於天下，《春秋》最崇進化，故特表之，以為變俗歸義者，勸也胡子髡、沈子盈之滅，以二君死于戰陳，書日，所以重錄之，不以為賢，與潞子異。

一為孔父、仇牧、荀息之事。《經》於三人之死，皆曰"弒其君某及其大夫某"；《傳》皆曰"閑也"，謂三人皆因捍衛其君而死，故得言及，又言其大夫也。蓋不曰遂殺其大夫某，而以相及為文，明其由君而死，所以張君亡與亡之義也。不直言弒其君某及某，而必言及其大夫，明臣必繫於君，所以申賢者閑君之節也。孔父與殤公一體君臣，遂同生死，其事何矣。仇牧手劍而叱宋萬，亦討賊而為賊所殺者，《春秋》表之以教忠宜也。若荀息之事，似乎從君於昏矣，乃亦得與孔父、仇牧例者，以奚齊卓子之皆死，荀息義不獨生也。人以二子託我，我乃不能保全其一，雖朋友不可以相對，況君臣乎？君子取之，亦與其進不保其往之意焉。

一為叔武之事。叔武之名不見於《經》，而僖二十八年踐土之盟有衛子，即叔武也。不曰衛侯之弟武，而繫國稱子，且序莒子之上者，是時衛侯出奔，國中無主，叔武不避嫌疑，攝君位以安定國家，且因此而返衛侯焉。武既以衛國為己任，直攝君位，故不從大夫之稱，而又不可以稱衛侯，特貴之稱子，而繫之於衛，見衛之命懸於武也。武後為衛侯所殺，《經》不書者，此既崇以君禮，不欲復以君殺大夫母弟之辭書之，故略其實以成其義。《傳》於此雖無明文，然三十年衛殺其大夫元咺，《傳》曰："稱國以殺，罪累上也，以是為訟君也。"訟君者，為叔武訟衛侯也。元咺本有訟君之嫌，因其為叔武訟，故稱國以殺為累上辭。然則叔武之賢，及衛侯殺武之罪，皆可不言而喻矣。

一為趙武之事。襄（二）十七年，叔孫豹會晉趙武以下于宋；秋七月，癸巳，豹及諸侯之大夫盟于宋。《傳》

曰：溴梁之會，"諸侯在而不曰諸侯之大夫，大夫不臣也"，① 皆趙武恥之。豹云者恭也，諸侯不在，而曰諸侯之大夫，大夫臣也，其臣恭也，晉趙武為之會也。鍾氏《補注》謂是會主於弭兵，臣恭之美，職是之故。其說非也。弭兵與臣恭何涉？且《傳》明舉溴梁之專盟，而曰趙武恥之矣。弭兵臣恭，截然兩事，不得彊為牽合也。蓋上會是弭兵。觀昭元年會郭申明弭兵之事，直會不盟，則其始亦直會不盟可知。《傳》特於會澶淵見弭兵之為美，故上會無《傳》，下盟則趙武於弭兵之後，別申約束，舉溴梁之事為戒，合諸大夫各修臣節，以恭於君，故《春秋》為臣恭之辭以美之，而《傳》即以溴梁之事反證之也。自此以至昭三年，不特中國夷狄，不相侵伐《傳》所謂無侵伐八年。而自城杞會澶淵會郭而外，亦別無大夫會盟之事，趙武合天下之大夫而為臣恭，竟能見諸實行矣。《春秋》惡亂，尤惡大夫之專，趙武以一身保天下之和平，挽從來之惡習，在當時實為空前絕後之舉，固《春秋》之所樂予也。

一即曹羈之事。莊二十五年，曹羈出奔陳。《公羊》以為賢之故書，且述羈諫曹伯事，謂三諫不從而去，為得君臣之義。鍾氏駁之，謂羈之賢，必是素以賢稱，不宜專以出奔一事為賢。案：鍾說固是，而三諫去國，實亦其賢之一端。《公羊》欲明羈出奔之原因，故獨舉此事耳。二十六年，曹殺其大夫，《公羊》以不名為眾，謂不死於曹君者也。曹君為戎所殺，諸大夫不死其難，嗣君立而皆殺之，

---

① 此傳文系于襄十六年"戊寅，大夫盟"之下。

殺非一人，故不得名。而《穀梁》則曰："言大夫而不稱名姓，無命大夫也。無命大夫而曰大夫賢也，為曹羈崇也。"與莒殺意恢一例①，則所殺者即羈，與《公羊》異。

然羈本以賢見崇，出奔既名，此殺何以不名？《公羊》以為眾故不名，似非無理。疑曹之嗣君，既以諸夫夫之不死為罪，又以羈之去國為罪，召而騈殺之_{羈歸不書者，歸而殺，故舉殺為重}。若止言殺其大夫羈，則無以見其為眾，若兼舉多名，則曹本無大夫，羈可以賢見錄，餘人則非羈比，故概不名，見所殺者不止一人。而特以無大夫而言大夫，見為羈崇之義，則羈之同時被殺亦明矣。曹之嗣君既枉殺賢臣，又濫及多人，經故稱國以殺，為罪累上之辭也_{《傳》與《公羊》各明一義，合之乃備}。若何休以殺之為得其罪，則大非《經》意。在《公羊》本無此說也，《公羊》以不書曹伯之滅為曹羈諱，亦與為意恢諱，與不言莒子出奔同義。

一為公子意恢之事。昭十四年，莒殺其公子意恢。《傳》曰："言公子而不言大夫，莒無大夫也。莒無大夫而曰公子意恢，意恢賢也。曹莒皆無大夫，其所以無大夫者，其義異也。"案：《傳》末二句，以曹殺其大夫一經相比例也。言曹無大夫，莒亦無大夫，而彼《經》不書羈名，不得不言其大夫以崇羈，此《經》既舉意恢之名，若並稱大夫，則悉與大國有大夫者無異，故不言大夫，而言公子，是《經》於無大夫之國所以書其事者，義有不同也_{舊解並誤}。意恢之賢，《傳》亦無文，以《左氏》考之，蒲餘侯茲夫殺

---

① 原文為"與莒殺意恢文意一例"，疑衍"文意"二字。

意恢，而莒郊公出奔。蓋茲夫欲逐郊公，而意恢在，郊公不可得而逐也。欲逐君而恐不立，於是乎先殺意恢。意恢之閑（賢）其君，與孔父同矣，不言茲夫殺者，無因君見及之文，辟兩下相殺，且莒無大夫，非賢不得錄名也。不書莒子出奔者，孔父、仇牧、荀息。君亡與亡，其義已盡，可以無憾。意恢以死閑（賢）君，而卒無救於君之逐，尤為賢者之隱痛，故沒其文而為之諱也十四賢而外，如衞侯之弟專曹公孫會，皆以去國合義見錄於《春秋》，然僅一節之善，未得與諸賢相比例，故此不之及焉。

　　崇賢者，《春秋》之曠典，非尋常褒美之比也劉逢祿號為深於《春秋》，而其《公羊釋例》一書，盡以諸賢之事入之褒例，似猶未及此。所表十四賢，自齊桓、季友、趙武兼紀其功外齊桓功在天下，季友功在宗國，皆天下國家存亡所繫，故不得不力表之。即趙武之弭兵，僅在一時，而其功則可謂卓絕矣。其餘非特立獨行之士，即仗節死義之人。《春秋》將以發吾人勇壯之心，而振天下頹靡之俗，故懸此為的，欲使人人皆知發揚蹈厲，取義成仁，庶可以挽積習而維風尚也。觀於功如管、晏，賢如子產、伯玉，《春秋》皆不見其名管子之功即齊桓之功，善則歸君也。平仲諸賢功既無關於天下，而又非有殊尤之行，足以廉頑立懦。孔子與弟子平時衡量人物，未嘗不津津樂道之。至於作《春秋》，則意在萬世，而不沾沾於一人一事，故皆略之也。而獨於此諸賢之事，大書特書，以詔後世，聖人激厲天下之意，亦可見矣。

論貴民重眾

　　《穀梁》之尤精者，貴民重眾之說也。桓十四年，宋人以齊人、蔡人、衛人、陳人伐鄭。《傳》曰："以者，不以者也。民者，君之本也，使人以其死，非正也。"僖二十六年《傳》同。謂民為君之本，明《春秋》貴民之意也。桓十三年，及齊侯、宋公、衛侯、燕人戰，齊師、宋師、衛師、燕師敗績。《傳》曰："戰稱人，敗稱師，重眾也。"僖二十六年，公子遂如楚乞師。《傳》曰："乞，重辭也，重人之死也。"成十三年，晉侯使郤錡來乞師。《傳》曰："古之人重師，故以乞言之也。"意皆略同，然《傳》特姑就兵事一端言之耳。《春秋》重眾之義，實不僅此。此特揭《春秋》重眾之指也。貴民重眾，為《春秋》最大之義，而《左氏》、《公羊》皆無其說，惟《穀梁》有之，此穀梁子之卓出二家而獨有千古者也。

不以君為民之本，而以民為君之本，蓋即孟子"民為貴，君為輕"之說也。學者囫圇讀過，未嘗深究其義，遂以閒辭置之耳。古者謂民為元元。[1] 元元者，本之本也。生民之初，必先有雜居之民，而後奉一人以為之君。有民有君，然後組織之而成一國，是國以君為本，而君又以民為本也。一國之貴宜莫如君，而君既為民所推立，實由民有以貴之，故民戴之則為元后，民叛之則為獨夫。君之進退權操諸民，是民貴於君矣。民為本則君為末，故民為貴而君為輕。立說雖殊，其意一也。平桓以降，諸侯力征，貴族暴橫，壓制之風日甚，遂不知民之為貴，而倒行逆施，

---

[1] 參《韓詩外傳》卷一："邵伯暴處遠野，廬於樹下，百姓大悅，耕桑者倍力以勤，於是歲大稔，民給家足。其後在位者驕奢，不恤元元，稅賦繁數，百姓困乏，耕桑失時。於是詩人見召伯之所休息樹下，美而歌之。《詩》曰：'蔽芾甘棠，勿剪勿伐，召伯所茇。'此之謂也。"

以犬馬土芥視之。穀梁子、孟子生當其時，特為此窮原反本之論，蓋欲提為君者而警之，並呼為民者而覺之也。

《春秋》所志，本無民事，而《傳》則屢以民為言，是《傳》之善體經意也。如僖之勤雨、喜雨，則以為有志乎民，文之不憂雨，則以為無志乎民。莊之一歲三築，則以為罷民三時，君子危之，冬築微春新延廄，則曰用民力為己悉矣。宣之稅畝，則曰與民為己悉矣。成之作丘甲，且舉四民之分業言之舉不勝舉，但述大概。若是之類，皆所以申明《春秋》貴民之意。見凡兵事之殘民，力役之妨民，稅賦之病民，皆《春秋》所惡也。

《春秋》貴民，故尤惡失民。昭十三年，《傳》稱變文不葬有三："失德不葬，弑君不葬，滅國不葬。"此失德當是失民之誤。民、君、國三者為對文先民，次君，次國。正與上所論有民然後有君，有民有君，君然後能成國，次序悉合。失德非其類也。《傳》於宋公茲父之不葬，特發失民之義，此外若晉侯夷吾以韓戰失民，鄭伯捷以棄其師失民，晉侯濡以邲戰失民，鄭伯睔以鄢陵之戰失民，《經》皆不言其葬戰敗不必皆失民，必其棄師而敗，而後為失民。晉侯濡、鄭伯睔失民之事，雖不見經，然晉已失諸侯，而後與楚戰鄭，則附夷狄以敵中國，皆棄師之道也。葬蔡景公，《傳》且有不忍使父失民於子之詰，考諸全《傳》，諸侯之不葬，未有以失德為言者舊說以晉獻公之不葬，為殺世子申生失德也，然宋成公亦殺世子座，何以書葬乎？何休謂座有罪，尤為誣謬。獻公之不葬，蓋以卒後國大亂，嗣子相繼被弒，故去葬以見義耳。且失德莫大於篡弒，而宋莊、鄭厲之屬，經皆書葬，《傳》悉無文，失德之為誤字無疑矣范本已誤。失民則不書葬者，葬生者之事也，使若君已自絕於民，民不復奉之以為君，遂無葬之者也。臣之事君，猶子之事父，其事莫大於生死之際，故失民之義，於君之不葬見之，不葬有三，失民實居第一義。《春秋》之貴民至矣，《春秋》之罪君失民之意嚴矣。

眾者，民之多數會合而成者也。《春秋》惟貴民，故重眾，惟重眾，故於事之合於公理者，必以眾辭書之。如襄三十年澶淵之會，諸國皆稱人。《傳》曰"救災以眾"，其最著者矣。又如討賊稱人，殺大夫之有罪者亦稱人，《傳》皆曰"稱人以殺，殺有罪也"。殺有罪必用眾辭者，見其罪為眾所共疾。殺之者，不出於私也。討賊之稱人者，乃亂臣賊子，人人得而誅之之義。殺大夫之稱人者，則王制所謂與眾棄之，孟子所謂"國人殺之也"。孟子言國人皆曰賢，國人皆曰不可，國人皆曰可殺，蓋本《春秋》眾辭之義。① 然國家之事，不能合一國之民而共為之，當必有代表之者矣。雖代表之名，為古人所未嘗有，而《傳》所謂眾辭者，非盡一國之人而目之為眾，乃於一國之中，舉其多數之會合者，而指之曰眾也。凡稱人諸文，《傳》不直以民釋之，而別以眾辭釋之。既謂之眾，則必由會合而成，而代表之理寓焉矣。

宣十五年，宋人及楚人平。《傳》曰："人者，眾辭也。"平稱眾上下欲之也。上謂君也，下謂民也，上下欲之，明其事為全國之所同欲也。平者，國之大事也，《春秋》不統於所尊以君主之，反抑君就民而以眾辭書之，所

---

① 語出《孟子·梁惠王下》。

以示君民一體之義也。舉以見隅，凡國家之事，無不當與民共之矣。古之聖王蓋知此義，如舜之明目達聽，《洪範》之謀及庶人，《周官》之以國危、國遷、立君三事詢民，皆順民之欲以施治者也。然所以施之者，猶是自上而下。《春秋》書宋楚之平，乃渾上下為一體，則其意更精，而其事更公矣專制之代，首抑民權必俟權移於貴族，國民起而爭之，相衝相擊，始得造成平權政體，故《春秋》以君民同欲之義著之于文宣之世也。公羊氏不達其指，乃謂平者在下，稱人以貶，豈不謬哉？《公羊》亦以此平為大其平乎已，惟不知眾辭稱人之義，故澶淵稱人，亦以為卿不得憂諸侯而貶，其說迂曲。至於稱人以殺者，皆以為大夫相殺，尤失事實，由其局於專制舊習，崇上抑下之意見未化，故不明君民一體之理也。余每謂《公羊》為專制之學，故為西漢帝者所喜，觀此而益信。

　　貴民重眾之義，孔子特寓其意於《春秋》，其平時論說，則不敢盡言，以其說大不便於時君，不得不遜辭以避患也。至於戰國之世，處士橫議，言論漸可自由，孟子乃推本《春秋》之意，而明目張膽言之，如以用、舍、殺三事，悉聽之國人，即《春秋》上下同欲之意也。視民土芥，視君寇讐諸說，即《春秋》失民不葬之意也。孟子之言，前人頗疑為過甚，至近時萬國文通，公理日明，立憲政治，遍於天下，人始服孟子之精塙，而不知其意實皆本諸《春秋》也。顧公羊氏於此義，猶未之知，見有未融，且成誤解，苟無《穀梁》，則《春秋》之精意泯矣。《穀梁》之說，明白純粹，本非深曲難解，而湮沒不彰奢者，已二千餘年，至今日始稍有發明，豈亦時會為之耶？

评 论

"虔诚的欺骗"、隐微写作与英格兰的保守启蒙
——评艾伦茨威克《信仰的边缘》

时宵 撰

艾伦茨威克(Sarah Ellenzweig)《信仰的边缘:英国文学、古代异端与自由思想的政治学,1660—1760》(*The Fringes of Belief: English Literature, Ancient Heresy, and the Politics of Freethinking*, 1660—1760, Stanford: Stanford University Press, 2008, pp. 256)

在欧洲启蒙思想史研究中,近代英格兰思想常常被描述为"温和"或"保守",与启蒙运动在法国的高潮形成对照。在许多学者看来,这种保守的特质很大程度上体现在宗教层面。鉴于英格兰国教长期维持着较为稳固社会地位,激进的宗教批判与世俗化主张受到了传统力量的有力抵制,因而在克拉克(J. C. D. Clark)看来,1660至1832年的英国仍然处在"旧制度"

之下，是一个传统的"认信国家（confessional state）"。① 虽然整体气质如此，英格兰启蒙实际上并不缺少激进的思想因素，因而也有学者注意区分当时的"温和启蒙"和"激进启蒙"：安利甘教会内部的自由派教士和皇家学院的科学家试图将新兴科学与理性主义纳入正统神学与护教学，而与共济会等地下组织紧密联系的"自由思想者"（或曰"自然神论者"）则显露出激进的批判性。② 在古今嬗递的关键时期，许多思想和文本都混合着保守与革新的因素，杂糅着冲突的气质；如何分析和呈现思想史的复杂面貌，也一直是学界研究的重心。

艾伦茨威克《信仰的边缘》一书通过对文学史、思想史与宗教史的综合研究，以一个独特的角度切入这种复杂性，呈现并探讨了

---

① 参见克拉克，《1660—1832年的英国社会》，姜德福译，北京：商务印书馆，2014，页34-43。即便强调英格兰革新力量的学者波特也将其启蒙称作"在虔敬的范围内展开"，参 Roy Porter，《英格兰的启蒙运动》（The Enlightenment in England），见 *Enlightenment in National Context*，Roy Porter、Mikuláš Teich 编，Cambridge：Cambridge University Press，1981，页6。关于英国及其宗教的保守性质，另参 J. G. A. Pocock，《教士与商业：英格兰的保守启蒙》（Clergy and Commerce：The Conservative Enlightenment in England），见 *L'età Dei Lumi：Studi Storici Sul Settecento Europeo in Onore Di Franco Venturi*，Raffaele Ajello 等编，Naples：Jovene，1985，页525-562；J. G. A. Pocock，《保守启蒙与民主革命：英国视角下的美国和法国之例》（Conservative Enlightenment and Democratic Revolutions：The American and French Cases in British Perspective），见 *Government and Opposition*，24（1989），页81-105。

② 雅各布的两部论著即以这一划分为基础：Margaret C. Jacob，《牛顿派与英国革命，1689—1720》（*The Newtonians and the English Revolution*，1689-1720），Ithaca，N. Y.：Cornell University Press，1976；Margaret C. Jacob，《激进启蒙：泛神论者、共济会员与共和派》（*Radical Enlightenment：Pantheists，Freemasons，and Republicans*），London：Allen & Unwin，1981。激进启蒙的代表者之一托兰德（John Toland）在国内已经得到重视，见刘小枫编，《托兰德与激进启蒙》，冯庆等译，北京：华夏出版社，2015。

一个颇具悖论性的思想史现象:英格兰许多自由思想者虽然"拒绝作为神圣真理的基督教",同时却出乎意料地"维护安立甘教会的必要权威"(页2),认为具有颠覆性的自由思想不应被广泛传播。其导言开篇所引的博林布鲁克子爵(Henry St John, 1st Viscount of Bolingbroke, 1678—1751)对蒲柏(Alexander Pope, 1688—1744)所说的一句话尤为典型:"我们为自己思考,把我们的思想局限在我们中间,带着适当的含蓄去交流,以这样一种方式,不去冒犯我们国家的法律,搅扰公共的和平。"(页1)博林布鲁克和蒲柏都是传统认为的"保守"人士:一个是重要的托利党政治家,一个是著名的"新古典主义"诗人。然而,蒲柏《人论》(An Essay on Man)一诗使其宗教虔敬备受争议,博林布鲁克死后出版的哲学作品更是直接揭露了他私下持有的自然神论甚至无神论信仰。一位保守的政客、隐蔽的自然神论者向一位保守的诗人、暧昧的自由思想者阐发哲学的审慎,不禁透露出英格兰启蒙思想的复杂面貌。

艾伦茨威克注意到,博林布鲁克的上述观点在当时并非孤例;通过考察相关文本,她看到英格兰自由思想者中间有一个可以被称为"虔诚的欺骗(Pious Fraud)"的"双重哲学"传统。简言之,许多非正统文人虽然将宗教制度视为虚假的欺骗,认同自然神论或无神论,但同时知晓这些启蒙思想将对公共秩序造成损害,进而主张遵从传统教义,甚至捍卫英格兰国教的权威地位。如作者所说,这些文人认识到"宗教中的虚构是公民政治体不可或缺的支撑",因此认为"无信仰(unbelief)无论多么真实,都不应传播于大众"(页4)。

饶有兴味的是,艾伦茨威克以几位"文学"人物为核心来梳理这一传统。她将复辟时期"浪荡派(libertine)"文人罗切斯特伯爵(John Wilmot, 2nd Earl of Rochester, 1647—1680)和贝恩(Aphra Behn, c.1640—1689)称为其先驱,将讽刺作家斯威夫特(Jonathan

Swift，1667—1745）视为集大成者，最终以检审蒲柏及其《人论》作结。这些人物对当时广阔的宗教与政治议题都有积极参与，艾伦茨威克也十分重视哲学传统与论争语境，用包罗宏富的文献处理了诸多复杂的思想史问题，既呈现出这些人物与反宗教思潮的紧密关联，又强调其启蒙表达的保守特质。

在笔者看来，本书对罗切斯特、贝恩和蒲柏及其相关语境的讨论十分精彩并富有洞见，也揭橥了先前启蒙文学研究中颇受忽略的问题；不过，作者似乎并没有重视此传统所涉及的一些差异，多有过于笼统概括的论述，而且由于对修辞和语境缺乏充分的重视，对斯威夫特也产生了一些误读。本文将一一进行综述和评论。

一

在对浪荡派文人的探讨中，艾伦茨威克指出，当时所谓的"浪荡"一词不仅意味着淫秽恶俗的色情诗文、恣情享乐的生活作风，更意味着宗教上的不虔敬和无信仰。在复辟时期，虽然"自然神论"在社会上尚未公开引发大规模论战，但随着霍布斯（1588—1679）、斯宾诺莎（1632—1677）等人的异端思想在浪荡派贵族、文人与政客中得到广泛接受，对传统信仰的怀疑已经开始流行。罗切斯特不仅写作猥亵的诗歌，其反宗教的《反理性与人类的讽刺诗》（*Satyr against Reason and Mankind*）尤其被视为离经叛道。

流行的观点认为，自然神论的主要标志是用理性消解启示。艾伦茨威克提醒人们注意，当时"正统"与"非正统"的论战过程实际上颇为曲折：自由思想者使用理性挑战信仰，安利甘教会内部众多教士则援用理性为基督教辩护，让理性宗教俨然成为神学正统；后来，自由思想者转而通过贬低理性来反对教会权威。在16世纪，强调理性之限度的怀疑论思想已经在蒙田（1533—1592）那里尤为突出，于 17 世纪亦可见于"自然神论之父"赫伯特（Edward Herbert, 1583—1648）、甚至更激进的霍布斯和斯宾诺莎等人。罗切斯特与当时重要的异端思想地下传播者布朗特（Charles Blount, 1654—1693）过从甚密，其诗歌也继承了这一非正统的思想脉络：谴责人类理性的自负、神学论辩的眩惑人心，进而追怀一种纯粹信仰主义、自然神论式的原始宗教。然而，与蒙田、赫伯特一样，布朗特也曾认可宗教与习传律法化民成俗的作用，甚至，当罗切斯特通过翻译塞涅卡表达"来世"观念之虚诞愚妄的时候，布朗特还曾致函罗切斯特，告诫传统观念的必要性，称古代的立法者确立来世赏罚的观念，"或许不是因为他们诚心地尊重真理，而是希望将人导向美德"（页 47–48）。或许是受到布朗特的影响，在临终之际与牧师的谈话中，罗切斯特也称基督教道德"对人类生活"和"对世界的治理"都不可或缺（页 48）。

　　这种亲近异端思想同时认可传统宗教习俗的态度同样见于贝恩。作为一位与浪荡派文人密切来往的女作家，贝恩与非正统宗教思潮的关系也颇为微妙。其剧作、小说中常出现浪荡子形象，对习俗性婚姻与忠贞观念的叛逆也常常与宗教上的反叛姿态交织在一起；在生涯末期，她还曾翻译法国启蒙的先驱者丰特奈尔（Bernard Le Bovier de Fontenelle, 1657—1757）的两部作品：《关于世界之多的谈话》（*Entretiens sur la pluralité des mondes*）和《神谕史》（*Histoire des oracles*）。前者是一部阐述哥白尼体系的通俗科学著作，后者则继承前代自由思想者，用"指桑骂槐"的策略，通过揭露异教预言、迷信的愚妄来暗中攻击基督教。然而，作者强调，丰特奈尔实际上也承认宗教的社会功用，认为人应当对宗教有"表面上的尊敬"（页74）；在贝恩的作品中，则同样可以看到反叛与顺服的交织，例如，其小说剧作中一些女性人物虽以叛逆者的形象登场，却最终仍然坚持传统的婚姻习俗，意识到男性实际上是利用反叛与浪荡的姿态去占女性的便宜。

据艾伦茨威克所论,贝恩在翻译《关于世界之多的谈话》时展现了一个双重写作的范例。丰特奈尔的作品刻意申明与神学无关,贝恩则在译序中明确提出天文学议题背后的神学问题,集中讨论了《约书亚记》所载"太阳静止"(10.12 – 14)的神迹:据《圣经》所载,上帝曾应验约书亚的祈求,让太阳和月亮都静止不动。贝恩提醒说,既然太阳的静止是为了延长白昼以利于以色列人的战争,月亮为何也被静止?她解释说,根据哥白尼的天文理论,星球之间的运动密切关联,牵一发而动全身,如果一个星球突然静止,则可能导致天体运动的混乱;因此,在这一奇迹中,上帝的神佑(providence)实际上让整个宇宙的星球都静止不动,而太阳和月亮只是因为较为明显而得到了记载。即使在当代学者中,贝恩的这一阐释也常被认为是真诚的护教说辞,而艾伦茨威克看到,贝恩实际上对不同读者传达了不同信息:对于自由思想者而言,其解释更像是一个对"神佑论"的讽刺和戏仿,绝非虔敬之笔;其表面的论述则"迎合了未受教育的大众的天真信念"(页68),让普通人认为这是对正统和上帝权威的维护。

在详细讨论斯威夫特的两面性之后,作者在书的结尾回到了开篇所引的博林布鲁克与蒲柏,并强调了《人论》及其乐观主义宿命论在法国启蒙运动中的接受。颇为反讽的是,虽然博林布鲁克详细讨论了"虔诚欺骗"的必要性,但实际上对这一传统的认可并不坚定:他抱怨当下的教士并没有使用神学谎言达致高尚的目的,而是败坏了"团结、和平和友爱"(页135),反而给激进的无神论者以可乘之机;其友人蒲柏也曾表达对"虔诚的骗子们"的"厌恶与轻蔑"(页133)。在作者看来,蒲柏实际上在某种程度上偏离了先前的"虔诚欺骗"传统:他不再致力于维护宗教与谎言的必要性,反而在诗歌中更直接地表达非正统思想。甚至《人论》中的非正统观念也被法国启蒙者津津乐道，因而可谓"先前英格兰更保守的启蒙传统与后来法国更激进的运动之间的桥梁"（页136）。纵然如此，作者仍然强调，蒲柏与法国启蒙者相比仍然显得较为保守：例如，当友人提醒其诗歌的异端性质时，蒲柏声称愿意"为了人类的平静"去修改（页149），而且，他还放弃了当初一项更激进的写作计划。尤其重要的是，《人论》尽管无视宗教启示与上帝的"特殊神佑"，但并未否认"普遍神佑"，仍然将上帝视为世界的规划者；法国启蒙者伏尔泰（1694—1778）则与之形成鲜明对比：虽然他曾赞扬蒲柏的乐观主义和神义论，后来却与这种思想分道扬镳，在《老实人》（Candide）中将普遍神佑的观念也加以摒弃，更纯粹地从世俗的角度去探讨世间之恶，并批判蒲柏式的宿命论。

二

与史学界的主流论述相一致，艾伦茨威克也强调英格兰启蒙的保守性质，希望表明"在从前现代向现代世界的转换中，宗教并没有简单地遭到丢弃"（页2），无神论的先驱者也"继承了早期保守思想的某些方面"（页3）。作者还使用了诸如"无信仰的信仰""激进的保守主义""保守的怀疑主义"等矛盾表述，以展现英格兰启蒙的复杂图景，并表明"激进的元素内在于建制性力量，两者常常密不可分"（页3）。此书大量征引了历史文本和二手文献，确乎展现了丰富而纠葛的思想问题，然而，倘若对其引述的人物和文本细加思忖，可以发现其浩繁的引文与宽泛的论断实际上模糊了一些关键的分野。

艾伦茨威克将"虔诚的欺骗"视为存在于"自由思想者"内部的"保守"传统，并在《导论》及后续论述中列举了大量的人物与文本，表明对宗教习俗既怀疑又尊奉的思想现象在当时广泛存在。但是，尽管这些人物都表达过类似的见解，他们却有着多种不同身份和处境：其中有更早的文艺复兴文人伊拉斯谟（Desiderius Erasmus，1466—1536）和蒙田，17世纪的自然神论者赫伯特、异端哲人霍布斯、斯宾诺莎、布朗特，复辟时期的桂冠诗人德莱顿（John Dryden，1631—1700），"古今之争"中崇古派的先锋坦普尔（Sir William Temple，1628—1699），托利党政客博林布鲁克，辉格党文人斯蒂尔（Sir Richard Steele，1672—1729），饱受争议的教士沃伯顿（William Warburton，1698—1779）……加上罗切斯特、贝恩、斯威夫特和蒲柏，考虑到这些人物彼此之间的众多分歧，他们在何种程度上可以被视为同一个"自由思想者"群体？又在何种程度上可以一概被称为"保守"？至少，霍布斯、斯宾诺莎、布朗特这样的人物岂不更应该被视为"激进"启蒙的先驱者？作者常常将这些人物不加区分地加以引述，虽然展现了渊博的学识，但令人眼花缭乱的材料反而掩盖了语境的不同和论题的复杂性。

不难发现，艾伦茨威克所谓"虔诚的欺骗"，与"隐微写作""高贵的谎言"等概念有着类似的意涵。可以说，要更细致地理解这一思想传统，需要考虑这种写作技艺的复杂目的。经由施特劳斯（Leo Strauss）及其学派的思想史研究，隐微写作问题已经得到了许多重视；在近作《字里行间的哲学》中，梅尔策（Arthur M. Melzer）更以大量文本证据表明，启蒙时代及其之前的思想史中，对隐微写作的讨论和实践可谓俯拾即是。根据目的的不同，梅尔策将隐微写作划分为四种类型：哲人为了避免迫害而使用的"自卫性隐微写作"；防止"危险的真理"动摇传统习俗、破坏社会稳定的"保护性隐微写作"；为延续哲学传统、启迪后学而采用的"教育性隐微写作"；以及现代哲人为推进其启蒙实践、促动社会变革而利用的"政治性隐微写作"。①

可以说，艾伦茨威克试图强调的"虔诚的欺骗"传统，大致契合于第二种"保护性隐微写作"。然而，对于这些身处古今转捩时代的人物，其"虔诚欺骗"的隐微表达尤其要考虑梅尔策所谓"政治性隐微写作"的复杂性。此类隐微写作与前三种在实践上有所重合：启蒙哲人会为避免遭受迫害而言不由衷，对社会的安定仍有不同程度的关切，同时也试图通过隐微写作去启迪他人。不过，现代隐微写作者的终极目标却与古代截然不同：通过尽可能广泛地传播其启蒙构想，他们致力于建立理性和开放的社会，使"自由思想"获得公开的合法性，并最终消灭隐微写作的必要性。

然而，据梅尔茨所论，在具体实践中，尤其是在法国启蒙者之间，可以看到许多明显的分歧。例如，启蒙者对于如何把握"隐微"的分寸从未达成一致意见：过于直白地公开会被指责为鲁莽，过于谨慎地隐藏则被目为怯懦；至于人类社会是否可以完全以理性为基础，宗教制度究竟应被全盘摒弃还是应该被视为"虔诚的欺骗"而加以保留，法国启蒙哲人也有不同看法。②倘如艾伦茨威克所论，认

---

① 参 Arthur M. Melzer, 《字里行间的哲学：隐微写作被遗忘的历史》(*Philosophy between the Lines: The Lost History of Esoteric Writing*), Chicago: University of Chicago Press, 2014。值得注意的是，据梅尔策所说，对隐微写作的关注并非独属"施派"，甚至"一些近来最好的研究出自非施特劳斯学派之手"。（页 107）艾伦茨威克并非施派学者，其书中也很少使用"隐微"与"显白"的术语，但对施特劳斯的作品有所引用。

② 梅尔策举例说，丰特奈尔告诫真理不应该冒失地公开，伏尔泰曾认为丰特奈尔太怯懦，也认为达朗贝尔（d'Alembert）太谨慎，狄德罗称爱尔维修（Claude Adrien Helvétius）过于小心，爱尔维修则称孟德斯鸠不够大胆（参前揭书，页 269-272）。在宗教方面，极端否认宗教的有贝尔（Bayle）、狄德罗、霍尔巴赫（D'Holbach）、孔多塞（Condorcet）等，认为宗教仍有必要保留者有伏尔泰、孟德斯鸠、卢梭、腓特烈大帝（Frederick the Great）、爱尔维修等（参前揭书，页 276）。

可宗教之社会性作用的启蒙者即可称之为"保守",那么她将伏尔泰视为法国"激进"启蒙的代表,恐怕也不合适——在反驳更激进的反宗教文本《三个欺世盗名者》(*Traité sur les trois imposteurs*)时,伏尔泰也曾道出一句广为人知的名言:"如果上帝不存在,也有必要把他发明出来。"

其实,对于"虔诚的欺骗"或"高贵的谎言",有一个颇为微妙的悖论:如果公开而直白地"宣称"有些真理需要被"隐藏",则仍然间接地公开了这些真理;承认谎言的必要,仍然曲折地揭穿了谎言。某些自由思想者的确对宗教的社会作用有所承认,但他们无论怎样宣称"欺骗"有"高贵"或"虔诚"的目的,其"承认"本身所传达的首要信息仍然是"宗教不过是一纸空言"。这种迂回策略所带来的结果,同样是谎言被揭露、说谎者受到憎恶,其最终目的,仍然是摒弃和推翻所有谎言,让欺骗和隐藏——无论恶意还是善意——不再成为必要。借用梅尔策的分类,则表面上的属于"保护性隐微写作"的言辞,仍可能是一种为了抨击传统习俗,继而消灭隐微写作之必要性的"政治性隐微写作"。

艾伦茨威克所述及的几位自由思想者即属于此种情况。其导言将赫伯特、霍布斯与布朗特描述为现代虔诚欺骗观念的先声嚆矢(页8–10),然而按查其引文,则他们对"宗教谎言"之必要性的认可显得并非真心实意。作者所引文段的语境大多是对异教迷信与偶像崇拜的批判,其目的显然是含沙射影地攻击基督教;这些人物对宗教之社会作用的描述也多是反讽而非正面的肯定。赫伯特称,民众被虚构所欺骗"或许可以被引向公共的善","行政者或许认为,普通人除非被诓骗,否则不会被良好地管理"(页9),布朗特煞有介事地宣称"如果这个世界愿意被骗,那就让它被骗吧"(页10)——如果按查其语境,琢磨其语气,则这些文句都是对"虔诚欺骗"的讥嘲而非认可。至于霍布斯,其明目张胆地对宗教做出工具性解释,将之视为有用的虚构,恰恰是其反宗教思想的标志,也是他在当时获得渎神者之名、成为众矢之的的原因。艾伦茨威克常常没有充分注意这些异端思想者的语境、修辞与目的,未能辨识反讽或者敷衍的表达,从而做出了过于笼统和表面的理解。对于其所归纳的"虔诚的欺骗"传统,其内部必然有着复杂的多样性,而只有关切不同人物的写作处境与意图,重视"政治性隐微写作"所涉及的差异性问题,才能恰切理解相关思想现象;如果泛泛地将之归纳为"保守的启蒙",则既失于笼统,也不够准确。

作者似乎尤其不善于体察反讽的修辞,这既导致了她把异端人士讽刺宗教的言辞当作认同宗教,也导致了她将斯威夫特讽刺自由思想者的笔墨误认为赞同自由思想者,从而造成了歪曲的解读。她将斯威夫特视为"虔诚欺骗"传统的集大成者,使用了两章的篇幅集中加以探讨,一章专论《木桶的故事》(*A Tale of A Tub*)对反宗教思潮的继承,另一章展现斯威夫特对"虔诚欺骗"的认可甚至提倡。

《木桶的故事》甫一出版就遭受指控,被视为一部自然神论者的作品。虽然斯威夫特提醒读者这是一部戏仿之作,但这一复杂的文本至今备受争议。艾伦茨威克整体上认同斯威夫特的论敌提出渎神指控的原因,认为其"外套与三兄弟"的寓言也像托兰德等自然神论者一样提倡单纯朴素的原始基督教。当然,如果这则故事是正面的叙述,则指控斯威夫特为自然神论者可谓有理有据;然而,这部作品的叙述者被设定为一个自负而荒谬的现代文人,其笔下的所有叙述,都是斯威夫特所讽刺的对象。[①] 艾伦茨威克完全没有考虑到

---

① 对此文本的叙述者及其讽刺对象的一个理解,参拙文《英格兰"古今之争"的宗教维度与斯威夫特的〈木桶的故事〉》,见《外国文学评论》2017年第1期,页136–153。

这层根本性反讽,因此将讽刺叙述当成了正面叙述,继而大量援引托兰德、霍布斯作为斯威夫特持有自然神论的佐证,而没有注意到(或许是故意地)这些人物都是斯威夫特的敌人和讽刺对象。斯威夫特与这些人物未尝没有共同之处,如作者看到,他们都对清教徒的狂热十分反感(页98–109);然而,虽然斯威夫特使用了霍布斯等人的物质主义去描述宗教狂热,但并不等于他认可物质主义——斯威夫特的叙述夸张而秽亵,更像是一石二鸟地同时讽刺霍布斯和清教徒。

艾伦茨威克在第四章将斯威夫特置于"虔诚欺骗"传统之中,其整体判断并非没有道理:作为一位复杂的讽刺作家,斯威夫特的内心或许也对正统教义存有疑虑,甚至也可能与其友人博林布鲁克、蒲柏一样持有非正统见解;而与此同时,他也坚定地反对"自由思想"的"自由表达",并致力于维护教会权威。然而,艾伦茨威克仍然对斯威夫特的反讽修辞置若罔闻(其列举贺拉斯、伊拉斯谟作为参证,很大程度上也忽略了反讽的手法);更关键的是,她也没有对斯威夫特的公开表达和私人表述做出区分。如前所述,公开对"虔诚欺骗"表示认可,常常只是谴责"虔诚欺骗"的迂回手段,造成的效果仍是使欺骗者为人唾弃。虽然在一些私人性和生前未发表的作品中可以看到,斯威夫特对教会的维护更多是出于对社会的关切而非对教义的虔信;然而,如果将这些私人性的表述与其发表的言论相混同,就忽略了一个关键差异:斯威夫特公开文本中的相关论述,大多出现在反讽语境中,其讽刺的对象很可能就是"虔诚欺骗"的公开论说者。《木桶的故事》在序言的开篇将空洞的木桶(如果理解为制度性教会)视为维护社会稳定的工具,第九章中将"彻底被欺骗的状态"称作真正的幸福,都并非肯定之辞,而是出自一位荒谬的叙事者之口;在其他几篇文本中,叙述者倡议保留"名义上的基督教",认为"伪善胜过公开的无信仰和缺德",也同样都出现在讽刺或反讽的语境中。艾伦茨威克其实明确地意识到，斯威夫特如今更多地被视为一位"自由思想"的批判者；她试图呈现斯威夫特更复杂的面貌，当然是值得肯定的，但其"反转之论"显得有些过火，立论基础颇难令人信服：把斯威夫特的讽刺修辞视为其观点的直接呈露，不免生硬地把一位"自由思想"的劲敌纳入了"自由思想者"阵营，将一位启蒙的反讽者误读为一位启蒙者。

在本书中，"虔诚的欺骗"也多次被置于"古今之争"这一重要的思想语境。艾伦茨威克在导言中申明，自由思想者实际上也取用了"从柏拉图、珀律比俄斯、普鲁塔克到西塞罗"的古典资源来维护宗教（页3-4），进而试图修正并补充盖伊（Peter Gay）经典论断，即启蒙是一场通过复兴古典异教来反抗基督教的运动。① 对于希腊罗马的古典文本，作者有一些征引，但颇为零散；对古今之争、新古典主义等相关议题亦有引人注目的讨论，但仍有些简略，不能不说有些遗憾。但整体来说，通过梳理"虔诚的欺骗"这一思想传统，艾伦茨威克让人们看到了引人深思的问题，挖掘了诸多遭受忽略的文献，对于呈现启蒙思想的复杂性仍有重要的启发意义。

---

① 参见彼得·盖伊，《启蒙时代（上）：现代异教精神的兴起》，刘北成译，上海：上海人民出版社，2015。

图书在版编目（CIP）数据

洛克的自然法辩难/娄林主编.--北京：华夏出版社，2018.7
（经典与解释）

ISBN 978-7-5080-9490-8

Ⅰ.①洛… Ⅱ.①娄… Ⅲ.①自然法学派－研究 Ⅳ.①D909.1

中国版本图书馆CIP数据核字(2018)第103303号

洛克的自然法辩难

主　　编	娄　林
责任编辑	王霄翎　刘雨潇
责任印制	刘　洋
出版发行	华夏出版社
经　　销	新华书店
印　　刷	三河市少明印务有限公司
装　　订	三河市少明印务有限公司
版　　次	2018年7月北京第1版 2018年7月北京第1次印刷
开　　本	880×1230　1/32
印　　张	9.625
字　　数	223千字
定　　价	59.00元

华夏出版社　地址：北京市东直门外香河园北里4号　邮编：100028
　　　　　　　网址：www.hxph.com.cn　　　电话：(010)64663331(转)

若发现本版图书有印装质量问题，请与我社营销中心联系调换。

西方传统：经典与解释
Classici et Commentarii
HERMES
刘小枫◎主编

古今丛编

孟德斯鸠的自由主义哲学
——《论法的精神》疏证 [美]潘戈 著

莫尔及其乌托邦 [德]考茨基 著

试论古今革命 [法]夏多布里昂 著

但丁：皈依的诗学 [美]弗里切罗 著

在西方的目光下 [英]康拉德 著

大学与博雅教育 董成龙 编

探究哲学与信仰
——基尔克果与苏格拉底 [美]郝岚 著

民主的本性
——托克维尔的政治哲学 [法]马南 著

梅尔维尔的政治哲学
——《切雷诺》及其解读 李小均 编/译

席勒美学的哲学背景 [美]维塞尔 著

果戈里与鬼 [俄]梅列日科夫斯基 著

自传性反思 [美]沃格林 著

黑格尔与普世秩序 [美]希克斯 等著

新的方式与制度
——马基雅维利的《论李维》研究
[美]曼斯菲尔德 著

科耶夫的新拉丁帝国 [法]科耶夫 等著

《利维坦》附录 [英]霍布斯 著

或此或彼（上、下）[丹麦]基尔克果 著

海德格尔式的现代神学 刘小枫 选编

双重束缚 [法]基拉尔 著

古今之争中的核心问题
——施米特的学说与施特劳斯的论题 [德]迈尔 著

论永恒的智慧 [德]苏索 著

宗教经验种种 [美]詹姆斯 著

尼采反卢梭 [美]凯斯·安塞尔-皮尔逊 著

舍勒思想评述 [美]弗林斯 著

诗与哲学之争 [美]罗森 著

神圣与世俗 [罗]伊利亚德 著

但丁的圣约书 [美]霍金斯 著

古典学丛编

探究希腊人的灵魂 [美]戴维斯 著

尤利安文选 马勇 编/译

论月面 [古罗马]普鲁塔克 著

雅典谐剧与逻各斯
——《云》中的修辞、谐剧性及语言暴力
[美]奥里根 著

莱园哲人伊壁鸠鲁 罗晓颖 选编

《劳作与时日》笺释 吴雅凌 撰

希腊古风时期的真理大师 [法]德蒂安 著

古罗马的教育 [英]葛怀恩 著

古典学与现代性 刘小枫 编

表演文化与雅典民主政制
[英]戈尔德希尔、奥斯本 编

西方古典文献学发凡 刘小枫 编

古典语文学常谈 [德]克拉夫特 著

古希腊文学常谈 [英]多佛 等著

撒路斯特与政治史学 刘小枫 编

希罗多德的王霸之辨 吴小锋 编/译

第二代智术师
——罗马帝国早期的文化现象 [英]安德森 著

英雄诗系笺释 [古希腊]荷马 著

统治的热望
——修昔底德笔下的阿尔喀比亚德和帝国政治
[美]福特 著

论埃及神学与哲学
——伊西斯与俄赛里斯 [古希腊]普鲁塔克 著

凯撒的剑与笔 李世祥 编/译

伊壁鸠鲁主义的政治哲学
[意]詹姆斯·尼古拉斯 著

修昔底德笔下的人性 [美]欧文 著

修昔底德笔下的演说 [美]斯塔特 著

古希腊政治理论 [美]格雷纳 著

神谱笺释 吴雅凌 撰

赫西俄德：神话之艺
[法]居代·德·拉孔波 等著

赫拉克勒斯之盾笺释 罗逍然 译笺

《埃涅阿斯纪》章义　王承教 选编
维吉尔的帝国　[美]阿德勒 著
塔西佗的政治史学　曾维术 编

古希腊诗歌丛编
古希腊早期诉歌诗人　[英]鲍勒 著
诗歌与城邦　[美]费拉格、纳吉 主编
阿尔戈英雄纪（上、下）
　　[古希腊]阿波罗尼俄斯 著
俄耳甫斯教祷歌　吴雅凌 编译
俄耳甫斯教辑语　吴雅凌 编译

古希腊肃剧注疏集
希腊肃剧与政治哲学　[美]阿伦斯多夫 著

古希腊礼法
希腊人的正义观　[英]哈夫洛克 著

廊下派集
廊下派的神和宇宙　[墨]里卡多·萨勒斯 编
廊下派的城邦观　[英]斯科菲尔德 著

希伯莱圣经历代注疏
希腊化世界中的犹太人　[英]威廉逊 著
第一亚当和第二亚当　[德]朋霍费尔 著

新约历代经解
属灵的寓意　[古罗马]俄里根 著

基督教与古典传统
加尔文与现代政治的基础　[美]汉考克 著
无执之道
　　——埃克哈特神学思想研究　[德]文森 著
恐惧与战栗　[丹麦]基尔克果 著
托尔斯泰与陀思妥耶夫斯基
　　[俄]梅列日科夫斯基 著
论宗教大法官的传说　[俄]罗赞诺夫 著
海德格尔与有限性思想（重订版）
　　刘小枫 选编
上帝国的信息　[德]拉加茨 著
基督教理论与现代　[德]特洛尔奇 著
亚历山大的克雷芒　[意]塞尔瓦托·利拉 著
中世纪的心灵之旅
　　——波纳文图拉神学著作选　[意]圣·波纳文图拉 著

德意志古典传统丛编
彭忒西勒亚　[德]克莱斯特 著
穆佐书简　[奥]里尔克 著
纪念苏格拉底——哈曼文选　刘新利 选编
夜颂中的革命和宗教
　　——诺瓦利斯选集卷一　[德]诺瓦利斯 著
大革命与诗话小说
　　——诺瓦利斯选集卷二　[德]诺瓦利斯 著
黑格尔的观念论　[美]皮平 著
浪漫派风格——施勒格尔批评文集　[德]施勒格尔 著

美国宪政与古典传统
美国1787年宪法讲疏　[美]阿纳斯塔普罗 著

世界史与古典传统
从普遍历史到历史主义　刘小枫 编

启蒙研究丛编
现实与理性　[法]科维纲 著
论古人的智慧　[英]培根 著
托兰德与激进启蒙　刘小枫 编
图书馆里的古今之战　[英]斯威夫特 著

品达注疏集
幽暗的诱惑
　　——品达、晦涩与古典传统　[美]汉密尔顿 著

欧里庇得斯集
自由与僭越
　　——欧里庇得斯《酒神的伴侣》绎读　罗峰 编译

阿里斯托芬集
《阿卡奈人》笺释　[古希腊]阿里斯托芬 著

色诺芬注疏集
居鲁士的教育　[古希腊]色诺芬 著
色诺芬的《会饮》　[古希腊]色诺芬 著

柏拉图注疏集
柏拉图书简　彭磊 译著
哲学的奥德赛——《王制》引论　[美]郝兰 著
爱欲与启蒙的迷醉
　　——论柏拉图的《会饮》　[美]贝尔格 著
为哲学的写作技艺一辩
　　——《斐德若》疏证　[美]伯格 著

柏拉图式的迷宫——《斐多》义疏 [美]伯格 著

哲学如何成为苏格拉底式的 [美]朗佩特 著

苏格拉底与希琵阿斯 王江涛 编译

理想国 [古希腊]柏拉图 著

谁来教育老师——《普罗塔戈拉》发微 刘小枫 编

立法者的神学
——柏拉图《法义》卷十绎读 林志猛 编

柏拉图对话中的神 [法]薇依 著

厄庇诺米斯 [古希腊]柏拉图 著

智慧与幸福
——柏拉图的《厄庇诺米斯》 程志敏 选编

论柏拉图对话 [德]施莱尔马赫 著

柏拉图《美诺》疏证 [美]克莱因 著

政治哲学的悖论
——苏格拉底的哲学审判 [美]郝岚 著

神话诗人柏拉图 张文涛 选编

阿尔喀比亚德 [古希腊]柏拉图 著

叙拉古的雅典异乡人
——柏拉图《书简七》探幽 彭磊 选编

阿威罗伊论《王制》 [阿拉伯]阿威罗伊 著

《王制》要义 刘小枫 选编

柏拉图的《会饮》 [古希腊]柏拉图 等著

苏格拉底的申辩（修订版） [古希腊]柏拉图 著

苏格拉底与政治共同体 [美]尼柯尔斯 著

政制与美德——柏拉图《法义》疏解 [美]潘戈 著

《法义》导读 [法]卡斯代尔·布舒奇 著

论真理的本质 [德]海德格尔 著

哲人的无知 [德]费勃 著

米诺斯 [古希腊]柏拉图 著

亚里士多德注疏集

亚里士多德《政治学》中的教诲 [美]潘戈 著

品格的技艺 [美]加佛 著

亚里士多德哲学的基本概念 [德]海德格尔 著

《政治学》疏证 [意]托马斯·阿奎那 著

尼各马可伦理学义疏
——亚里士多德与苏格拉底的对话 [美]伯格 著

哲学之诗
——亚里士多德《诗学》解诂 [美]戴维斯 著

对亚里士多德的现象学解释 [德]海德格尔 著

城邦与自然——亚里士多德与现代性 刘小枫 编

论诗术中篇义疏 [阿拉伯]阿威罗伊 著

哲学的政治
——亚里士多德《政治学》疏证 [美]戴维斯 著

普鲁塔克集

普鲁塔克的《对比列传》 [英]达夫 著

普鲁塔克的实践伦理学 [比利时]胡芙 著

阿尔法拉比集

政治制度与政治箴言 阿尔法拉比 著

莎士比亚绎读

莎士比亚的历史剧 [英]蒂利亚德 著

莎士比亚戏剧与政治哲学 彭磊 选编

莎士比亚的政治盛典 [美]阿鲁里斯/苏利文 编

丹麦王子与马基雅维利 罗峰 选编

洛克集

上帝、洛克与平等 [美]沃尔德伦 著

卢梭集

论哲学生活的幸福 [德]迈尔 著

致博蒙书 [法]卢梭 著

政治制度论 [法]卢梭 著

哲学的自传
——卢梭的《孤独漫步者的遐思》 [美]戴维斯 著

文学与道德杂篇 [法]卢梭 著

设计论证
——卢梭的《社会契约论》 [美]吉尔丁 著

卢梭的自然状态 [美]普拉特纳 等著

卢梭的榜样人生
——作为政治哲学的《忏悔录》 [美]凯利 著

莱辛注疏集

汉堡剧评 [德]莱辛 著

关于悲剧的通信 [德]莱辛 著

《智者纳坦》研究版 [德]莱辛 等著

启蒙运动的内在问题
——莱辛思想再释 [美]维塞尔 著

莱辛剧作七种 [德]莱辛 著

历史与启示——莱辛神学文选 [德]莱辛 著

论人类的教育
——莱辛政治哲学文选 [德]莱辛 著

尼采注疏集
尼采引论 [德]施特格迈尔 著

尼采与基督教
——尼采的《敌基督》论集 刘小枫 编

尼采眼中的苏格拉底 [美]丹豪瑟 著

尼采的使命
——《善恶的彼岸》绎读 [美]朗佩特 著

尼采与现时代
——解读培根、笛卡尔与尼采 [美]朗佩特 著

动物与超人之间的绳索 [德]A.彼珀 著

施特劳斯集
原著
论僭政（重订本）——色诺芬《希耶罗》义疏 [美]施特劳斯 [法]科耶夫 著

苏格拉底问题与现代性（增订本）
——施特劳斯讲演与论文集：卷二

犹太哲人与启蒙
——施特劳斯演讲与论文集：卷一

霍布斯的宗教批判

斯宾诺莎的宗教批判

门德尔松与莱辛

哲学与律法——论迈蒙尼德及其先驱

迫害与写作艺术

柏拉图式政治哲学研究

论柏拉图的《会饮》

柏拉图《法义》的论辩与情节

什么是政治哲学

古典政治理性主义的重生（重订本）

回归古典政治哲学——施特劳斯通信集

苏格拉底与阿里斯托芬

研究作品
论源初遗忘
——海德格尔、施特劳斯与哲学的前提
[美]维克利 著

政治哲学与启示宗教的挑战 [德]迈尔 著

阅读施特劳斯 [美]斯密什 著

施特劳斯与流亡政治学 [美]谢帕德 著

隐匿的对话
——施米特与施特劳斯 [德]迈尔 著

驯服欲望
——施特劳斯笔下的色诺芬撰述 [法]科耶夫 等著

施米特集
宪法专政
——现代民主国家中的危机政府 [美]罗斯托 著

施米特对自由主义的批判 [美]约翰·麦考米克 著

伯纳德特集
古典诗学之路（第二版）
——相遇与反思：与伯纳德特聚谈 [美]伯格 编

弓与琴（重订本）
——从柏拉图解读《奥德赛》 [美]伯纳德特 著

神圣的罪业 [美]伯纳德特 著

布鲁姆集
巨人与侏儒（1960-1990）

人应该如何生活——柏拉图《王制》释义

爱的设计——卢梭与浪漫派

爱的戏剧——莎士比亚与自然

爱的阶梯——柏拉图的《会饮》

伊索克拉底的政治哲学

沃格林集
自传体反思录 [美]沃格林 著

大学素质教育读本
古典诗文绎读 西学卷·古代编（上、下）

古典诗文绎读 西学卷·现代编（上、下）

中国传统：经典与解释
Classici et Commentarii
弥亚甫举
刘小枫 陈少明 ◎主编

论语说义 / [清]宋翔凤 撰
周易古经注解考辨 / 李炳海 著
浮山文集 / [明]方以智 著
药地炮庄 / [明]方以智 著
药地炮庄笺释·总论篇 / [明]方以智 著
青原志略 / [明]方以智 编
冬灰录 / [明]方以智 著
冬炼三时传旧火 / 邢益海 编
《毛诗》郑王比义发微 / 史应勇 著
宋人经筵诗讲义四种 / [宋]张纲 等撰
道德真经藏室纂微篇 / [宋]陈景元 撰
道德真经四子古道集解 / [金]寇才质 撰
皇清经解要 / [清]沈豫 撰
经学通论 / [清]皮锡瑞 著
松阳讲义 / [清]陆陇其 著
起凤书院答问 / [清]姚永朴 撰
周礼疑义辨证 / 陈衍 撰
《铎书》校注 / 孙尚扬 肖清和 等校注
韩愈志 / 钱基博 著
论语辑释 / 陈大齐 著
《庄子·天下篇》注疏四种 / 张丰乾 编
荀子的辩说 / 陈文洁 著
古学经子 / 王锦民 著
经学以自治 / 刘少虎 著
从公羊学论《春秋》的性质 / 阮芝生 撰

刘小枫集

以美为鉴：注意美国立国原则的是非未定之争
海德格尔与中国
古典学与古今之争 [增订本]
这一代人的怕和爱 [第三版]
沉重的肉身 [珍藏版]
圣灵降临的叙事 [增订本]
罪与欠
儒教与民族国家
拣尽寒枝
施特劳斯的路标
重启古典诗学
共和与经纶
设计共和
现代性与现代中国：现代性社会理论绪论
诗化哲学 [重订本]
拯救与逍遥 [修订本]
走向十字架上的真
卢梭与我们
西学断章
现代人及其敌人
好智之罪：普罗米修斯神话通释
民主与爱欲：柏拉图《会饮》绎读
民主与教化：柏拉图《普罗塔戈拉》绎读
巫阳招魂：《诗术》绎读

编修 [博雅读本]

凯若斯：古希腊语文读本 [全二册]
古希腊语文学述要
雅努斯：古典拉丁语文读本
古典拉丁语文学述要
危微精一：政治法学原理九讲
琴瑟友之：钢琴与古典乐色十讲

经典与解释辑刊

1 柏拉图的哲学戏剧
2 经典与解释的张力
3 康德与启蒙
4 荷尔德林的新神话
5 古典传统与自由教育
6 卢梭的苏格拉底主义
7 赫尔墨斯的计谋
8 苏格拉底问题
9 美德可教吗
10 马基雅维利的喜剧
11 回想托克维尔
12 阅读的德性
13 色诺芬的品味
14 政治哲学中的摩西
15 诗学解诂
16 柏拉图的真伪
17 修昔底德的春秋笔法
18 血气与政治
19 索福克勒斯与雅典启蒙
20 犹太教中的柏拉图门徒
21 莎士比亚笔下的王者
22 政治哲学中的莎士比亚
23 政治生活的限度与满足
24 雅典民主的谐剧
25 维柯与古今之争
26 霍布斯的修辞
27 埃斯库罗斯的神义论
28 施莱尔马赫的柏拉图
29 奥林匹亚的荣耀
30 笛卡尔的精灵
31 柏拉图与天人政治
32 海德格尔的政治时刻
33 荷马笔下的伦理
34 格劳秀斯与国际正义
35 西塞罗的苏格拉底
36 基尔克果的苏格拉底
37 《理想国》的内与外
38 诗艺与政治
39 律法与政治哲学
40 古今之间的但丁
41 拉伯雷与赫尔墨斯秘学
42 柏拉图与古典乐教
43 孟德斯鸠论政制衰败
44 博丹论主权
45 道伯与比较古典学
46 伊索寓言中的伦理
47 斯威夫特与启蒙
48 赫西俄德的世界
49 洛克的自然法辩难